【戦後史の解放Ⅰ】

歴史認識とは何か

日露戦争からアジア太平洋戦争まで

細谷雄一

新潮選書

はじめに

桑田佳祐の嘆き

二〇一三年六月、日本を代表するJポップのグループ、サザンオールスターズが八月の活動再開と新曲の発売を発表した。一九七八年に活動を開始したこのバンドは、次々とメガヒットで世間を賑わせ、若者たちの耳を楽しませてきており、この年は結成三五周年を記念する年となった。発表した新曲のタイトルは、「ピースとハイライト」。その一年半後に、この曲が大きな騒動を引き起こすことになった。

二〇一四年一二月三一日の大晦日恒例のNHK紅白歌合戦で、サザンオールスターズのボーカルである桑田佳祐が、付けひげをして画面に登場し、この「ピースとハイライト」の曲を歌った。これがヒトラーに扮して、安倍晋三首相を揶揄《やゆ》しているのではないかという憶測がインターネットで流れたのだ。これに対して桑田と彼の所属する事務所の株式会社アミューズは、このパフォーマンスが「特定の思想・団体に賛同、反対あるいは貶《おとし》めるなどといった意図は全くない」と弁明した。また、デモやニュースの映像を演出のために用いたのは、あくまでも、「緊張が高まる世界の現状を憂い、平和を希望する意図で使用したもの」だと説明した。(1)

ロックミュージシャンが辛辣に政治を批判することはよくあることだ。また、その三日前に横浜で行われたサザンオールスターズのコンサートを、安倍晋三首相は昭恵夫人と一緒に聴きに行っている。そこでも桑田は即興で、「衆院解散はむちゃくちゃ」と歌ったが、安倍首相は終了後には笑顔で「楽しみましたよ」と応えている。安倍首相も、そのような桑田のパフォーマンスを楽しんでいるかのようである。このことについて、それほど騒ぎ立てる必要もないであろう。

気になったのが、この「ピースとハイライト」という曲の歌詞である。この歌の途中で、次のような歌詞が流れてくる。

教科書は現代史を
やる前に時間切れ
そこが一番知りたいのに
何でそうなっちゃうの?

この歌詞に共感を覚える人は、ことのほか多いのではないか。ふと、そのように考えた。われわれは中学や高校で、日本史や世界史などの科目を学んだはずである。だが、現代世界を理解するための歴史的知識が十分に身についているとは、なかなかいえない。むしろ歴史教育では、桑田佳祐が歌うように「現代史をやる前に時間切れ」となってしまう。これではとても、現代世界を深く理解するための十分な基礎が身につかないではないか。そのような不満を持つ人が多いのではないか。

今、世界では、政治と歴史が直結している。それゆえに、歴史を無視することはできないのだ。

二〇一五年五月二〇日の国会での党首討論では、共産党の志位和夫委員長が、ポツダム宣言についての認識を安倍晋三首相に質し、次のように訊いた。すなわち、ポツダム宣言は、「日本の戦争について世界征服のためであったと明瞭に判定している。総理はこのポツダム宣言の認識を認めないのか」。これに対して安倍首相は、「その部分をつまびらかに読んでいないので、直ちに論評することは差し控えたい。先の大戦の痛切な反省によって今日の歩みがある」と答えた(2)。ポツダム宣言という歴史文書が国会討論で言及されるというのも、現代政治においていかに歴史認識の問題が大きな意味を持つのかを示している。

また、中国政府は尖閣諸島が中国領であることを主張する根拠として、一九四三年一二月に発表されたカイロ宣言の文言をたびたび用いている。とはいえ、高校で世界史を学んだ人であっても、カイロ宣言と尖閣諸島の領有権がどのように結びついているのか、すぐに答えられる人は少ないであろう。かつて首相を務めた鳩山由紀夫は、香港のフェニックステレビの取材に対して、このカイロ宣言を前提にして、尖閣諸島について「中国側から見れば、盗んだというふうにおもわれても仕方がない」とコメントしている。

この鳩山の軽率な発言に怒り心頭の菅義偉《すがよしひで》内閣官房長官は、次のように記者会見で述べた。「その発言を聞いてですね、わたしは絶句しました。開いた口がふさがらないという言葉がありますけれども、まさにこのようなことだろうというふうに思います」と論評している。東京大学工学部を卒業し、アメリカの名門スタンフォード大学で博士号を取得した鳩山元首相でさえも、理系が専門であったこともあり、おそらくカイロ宣言の内容についてはあまり理解していないのだろう。

このように、われわれのまわりには、歴史が溢れている。それを深く理解して、吸収できなければ、現代の世界をも適切に理解できない。とはいえ、学校で現代史を学ぶ時間は限られており、その意味を深く理解する機会は多くはない。ここに、歴史認識をめぐって日本が抱えている問題の原因が見えてくる。

高坂正堯の警告

現代史がわれわれの現代の政治にとって大きな位置を占めながらも、それを深く学ぶ機会が限られていることと並び、もう一つ大きな問題がある。それは、われわれの外交の経験、そして外交の理解が、圧倒的に国際社会のそれからずれていることが、しばしばあるということだ。そのような、ずれた視点から国際情勢を眺めても、なかなかそれを深く理解することは難しい。京都大学教授であった高坂正堯《こうさかまさたか》は、著書『国際政治』のなかで次のような興味深い指摘を行っている。

「戦前の日本外交の失敗は、国際政治に対する日本人の想定と国際政治の現実とのずれに根ざしていたのである」[3]。

これはどういうことであろうか。日本人が陥っていた「ずれ」とはどのようなものなのか。高坂は、この少し後に、次のようにも書いている。「日本の政治家も国民も、平和への志向とイデオロギーという二つの要因が加えられることによって大きく変った国際政治を正しく捉える想定を持っていなかった」[4]。

国際政治を正しく理解するのは難しい。だが、その潮流が変化していることを適切に認識して、その変化の方向性を理解することはもっと難しい。国際政治は常に動いている。それがどのような方向に向かっているのか、そしてどのように性質が変化しているのかを的確に理解してはじめて、日本が進むべき進路も見つかるはずである。その進路を見誤り、漂流して、孤立したことが、戦前の日本が悲劇的な戦争を開始し、悲惨な敗戦を経験することになった大きな理由であった。

なぜそのようなずれが生じてしまうのか。高坂はこれについて、「日本には孤立主義的な体質がたしかにあって、そのため国際社会の変化への対応がおくれ気味であることは否定し難いからである」[5]と論じている。国際社

高坂正堯

会における潮流を的確に理解することができずに、自己の利益や正義を独善的に追求して、国際社会からの孤立を深めることで、日本はしばしば進路を誤ってきた。つまりは、われわれは、孤立主義の誘惑という危険に十分に留意して、国際主義の精神を育んでいく努力をしなければならない。

日本が国際社会の一員であり、国際社会に根を張ってそこから水や養分を吸収しているとすれば、日本は孤立することで自らの生命を危機に陥れることになるだろう。

戦後史の視野

本書では、桑田が自らの曲の歌詞の中で、学校教育では「やる前に時間切れ」になってしまうという「現代史」を、国際社会の中での日本、という視点から概観することにしたい。そして、われわれが戦後史として語る世界が、戦争の時代から平和の時代へと移行するなかで創られていったという視点に基づいて、ここでは現代史を考え直すことになる。なぜ解放するのか。何がこれまで現代史を拘束してきたのか。のちに詳しく述べることになるが、われわれは自らが自由に歴史を考えていると思いながら、色々なかたちで鎖につながれて、視界が遮られている。それによって、本来見えるはずのものが、見えない。本書ではそれを、「イデオロギー的な束縛」「時間的な束縛」「空間的な束縛」と定義し、その三つの束縛から解放したいと考えている。

いま、あまりにも歴史を学ぶことが窮屈になってしまった。圧迫感を受け、正義を強要され、歴史を学ぶことに嫌悪感を抱く人が増えているのではないか。むしろ、本来は、歴史を学ぶことでわれわれは、自らを狭窄《きょうさく》した視野から解放し、固定観念を打ち壊すことができるはずだ。それは大きな喜びである。知らないうちにわれわれは、色々な束縛に囚われてしまっていた。歴史を学ぶことで、そのような束縛から自らを解放するためには、思考の柔軟性、視点の多様性、価値の開放性が求められる。それらによって、何重にも束縛されていた現代史を解放できるはずだ。

その結果としてわれわれは、現代史を学ぶ喜びや心地よさを深く感じることができるのではないか。そのような喜びや心地よさによってはじめて、われわれは、自ら主体的に歴史を学ぶ意義を感じることができると思う。ぜひとも本書を通じて、束縛から解放されて、広い視野のなかで、現代史を学ぶ意義を感じて頂ければこれほど嬉しいことはない。

目次

戦後史の解放Ⅰ

歴史認識とは何か

日露戦争からアジア太平洋戦争まで

序章　束縛された戦後史

1　村山談話の帰結

歴史を見つめ直す

戦争が終わって七〇年が経った。

これまでおびただしい数の戦後史についての書物が刊行されてきた。われわれは、歴史を記憶することで、アイデンティティを育んでいる。だとすれば、戦争をどのように記憶し、戦後史をどのように描くかによって、現在のわれわれのアイデンティティが大きく異なってくるし、また今後進むべき道も異なってくる。現在、歴史をめぐり多様な議論がなされ、議論の収斂《しゅうれん》が困難であるのは、われわれが経験した戦争について、あまりにも多様な認識が広がっているからであろう。

もちろん、日本において単一の、共有された歴史認識をつくることは不可能であろう。ましてや、戦争と植民地支配の時代を経験した中国や韓国、東南アジア諸国、オーストラリア、欧州諸国、そしてアメリカとの間で、画一的な歴史を描くことは期待すべきではあるまい。とはいえ、そのような議論をする前提として、日本人が経験した戦争、そして日本人が支配した植民地、さらには敗戦後に日本人が辿った歩みをもう一度見つめ直すことは、無意味ではないと思う。

なぜ、歴史認識の共有が難しいのか。それを考える上でわれわれは、日本史や世界史のみではなく、歴史理論や現代政治をも含めて幅広い視野を得ることが重要である。というのも、イギリスの歴史家であるE・H・カーが述べるとおり、「歴史とは歴史家と事実との間の相互作用の不断の過程であり、現在と過去との間の尽きることを知らぬ対話」だからだ[1]。だとすれば、戦後史を理解するためには、われわれはその「事実」のみならず、それを語る現代に生きるわれわれ自身をまず知る必要がある。また、「過去」が「現代」においてどのように語られているのか、そしてなぜそのように語られているのかも理解しなければならない。過去は、過去のみで完結するわけではない。事実があらゆる人々につねに共有されるわけでもない。そこに、歴史を学び、歴史を論じる上での難しさと、さらには学び論じ続ける意義が存在する。

今や、政治指導者も歴史とは無縁でいられない。政治指導者が歴史をどのように認識し、どのようにそれを語るかにも、大いなる注目が集まる。またそのことが、その国の外交政策を左右し、さらにはその地域の秩序に大きな影響を及ぼす。日本において、このようにして政治指導者の語る歴史が強烈に注目されるようになったのは、今から二〇年前のことであった。

村山富市の決意

戦後五〇周年を迎えた一九九五年八月一五日午前一〇時。

その日の午前の閣議開催の前に、橋本龍太郎通産相、森喜朗建設相、平沼赳夫運輸相、江藤隆美総務庁長官ら、自民党の八閣僚は靖国参拝を済ませてから官邸に現れた。前年の一九九四年六月三〇日以降、政権を担っていたのは自民党と新党さきがけ、そして首相である村山富市を擁する社会党であった。村山首相は、並々ならぬ決意で、戦後半世紀を経た一九九五年に歴史を語る必要を強く感じており、それは自社さ連立政権を成立させる際の「共同政権構想」にも含まれていた。そこでは、「新政権は戦後五〇年を契機に、過去の戦争を反省し未来の平和への決意を表明する国会決議の採択などに積極的に取り組む」と書かれている(2)。

官邸で、靖国神社参拝を終えた閣僚たちを待っていた村山首相は、午前一〇時からの閣議において総理談話を閣議決定する意向であった(3)。この総理談話は、後に中国大使となる、内閣官房の谷野作太郎外政審議室長を中心にまとめられ、外交史家の細谷千博《ほそやちひろ》一橋大学名誉教授も談話作成に関与していた。村山首相自らも、そこに含める言葉を選ぶ作業に深く関与していた。この談話の発表に強いこだわりを感じていたのだ。とはいえ、これは村山富市個人の歴史認識というわけではない。閣僚や官僚らが議論を重ねて、適切な言葉を模索して、多様な見解を調整した政府としての準備作業の帰結であった。村山自ら、次のように回顧している。「それはもう、いろんな人がかかわった。官房長官や官房副長官やら外政審議室長、あるいは外務省の外務審議官や局長らもいろいろだ」(4)。

この談話の文書についての閣議決定がなされ、閣議終了後の午前一一時から記者会見が行われた。そこに村山首相が現れた。いわゆる「村山談話」の誕生である。

村山は記者会見で、次のように語っている。

いま、戦後五〇周年の節目に当たり、われわれが銘記すべきことは、来し方を訪ねて歴史の教訓に学び、未来を望んで、人類社会の平和と繁栄への道を誤らないことであります。わが国は、遠くない過去の一時期、国策を誤り、戦争への道を歩んで国民を存亡の危機に陥れ、植民地支配と侵略によって、多くの国々、とりわけアジア諸国の人々に対して多大の損害と苦痛を与えました。私は、未来に過ち無からしめんとするが故に、疑うべくもないこの歴史の事実を謙虚に受け止め、ここにあらためて痛切な反省の意を表し、心からのお詫びの気持ちを表明いたします。また、この歴史がもたらした内外すべての犠牲者に深い哀悼の念を捧げます。

このように、村山首相の言葉のなかには、「植民地支配と侵略」によって多くの悲劇をもたらしたことへの「痛切な反省」と「心からのお詫び」という言葉が含まれている。戦後日本の首相による談話で、ここまで踏み込んで「反省」と「お詫び」の念を表明したことはなかった。村山首相自ら、そのような言葉を含めることを強く求めていた。一九二四年に生まれ、戦時中は学徒動員で陸軍に入隊し、陸軍軍曹として戦争を終えた村山にとっては、アジア侵略の歴史は自らの人生とも深い接点を持つものであった。

その村山の強い気持ちは、このいわゆる村山談話の次の言葉にも強く示されている。

「敗戦の日から五〇周年を迎えた今日、わが国は、深い反省に立ち、独善的なナショナリズムを排し、責任ある国際社会の一員として国際協調を促進し、それを通じて、平和の理念と民主主義とを押し広めていかなければなりません」。

村山首相は、「独善的なナショナリズム」が日本で台頭することを懸念していた。侵略と植民地化の過去を反省して、日本が新しく民主主義的な国家として生まれ変わり、平和の理念を掲げることこそが、大切であった。それゆえに、村山は後になってから、このことを次のように回顧する。

談話を発表する村山富市（時事）

「やっぱりナショナリズムというものは、なんかの時に芽が出てくる可能性があるんだ。もちろん自分の属する国や民族を愛することが悪いわけじゃあない。だけども自分たちがよその国よりも優れていると思い上がって他国に迷惑をかけてしまうような独善的なナショナリズムは絶対にだめだ。ところが現実の政界にはこれに近い考えを持っている人がいるんだ。自民党にもいたし、特に右翼なんかには多い。そういう考えを持っている人が総理大臣など責任ある立場につけば、国の政策が独善的ナショナリズムに陥りかねない(5)」。

分裂する歴史認識

自民党、社会党、新党さきがけの連立与党においては、さまざまな歴史認識を持つ議員が集まっていた。何しろ自民党と社会党は、戦後長い間にわたって、イデオロギー対立を展開してきたために、戦争の経験や戦後の歩みなど、歴史認識においてさまざまな対立が生まれていた。その意味でも、村山首相の歴史談話をめぐる試みは、幅広く国民の理解と信頼を得るという点では、必ずしも条件が十分に整っていなかった。そもそも、自民党に所属する多くの保守系の議員が、村山首相が抱いている歴史認識に違和感を抱いていた。むしろそのような村山首相の歴史への取り組みに、抵抗が見られた。連立政権のなかで幅広い支持が得られていないということは、国民の総意としての歴史認識をめぐる談話という性質を薄めており、歴史談話として大きな問題を抱えていた。

そのような、歴史認識をめぐる亀裂を示す象徴的な出来事が、一九九五年六月に見られた。村山談話が発表される二カ月ほど前、政府内では首相官邸を中心として、国会で先の大戦を総括する決議を採択する動きがあった。しかしながら、その国会決議の文言をめぐり、自社さ連立政権内では激しい対立が見られ、歴史認識の違いが浮き彫りになっていた。

六月九日に衆議院で、「歴史を教訓に平和への決意を新たにする決議」が採択された。すでに触れたように連立を作る際の「共同政権文書」には過去の戦争を反省する国会決議を採択することが合意されており、立法府として植民地支配や侵略的行為への「深い反省」を示すことが想定されていた。この決議文では次のように記されている。

本院は、戦後五十年にあたり、全世界の戦没者及び戦争等による犠牲者に対し、追悼の誠を捧げる。

また、世界の近代史上における数々の植民地支配や侵略的行為に思いをいたし、我が国が過去に行ったこうした行為や他国民とくにアジアの諸国民に与えた苦痛を認識し、深い反省の念を表明する。

我々は、過去の戦争についての歴史観の相違を超え、歴史の教訓を謙虚に学び、平和な国際社会を築いていかなければならない。

このように、自民党が社会党に妥協したことによって、「植民地支配や侵略的行為」に言及し、また「深い反省」が示されることになった。

ところが、問題はそれほど簡単ではなかった。このような国会決議に反対する議員が、与党の中、とりわけ自民党の保守派の中から出てきたのである。結局この国会決議では、賛成したものが約二三〇名にとどまったのに対して、与党である自民党、社会党、さきがけからなんと七〇名ほどの欠席が生じた。「戦争に対する反省」を示す決議の文言に不満がある議員や、そもそも国会としてそのような歴史認識に関する決議を出すことに反対する議員が、数多く見られたのだ。与党と野党をあわせた欠席者数は、賛成者数を上回る二四一人ほどになった。このことは、日本国内で統一的な歴史認識をつくりだすことがいかに難しいかを、端的に示している。

なぜそのような亀裂が生じたのか。村山は回顧録の中で、「自民党内には『あの戦争は決して間違っていなかった』『植民地解放のための正しい戦争だった』と正当化している議員が少なくないわけだ」と述べている。[6] 連立与党のなかでさえも、一定の歴史認識を共有することが困難であった。そのような亀裂が生じたまま国会決議を採択したことで、あらためて歴史認識の共有の難しさを浮き彫りにすると同時に、玉虫色の決議文が中国や韓国から批判される結果となった。それまでは曖昧な姿勢を示すことで、歴史認識をめぐる問題は外交的な妥協を維持してきた。ところが、むしろ歴史への真摯な態度から日本政府として、あるいは日本の立法府としての立場を明確な文章で公表したことで、日本と中国の間で、また日本と韓国との間での歴史認識をめぐる亀裂がいかに大きいかということを、意図せずして明らかにしてしまった。良い意図が、悪い政治的な結果を生む典型的な事例といえるだろう。いかに本人にとって誠意に満ちた行動であっても、それが国境を越えると異なる受けとめられ方をして、むしろ問題を悪化させることもあるのだ。

国会決議に欠席した議員の中には、保守派の若手議員を代表する存在で、その後首相となる安倍晋三や麻生太郎、さらには二人の元首相である竹下登や宮沢喜一、そして民主党政権で外相となる玄葉光一郎が含まれていた。[7] 安倍晋三は、終戦から九年が経過した一九五四年生まれ。

直接戦争を経験していない。村山とは、ちょうど三〇歳違うことになる。親子ほどの年齢差といえる。世代的にも、村山と安倍の間に戦争の歴史をめぐって認識の違いがあっても不思議ではない。他方で、自民党内でハト派とみられていた宮沢喜一もこの決議には欠席している。

　このように、日本国民の中で、さらには自民党の中でも、戦争の時代をどのように総括するかについて認識の違いが存在していた。

歴史問題の解決は可能か

それから二〇年が経過した二〇一五年、再び歴史認識をめぐって日本国内で激しい議論が湧き起こっている。村山談話以降の二〇年間で、歴史認識の政治問題化が進み、いかなる内閣といえどもこの問題を避けて通ることが出来なくなってしまった。

　それだけではなく、結果として村山政権を通じて、歴史認識問題が日中間および日韓間での深刻な外交問題へと発展してしまった。それにより、それまでは経済的な相互利益や、共通の戦略的利益に基づいて発展してきた日中関係や日韓関係において、国民世論を巻き込んだ摩擦を生んでしまった。この問題に詳しい神戸大学教授の木村幹《かん》は、次のように述べている。

「だからこそ、細川政権の選択は正解だった。細川は歴史認識問題に関わる発言を散発的に行う一方で、それを――例えば『談話』のような――まとまった形で示すことはなかったからである。だからこそ日韓両国の政府やメディアは細川の散発的に行われる歴史認識問題に関する発言を『玉虫色』に解釈することができ、両者の歴史認識の違いは明確なものにならなかった」[8]。

しかし、村山政権が歴史認識問題に誠実な態度で向き合って、真摯な反省とお詫びをしたことによって、むしろそのような脆弱な妥協点が崩れていく。それについて、木村は次のように論じる。

「当初から歴史認識問題の『解決』に前向きだった村山政権は、第二次世界大戦敗戦五〇周年を契機として歴史認識に関わるまとまった見解を出すことを当初から目指していた。つまり、村山政権は自ら積極的に歴史認識が重要であることをことさらに宣伝し、また自らの認識をまとまった形で示そうとしたことになる[9]」。

村山政権では、そのような村山首相の試みに対する反作用として、自らの歴史認識を示す閣僚らの発言により、中国や韓国から巨大な反発が生まれてしまった。それはたとえば、一九九五年六月三日に渡辺美智雄元自民党副総裁が韓国併合を肯定的に評価した発言をし、同年一〇月一一日に江藤隆美総務庁長官が日本の韓国支配には良い側面があったと発言したことが、典型的な事例であった。

日本政府として、中国や韓国との歴史認識をめぐる和解を進めるためには、まず何よりも、村山首相が強固な政権基盤を持って、少なくとも政府内で十分な意思疎通と意思統一をする必要があった。だが、そのような前提なしに和解を求めた結果として、むしろ悪影響が生まれてしまったのだ。

歴史認識問題を外交問題化しないことこそが、それまでの日中間および日韓間での二国間関係を維持するための政治的叡智としてしばしば意識されてきた。それにも拘わらず、村山政権で善意から和解を求めて自らの歴史認識を明らかにした結果、むしろこの問題が外交問題化してしまい、関係悪化に道を開いてしまった。

歴史認識がそれぞれの国のアイデンティティと深く結びついている以上、そもそも国境を越えた歴史認識の共有がいかに難しいのかという意識が、おそらく村山首相には欠けていたのだろう。国家間の問題においても、十分な誠意を示せば決着がつくと感じていたのかもしれない。ところが歴史認識問題という「パンドラの箱」を開けた結果、むしろ中国でも韓国でも歴史認識問題を封印して、凍結しておくことがもはや不可能になってしまったのだ。その意味では、村山談話は誠実な態度で歴史に向き合おうとしながらも、結果として困難な問題の解決を図ろうとして、外交問題化させてしまったというべきであろう。

歴史問題は国内から

歴史認識問題において、そもそも国内問題であったものが、次第に国際的な問題へと発展して、外交問題となっていくというパターンがこれまで繰り返されてきた。

日本の国内で、どのようにあの戦争を記憶するのか。政府として、戦争と植民地化をどのように総括し、それらをどのように歴史の中に位置づけるか。それに対して、政権の中で、あるいは政党の中であまりにも多様な意見が混在し、意見の集約がきわめて難しくなっている。

日本における歴史認識問題の難しさは、このようにして国内や政党内でそれがどのように受け止められるか、あまりにも敏感になっているところにある。いかなる政治指導者も、そのような歴史認識をめぐる国内での分裂を意識して、妥協的な発言をするか、あるいはある特定の集団の意向におもねる強硬な発言をせざるを得ない場合がある。もしも日本政府のなかや日本社会のなかで、あまりにも歴史認識をめぐって対立が激しいのであれば、それを国際社会に対して一つの声で語ることもまた難しいであろう。

戦後七〇周年となる二〇一五年になっても、依然として国民の間で歴史認識を共有することは難しい。そもそも、画一的な歴史認識を国民の間で共有することがきわめて難しいのにも拘わらず、それが政治問題化され、外交問題化されてしまったことでよりいっそう問題がこじれてしまい、歴史認識問題は現代の日本政治における巨大な争点となってしまった。強硬な世論が、左右の両方向から自らの正義を絶対的なものと考えて攻撃を続けるなかで、政治がこの問題にどのように対応するべきか、容易には答えが見いだせない。

そもそも、いずれの国においても、国民の間で歴史認識を共有することは難しい。それまで非公開であった史料が一定の時間を経て公開され、新しい史実が明らかとなる。それとともに新たな責任を政府に求める運動がわき上がり、政府は過激な世論の要求を視野に入れながら、政治的に適切な対応を模索する。そのような、現代政治において歴史認識問題を扱う上での難しさはどの国にも見られ、それは以前よりもいっそう複雑困難な問題となっている。

日本の場合には、戦争に勝利した連合国のアメリカやイギリス、ロシア（ソ連）などとは異なり、敗戦をどのように受けとめて、戦勝国が唱える正義にどのように向き合うかというさらに難しい問題を抱えている。同じ敗戦国でもドイツの場合は、一九四五年を「零年」として、戦前のナチスの政治体制との完全な断絶を強調することによって、戦争責任の問題に誠実に向き合っているというイメージを確立してきた。ドイツの歴史問題への取り組みは広範にわたり、それは国際的にも一定の評価を受けるに至っている。

他方で、戦勝国の一員でありながら、ドイツ軍によって国土が蹂躙《じゅうりん》され、戦時中にドゴール将軍率いる自由フランスとペタン元帥率いるヴィシー政権とに分裂したフランスにおいて、歴史認識を共有する難しさが残っている。いまだにフランスでは、ナチスへの戦争協力者(コラボ)をフランス国民の中でどのように位置づけるかについての、難しい問題に直面しているのだ。

このようにして、第二次世界大戦を戦ったそれぞれの国で、それぞれ異なる文脈の中で歴史に向き合っている。また、それぞれの国が抱える困難の種類も、大きく異なっている。とはいえ、戦争に勝利を収めた連合国は、戦闘の勝利を手に入れただけではなく、歴史の正義をも手に入れることができた。

二〇世紀になると、戦争とはただ単に、軍事力の衝突を意味するのではなく、正義の衝突をも意味するようになる。したがって、敗戦国はただ単に戦争に敗れて国土が廃墟と化して、多くの人命や領土を失っているだけではなく、多くの場合に自らが掲げていた正義をも失うことになる。一九世紀初頭のナポレオン戦争後のウィーン会議では、敗戦国であるフランスもまた、戦勝国とともに戦後秩序を形成し、正義を回復することも可能だった。しかしながら、第二次世界大戦後に敗戦国であるドイツや日本は、たとえなにがしかの善意や正義を掲げて戦争をしていたとしても、自らの開戦目的の正義を受け入れてもらうことは困難であった。そこに、二〇世紀における敗戦国の困難が端的に示されている。

敗戦を受け入れる困難

国民の間で、歴史認識を共有することが難しかった例として、第一次世界大戦後のドイツを指摘できる。すでに述べたように、第二次世界大戦後はナチスを絶対的な悪にするという国民的なコンセンサスをつくったドイツも、第一次世界大戦の際にはそのようにはいかなかった。戦争をどのように位置づけるかについて、第一次世界大戦後のドイツ国民は、イデオロギー的に分裂していた。そのような意味で、第一次世界大戦後のドイツと、第二次世界大戦後の日本には多くの共通点がある。

第一次世界大戦中のドイツは、東部戦線でロシア軍に対して偉大な勝利をつかみ取り、革命により国内政治が動揺していたソヴィエト政権に対する勝利を得た。圧倒的な軍事力で東進するドイツ軍は、一九一八年三月三日に現在のベラルーシに位置するブレスト・リトフスクで、内戦を戦っていたソヴィエト政権との間での単独講和条約を締結した。これによってロシアは、ポーランド、リトアニア、エストニア、クールランドの主権を放棄して広大な領土を失った。他方でドイツ国民は高揚して、偉大な勝利を喜んだ。

ところが、戦争が長引き国民の犠牲と不満が山積し、さらにはイギリス海軍による海上封鎖により戦争に必要な物資や食料が欠乏するドイツは、次第に戦争の継続が困難となっていった。その結果、開戦を決断し、その重い政治的責任を有していたドイツ皇帝ヴィルヘルム二世は、政治的混乱の中で、一九一八年一一月九日にオランダに亡命してしまった。皇帝という戦争指導者を失ったドイツは、暫定政権の下で休戦を決断して、ここに第一次世界大戦が終結する。

　このような一連の政治的混乱は、多くのドイツ国民にはよく理解できなかった。ブレスト・リトフスク条約の記憶から、ドイツ国民の多くは依然としてドイツ軍が戦争に勝利し続けていると考えていたのだ。そのことを、イギリスの高名な歴史家であるA・J・P・テイラーは、次のように述べる。

「休戦の意味を理解していたドイツ人は殆どいなかった。いや多分、誰もいなかった。ヴェルサイユ条約の意味を理解していた者もそれ以上はいなかった。四年以上もの間、ドイツ人は戦争に勝っていると信じていた。僅か一ヶ月の間だけ（一九一八年一〇月二日から一一月一一日まで）、彼らは敗北の現実に直面させられた。そして、戦闘が終わるや否や、現実の印象は薄れ始めた[10]」。

ドイツ皇帝ヴィルヘルム２世

　このように政府のプロパガンダによって、自らが正しい戦争を行い、偉大な勝利を続けていると信じていたドイツ国民の多くにとって、唐突に敗戦を受け入れるよう強制されるということは、困難であるという以前に、そもそも理解できないことであった。敗戦を受け入れるということは、政治的にも、精神的にも、戦後ドイツの政治指導者にとってはとても苦しい作業である。そもそもドイツ軍は、連合国に対して降伏したわけではなかった。あくまでも休戦協定を結んだにすぎない。ドイツが締結したのは降伏文書ではなく、あくまでも休戦協定であった。戦後ドイツの政治家の多くは、ドイツの戦争責任と膨大な賠償金を規定したヴェルサイユ条約は、強制的に押しつけられたものであって、正当性をもたないものであると強弁していた。

戦後ドイツの保守派は、国内の「裏切り者」により、勝利できるはずの戦争に敗北したと怒りを募らせた。戦争を嫌う臆病者たちが、「背中からの匕首《あいくち》」でドイツ帝国を崩壊させてしまったと感じていたのだ。そのことへの不満が鬱積していた。アドルフ・ヒトラー率いるナチスは、ヴェルサイユ体制が正当性を欠いていることを厳しく攻撃することで国民の支持を拡大し、歴史を書き直す必要を訴えた。傷ついた国民の自尊心にアピールして、自らの正義と、外国人の醜さを騒ぎ立てることで、権力を掌握することができた。

第二次世界大戦後の日本人の多くも、戦時中は政府のプロパガンダや、東南アジアや中国における自らの戦争経験から、自国の正義と戦争の勝利を確信しながら動員されていた。そこに敗戦という現実を突きつけられたことで混乱が生じ、頼るべき精神的支柱を失った。連合国により正義が押しつけられることを嫌悪し、それが偽りの正義であると語る姿勢は、第一次世界大戦後のドイツ社会と類似している。他方でドイツは、第二次世界大戦の際には圧倒的な物量の違いによる敗北と、悲惨なまでの瓦礫と廃墟を見て自らの敗戦を実感し、無条件降伏を受け入れるほかの選択肢はなかった。二度の世界大戦によって国土が荒廃して、大多数の国民が平和と安定を希求していたのだ。

歴史的事実とは、均一の濃度で塗られた一つの色ではなく、むしろさまざまな色が混ざり、見る角度や、光の加減によって多くの異なる色彩を見せるのに似ている。同じ色を見て、それを「緑」と言うものもあれば、「青」と言うものもある。どちらも正しい場合もあれば、どちらか一つがより正しい場合もある。国際政治における正義もまた、単調な色彩で描けるものではない。にも拘わらず、それがどのような色彩であるかを、正確に把握することが求められている。それゆえに、歴史認識を語る場合には、広い視野と深い知識、そして多様な要因をバランスよく総合する、知的な努力が求められる。それは、自らに都合が良くないような事実も真摯に受けとめる勇気と誠実さが求められている。

ヴェルサイユ条約の調印

村山談話に見られる「植民地支配」や「侵略」をめぐる歴史認識についても、日本国内ではそれを「緑」と言う論者もいれば、「青」と言う論者もいる。そこに歴史認識の不一致が生まれる。まず必要なのは、可能な限り多くの史料を用いて、よりいっそうわれわれが歴史的事実に接近して、いったいなにが起こっていたのか、なにが起こっていなかったのかを、より正確に理解することであろう。われわれが「どのように見たいか」に基づいて、その色を語るべきではない。まずは、より客観的かつ公平な視点で、冷静かつ慎重にその色彩を見極めるべきであろう。

とはいえ、歴史的事実を語るということは、豊富な史料が存在すれば可能だというわけではない。また、どのように歴史を語るかという、歴史観や歴史理論の問題を理解しなければ、歴史認識問題をめぐり現在日本が抱えている苦悩の性質がじゅうぶんに理解できないであろう。それでは、われわれはこれまでどのように歴史を見つめてきたのだろうか。日本における歴史教育で、われわれはどのような歴史観と歴史理論を埋め込まれてきたのだろうか。

2　歴史学を再考する

歴史理論で観る世界

日本の歴史教育における問題点は、歴史理論を学ばないということである。つまりは、広範な史料に基づいて、徹底的に研究を深めていけば、普遍的に受け入れ可能な「歴史的事実」にたどり着けるというナイーブな歴史認識が広く見られ、またそのような「歴史事実」は他国の国民とも共有可能であるという楽観的な想定がある。そのような想定こそが、これまで日本が他国との間で歴史認識問題をこじらせていった一つの原因ではないだろうか。そもそも、歴史学といっても、各国によって教育を通じて教えられるナショナル・ヒストリーは異なり、また時代によっても歴史理論の潮流は大きく変化している。

歴史家のカーは、この問題について、名著『歴史とは何か』のなかで次のように書いている。すなわち、「忘れられた真理」として重要なものは、「歴史上の事実は純粋な形式で存在するものでなく、また、存在し得ないものでありますから、決して『純粋』に私たちへ現われて来るものではないということ、つまり、いつも記録者の心を通して屈折して来るものだということです[11]」。したがって、われわれが歴史を学ぶ場合は、「私たちの最初の関心事は、この書物が含んでいる事実ではなく、この書物を書いた歴史家であるべきであります」。

だとすれば、たとえば歴史教育において広く読まれ信頼されている山川出版社の『改訂版・詳説世界史B』で書かれている内容を、「純粋」な歴史的事実として理解するのではなく、それを書く「歴史家」の世界史認識や歴史理論が少なからず反映され、また文部科学省が指定する学習指導要領にも少なからず拘束されているものだということを理解する必要がある。同じように、村山談話に見られるような歴史認識も、そこに描かれているのは客観的な歴史的事実というよりも、それを作成した者たちの歴史認識が色濃く反映されたものと見るべきである。もちろん中国政府や韓国政府の批判も、歴史的事実を純粋に議論することよりも、それを通じて国民の支持を固め、自らの政権基盤を確立することに目的があるとしても、けっして不思議なことではない。

このような問題を考える上で、われわれがどのような歴史理論を通じて歴史を観ているのか、自ら理解することが重要だ。通常、われわれは、歴史理論という色のついた眼鏡をかけて、歴史を眺めている。深刻なのは、われわれがそのような色眼鏡をかけているということに、気がついていないことだ。そのような歴史理論は歴史教育を通じて無意識のうちにわれわれの思考にすり込まれており、それによってある特定のバイアス（偏見）がつくられていく。そして、歴史理論は、時間の潮流とともにゆるやかに変わっていく。

「実際に何が起こったか」

歴史理論とは何か。ここでは、一九世紀ドイツの偉大な歴史家である、レオポルト・フォン・ランケの歴史観や歴史理論に目を向けたい。

ランケは、一七九五年に生まれて、一九世紀のドイツで活躍した歴史家であり、その死後もドイツのみならずイギリスやアメリカ、さらには日本の歴史学の発展にも巨大な影響を及ぼした。偉大な哲学者で、歴史哲学についても後世に巨大な影響を及ぼしたヘーゲルより若く、またその後の歴史学の潮流を変えたカール・マルクスよりも年長である。ランケは、ヘーゲルとマルクスという二人の哲学の巨人に挟まれた世代で、彼らの歴史理論との知的な格闘の中から自らの思索を磨いていった。

ランケは、可能な限り客観的な史実に基づいた歴史叙述を試みた。またそれが可能だと考えていた。それは、彼の生きた時代とも深く結びついている。すなわち、ヘーゲル主義的な歴史観やマルクス主義的な歴史観が色濃く影響していた当時のドイツの歴史学の世界で、それらの進歩主義的で単線発展的な歴史理論を厳しく批判して、可能なかぎりそのような拘束から自由な歴史学を彼は求めたのだ。当時の多くのドイツ人は、ヘーゲルやマルクスは歴史を科学として扱い、ある究極的な到達点へ向かって発展する過程としてとらえていると考えた。そのような歴史観を批判するランケは、次のように語る。

「これまで歴史学に割り振られてきた務めは、過去を裁き、将来のために現在に教訓を垂れることであった。歴史学はそのような高度な務めをはたそうとする大望をいだいてはいない。実際に何が起こったかを示すことを望んでいるだけである」(12)。

この、「実際に何が起こったか」という言葉は、ランケの実証的な歴史学を象徴する言葉としてしばしば引用される。また、それにあくまでも拘るランケの学問姿勢は、明らかにマルクスのそれとは異なるものであった。ランケはあくまでも、歴史的な事実に基づいて、それぞれの時代をそれ自体としてとらえて理解しようと試みた。

レオポルト・フォン・ランケ

このようなランケ的歴史観は、明治以降の日本にも浸透していった。いわば、史料に基づいて歴史的事実を見極めて、質の高い歴史を完成させることこそが、歴史を学ぶ者の使命と考えられた。現在、われわれ日本人の多くは、このようなランケ的な歴史観に基づいて、歴史的事実に迫ることが可能だとみなしているのであろう。いや、あまりにも「実際に何が起こったか」に拘り、「歴史的事実」を覚えることを重視する姿勢は、ランケの影響を受けた一つの帰結かもしれない。

エヴァンズの反論

そのようなランケ的歴史観について、ケンブリッジ大学近代史教授のリチャード・エヴァンズは、次のように書いている。「ランケによれば、歴史家は記録から偽造と変造を摘み取らなければならない。ある文書について、その内容自体に矛盾がないかどうか、同じ時代に由来する他の文書と齟齬《そご》をきたしていないかどうかを調べなければならない。歴史家は、研究している時代に書かれたことが証明できる[13]」。

ランケの歴史観に基づけば、徹底して史料を集めてそれを閲覧すれば、歴史的事実を正確に理解することが可能だということになる。しかしながら、本当にそのようなことが可能なのだろうか。歴史的史料、とりわけ紙に書き残された記録を集めて、閲覧するだけで、「実際に何が起こったか」を、後の時代に再現することができるのだろうか。そのようなランケのナイーブな歴史観を、エヴァンズは次のように批判する。「しかし、このような考え方の基本には誤った理解がある。過去が後世に残した証拠を調べつくして、その価値を定めることが実際に可能だという信仰がそれである。しかし、その信仰は、十九世紀末にはもうすでに、信じるに足りないものと考えられはじめていた[14]」。

なぜ、歴史的事実を全て明らかにできるという「信仰」が崩れていったのか。それは、「やがて次第に、歴史に新しい時代が訪れた」からだ。「新しい時代」においては、「利用可能な史料の量が倍々と膨れあがっていくことに、歴史家は気づきはじめた」のだ。この帰結として、エヴァンズが述べるには、「世紀の変わり目になると、知ることのできる事実はすべて見つけ出すことができるという見方ばかりだけではなく、真に科学的な歴史という考え方もいささか怪しいのではないかという呟きがはじまった」のだ。[15] 膨大な史料を前に、次第に歴史家は謙虚になっていく。

歴史家がありとあらゆる史料を読むことができないとすれば、歴史家は史料を取捨選択して用いざるを得なくなり、そこに一定の偏りや、解釈の違い、見解の対立が生じる余地が生まれる。あるテーマについて、人間が一生に読むことができる分量以上の史料が存在しているとすれば、いかなる歴史家といえども完全なる「歴史的事実」を明らかにすることはできないはずだ。にもかかわらず、日本では、史料に基づいて「知ることのできる事実はすべて見つけ出すことができる」というような信仰がいまだに生き続けている。「知ることのできる事実はすべて見つけ出す」という努力をすることと、それを達成することとは異なる。歴史家である以上は、歴史的事実により多くの光を当て、より鮮明にそれを描く義務がある。しかしながら、それを誰かが達成できるかといえば、そうではない。

ランケの生きた時代とは異なり、膨大な史料が保存され、公開される二〇世紀になると、次第に歴史的事実に対してより相対的な視座が生まれていく。すなわち、歴史家がどのような種類の史料を、どの程度使うかによって、そこで描かれる歴史も当然ながら変わってくるからだ。無垢な事実信仰の時代から、より広い視野のバランスがとれた歴史理論が求められるようになる。

　そのような新しい時代において、新しい歴史理論を提示したのがE・H・カーであった。カーは『歴史とは何か』のなかで、歴史家によって、さらにはその歴史家の生きる時代によって、歴史的事実が異なって記憶され、異なる姿を表すことを示した[16]。ランケが語るほど歴史的事実は絶対的ではなく、歴史的史料は万能薬ではない。このような歴史家における認識の変化を受けて、二〇世紀には歴史学における潮流も変わっていく。

歴史学の黄昏

　E・H・カーが逝去したのは、まもなく二〇世紀が幕を下ろそうとする一九八二年であった。カーが『歴史とは何か』を刊行してからすでに二〇年ほどが経っており、この著書は歴史学の古典として世界中で広く読まれていった。そして、この二〇年ほどで、歴史学の世界では巨大な変化が見られるようになっていた。日本の歴史学の学界では、依然としてマルクス主義歴史学や、ランケ的な実証主義歴史学が大勢を占めていたが、ヨーロッパやアメリカでは歴史学の潮流が大きく変わろうとしていた。ランケは遠ざけられ、カーさえもが想定していなかったような、それまでの歴史学の基礎を根底から揺るがすような新しい思想が広がっていったのだ。それはどういうことであろうか。

　一九八〇年代以降、歴史学の世界ではポストモダニズムの歴史理論が広がっていき、ポストコロニアリズムやポスト構造主義、フェミニズムなどの多様なアプローチが用いられるようになった。それにより、それ以前の歴史的史料に依拠した伝統的な歴史学のアプローチが激しい攻撃にさらされて、「歴史的事実」は軽視されて、むしろどのように世界を見るかという「世界観」が問われるようになった。

ミシェル・フーコーの思想が歴史学にも大きな影響を及ぼし、また「言語論的転回」が歴史学に影響を与えていく。さらにはエドワード・サイードのポストコロニアリズムの思想もまた巨大な伝染力を持っていた。歴史学の世界もまた、敏感に、これらの新しく刺激的な潮流を、自らの内側に吸収していった。それによって、「歴史叙述による史的現実の把握は不可能だ」という認識、あるいは「歴史の叙述はすべて虚構だ」という認識が広がっていった。ドイツの歴史家ゲオルク・イッガースが指摘しているように、「歴史叙述それ自体が文学だ」という主張がなされるに至ったのである。まさに、歴史学の黄昏であった[17]。かつてランケが構築しようとした、「実際に何が起こったか」を記述しようとする実証的歴史学が崩壊していき、新たにそれを崩すことを目的とし、新鮮な世界観を提示するポストモダニズムが歴史学における新しい潮流となる。

E・H・カー

このような新しい潮流においては、従来の伝統的な歴史についての考え方が批判にさらされるようになる。ポストコロニアリズムの旗手、文学批評家のエドワード・サイードはそれまでの歴史学では、中東を西洋の視座から劣った文明として位置づける傾向があると、西洋の優越を前提とする世界観を激しく批判した[18]。彼は必ずしも、重厚な史料に基づいてそれを論じたわけではなく、文学評論の手法を用いて自らの世界観を吐露したのである。また、フェミニズム歴史学あるいはジェンダー史は、男性優位の歴史から女性の視座を解放する重要性を説いた[19]。それまでの欧米の白人の男性によって書かれた歴史学が、あたかも無意味であるかのごとく、攻撃された。新しい世界観の提示によって、それ以前の古い世界観が内在する欠陥や問題を、躊躇することなく糾弾していく。

そのようなポストモダニズムの潮流を批判して、エヴァンズは次のように説く。「彼らが提起したのは、客観的知識を獲得することは可能なのか不可能なのか、真実というものは把握しがたい相対的な性格をもっているのではないか、事実と虚構とを区別することは困難なのではないかといった問題であった[20]」。「意識的にせよ、無意識的にせよ、われわれは過去に関する知識を自分たちの現在の目的に利用したいとも思っている」。つまりは、サイードの場合はアメリカのイスラエル寄りの中東政策を批判するという目的のために、そしてフェミニズムの歴史家は女性の権利の拡大という目的のために、いわば歴史を利用するようになっていった。歴史学はそれ自体が職業ではなく、自らの職業を実践するための道具へと、地位が低下していったのだ。それが一九八〇年代以降の、歴史学における新しい潮流であった。エヴァンズは、そのようなポストモダニズムの台頭と、それによる歴史的事実を軽視した歴史叙述の蔓延から、かつて自らが批判したランケ的な歴史的史料に基づいた伝統的な歴史学を擁護しようとした。それは、巨大な新しい勢力を前にした、苦しい闘いであった。

歴史に翻弄される政治

一九八〇年代の韓国において、慰安婦問題が日韓の間の外交問題として浮上することもまた、そのようなポストコロニアリズムやフェミニズムの運動と無縁ではなかった。このような思想的な潮流が新しい問題意識を生み出し、韓国における政治運動や、歴史認識をめぐる新しい趨《すう》勢《せい》へ少なからぬ影響を与えていった。それはまた、韓国における民主化による新しい主張の噴出と、時期を同じくしていた。歴史認識問題が、限られた職業的歴史家の閉じられた世界から飛び出して外に出て行き、政治の世界に深刻な影響を及ぼす新しい時代が到来したのだ。

同時に、現実政治における深い問題意識が、歴史認識問題に影響を及ぼすようにもなっていく。神戸大学教授の木村幹は、一九八〇年代に「キーセン観光」として日本人観光客が数多く「買春」目的に韓国に行ったことへの韓国内の反発について、次のように述べる。「かつて軍事力で自分達を支配した人々が、今度は経済力にものを言わせて、韓国の女性を『買い』にやって来る。彼女らは、こうして日本人に対する反感を新たにし、またその日本人を、諸手を挙げて歓迎する、時の政権に反発した」[21]。慰安婦問題を提起する運動家は、韓国の女性の権利がかつては日本軍の軍人によって、そして一九八〇年代

エドワード・サイード（Roger-Viollet/アフロ）

には日本人観光客によって蹂躙されていることが、耐えられなかったのだろう。

さらに木村は、従軍慰安婦への批判について、「この運動が当初から歴史学者たちよりも、女性運動家たちによって担われた」ことを指摘して、それが韓国内のフェミニズム運動と連動していたことを指摘する。「こうして従軍慰安婦問題は、韓国の女性達による、植民地支配批判運動と女性の権利向上運動、そして民主化運動の三重のシンボル的地位を獲得していくことになる」[22]。人権を蹂躙されて、いまでも十分な権利を与えられていない韓国の女性の地位をどのように向上させるべきか。この問題を抜きにして、慰安婦問題を解決することも難しい。

一九八〇年代におけるフェミニズムとポストモダニズムという新しい二つの思想的潮流が、歴史認識問題に息吹を与えて、日韓関係に巨大な暗い影を落とす。このように、従来の伝統的な、歴史的事実に基づく歴史学ではなく、自らの運動を実践するための手段として「歴史」が用いられるようになっていく。正確な史実に基づく歴史を明らかにするよりも、過去の「事実」をシンボルとして操作的に利用することで、自らの望む方向へ現実を動かそうと運動するのである。だとすれば、韓国側が現代の日本政府の歴史認識に関する姿勢を批判するのに対して、日本側がその歴史的事実の不正確さを批判したとしても、うまく「対話」がかみ合うはずがない。そこでは、「歴史理論」をめぐる考え方があまりにもかけ離れているからだ。それはまた、ランケ的な伝統的歴史観の黄昏と、無関係ではあるまい。

運動としての歴史

それはまた、日本でも同様であった。左派、右派ともに、歴史が運動とあまりにも深く結びついてしまった。かつては、マルクス主義的な歴史学が、共産主義社会を実現するための道具として歴史学を利用してきた。それのみならず、マルクス主義歴史学のなかでも講座派と労農派という二つの歴史理論の間で激しい対立が見られてきた。それらの歴史理論は、史料に基づいて丁寧に歴史を語ることよりも、運動を通じて社会を変革するための理論的な道具を提供することを優先することが多かった。それゆえ、日本近現代史が専門の黒沢文貴は、戦後の歴史学教育を席巻した講座派的マルクス主義史学の問題点について、「マルクス主義の理論的枠組みが当然のことながら重視されたために、理論先行、枠組み重視の議論となり、実証がややもすれば置いてきぼりを食うことになった」と鋭く指摘している[23]。

すなわち、戦後の日本の歴史教育においては、あまりにも色濃くマルクス主義史学をはじめとする歴史理論の影響が浸透しており、日本の戦争や植民地支配、さらには近代史全般をどのように認識するかについて、激しい対立が見られるようになった。黒沢は、「戦後の日本人および日本近現代史の研究者は、『戦争の構造』だけでなく、実は昭和期の『歴史の構造』そのものをきちんととらえてこなかったのではないか」と論じる[24]。歴史家どうしが、異なる歴史理論に基づいて激しい対立を繰り広げ、異なる歴史を描いてきたとすれば、日本の国民や政治家のあいだでも歴史認識を共有することは難しい。いわば、歴史認識をめぐる「内戦」であった。日本の歴史認識問題を理解するためには、これまで日本人がどのように近現代史を論じ、総括してきたのかについて理解することが重要だ。

他方で、現代では右派のナショナリストたちが、日本の歴史的な正義や国民的なプライドを回復する手段として、歴史を利用しようとする。また、フェミニズムの歴史観では、女性に対する抑圧への批判として過去の史実を用い、ポストコロニアリズムの歴史観では支配と被支配の関係として世界を展望する。したがって、日本における女性史やジェンダー史研究者もまた、慰安婦問題に日本側の史料を用いて取り組み、韓国側の運動家と呼応して日本政府への批判を強めていく。歴史認識問題が、一九八〇年代以降に政治問題化し、外交問題化していくのも、このような歴史学の潮流、そしてそれまでの伝統的な歴史学への批判と無縁ではない。一方で職業的歴史家が緻密で実証的な歴史研究を発展させるなかで、他方ではさまざまな運動家が自らの目的を実現するための便利な道具として歴史を利用するようになった。そして、政治もまた同様に、自らの支持を拡大するための道具として、あるいは自らの国益を確保するための道具として歴史を利用するようになっていく。

このように「戦後史」は、さまざまなイデオロギーに束縛され、さまざまな運動に利用されてきた。そのような鎖をほどいて、戦後史そのものをもう一度、冷めた目で見つめ直す必要があるのではないか。戦後とは何であったのか。戦後の日本は世界の中でどのような道のりを歩んできたのか。とはいえ、かつてランケが掲げていたような、歴史的史料に基づく徹底的な実証主義の世界へ回帰することはできない。カーが述べたように、われわれは現代という観点からしか歴史を観ることができないのだ。かといって、歴史を単なる政治や運動の道具として、史実を軽視して自由に歴史を語ることも慎まなければならない。ポストモダニズムの歴史家のように、これまでの伝統的な歴史学を徹底的に破壊してしまえば、結局のところは自らの価値観や自らの視点が絶対的なまでに正当化されてしまい、歴史認識を共有することが難しくなってしまう。

だとすれば、これまでの歴史学の歩みをふまえながら、公平且つ謙虚な姿勢で史実と向き合い、可能な限り広範な歴史的史料を用いて、他者とのある程度の歴史認識が共有可能となるような土台を構築する必要がある。絶対的な歴史的真実を確定することは不可能かもしれないが、それを踏まえた上でなお真摯に歴史に向き合う姿勢を持つことによってはじめて、われわれは前進することが出来るのではないだろうか。それが欠けていることこそが、日本における歴史認識問題の根幹であるように感じる。

3　戦後史を解放する

イデオロギーによる束縛

日本国内では戦争の記憶、そして戦後の日本の歩みをめぐって、認識の深刻な亀裂が見られる。また歴史学において一九八〇年代以降にフェミニズムやポストコロニアリズムなどの影響が浸透していったことで、歴史学と運動が結びついていき、ある特定の目的を実現することが使命と見なされるようになっていった。戦後史が、歴史学者の書斎を飛び出して、政治の世界に浸透していき、また政治運動家の世界に浸透していった。とりわけ日本では、歴史認識をめぐる亀裂は研究者の間でも、政治家の間でも、深刻であった。結果として、われわれはバランスのとれた公平な視点で戦後史を眺めることが、きわめて難しくなっている。戦後史は、いくつものかたちで、束縛されてしまったのだ。

まず、「イデオロギー的な束縛」が見られる。とりわけ「親米」と「反米」という戦後日本の言説を動かしてきたイデオロギー対立が、歴史認識においても浸透してしまっている。戦後の日本政治は、日米同盟を基礎として自由主義陣営と協力することを求める保守勢力と、日米同盟を否定して社会主義陣営に期待を寄せる革新勢力の間の激しい対立を生み出した(25)。

冷戦が終結してから四半世紀を経た現在においても、かつての革新勢力は姿形を変えて生きながらえている。マルクス主義史観に基づいて歴史家が担ってきた反米的な言説が、マルクス主義史観の衰退とともに、それを担う主体が代わるかたちで受け継がれてきたのだ。日米同盟を戦争をもたらす危険なものと批判し、同盟の強化がアジアを不安定化させるとして拒絶し、アメリカが中核に位置する資本主義体制を弱者や貧困を生み出す元凶として批判する。世界政治における圧倒的な存在であったアメリカを批判し、そこから自立するという物語を大きなエネルギーとして、歴史が描かれてきたのである。

反米史観と陰謀史観

この「親米／反米」というイデオロギー対立を軸に戦後史を描いた最近の象徴的な著書が、

元外交官の孫崎享《まごさきうける》によって書かれた『戦後史の正体』であろう。この著書は、一般読者に幅広く読まれ、現代の日本における「戦後史」の理解に多大な影響を及ぼしていると考えられる。確かに孫崎の著書は、独特な論理構成と、数多くの興味深いエピソードにより、読ませる内容となっており、学ぶべきところがないわけでもない。

この著書の序章では、「米国に対する『追随路線』と『自主路線』の対立という視点から大きな歴史の流れを見ることによって、はじめて日本人は過去の歴史を正確に理解することができ、日本の行く先も見えるようになるのだと思います」と書かれている。すなわち、著者自らが高らかに、「追随／自立」というイデオロギー対立に基づいて戦後史を観る必要を提唱しているのだ。さらには、「日本が今後、国家としての方針を決定するときも、過去の歴史のなかでどのような形で米国から圧力をかけられ、どのような形で路線選択をしてきたか、よく知っておく必要があります」と書いている[26]。この本では、複雑な日本の戦後史を、すなわち対米「追随」か、あるいは対米「自主」か、という単純な対立軸のみで描こうとする、とてもシンプルな構成となっていて、読者にわかりやすい構図を提供している。これが、本書が広く読まれる一つの理由であろう。

すでに述べたように、一九八〇年代以降、職業的歴史家による本格的な歴史研究の成果が一般読者にはあまり読まれなくなっていた。この『戦後史の正体』は、一般向けの著作とはいえ、一次史料となる外交記録に基づいて丁寧に実証したわけではなく、著者の歴史観が色濃くその歴史叙述に反映されている。また、近年の歴史叙述の傾向と同様に、すでに述べたように歴史的史料に基づかない文学評論や政治運動の延長として歴史が語られる傾向も見られる。この著作もまた現実の日本の外交政策を「対米自立」へと動かしたいという強い衝動が随所に見られる。いわば、元外交官という実務の世界で外交を担った著者が現実の政治への不満を抱いて描いた歴史というべきだろう。反米主義のイデオロギーは、かつてはマルクス主義の歴史家によって担われていたのだが、それが現在では政府の方針やアメリカの政策に不満を持つ論者へとそのバトンが手渡された。

孫崎によるこの著作では、「学者やジャーナリストの人たちは、世間で『陰謀論』といわれるような国際政治の闇の部分にふれることがほとんどない」と指摘している。いわば、「陰謀論」を直視して歴史を見直す必要を提唱する。これは、アメリカやイギリスにおけるインテリジェンス史（intelligence history）が、それまで機密指定されていた文書の大幅な公開によって過去二〇年ほどの間に飛躍的に進展してきたことをおそらく前提としていないのであろう[27]。日本でも優れた多くの若手研究者が、アメリカやイギリスの情報機関の新規公開史料を用いて、優れたインテリジェンス史の研究をしている[28]。そこでは、「陰謀」という不明瞭で非学術的な言葉は使われていない。陰謀とインテリジェンスは異なる。インテリジェンスとは、あらゆる大国がみずからの安全と利益を確保するために行う活動である。他方で陰謀とは、相手をおとしめるための悪意ある行動である。アメリカの対日政策は、自国の利益に基づいてなされる以上、ときには当然日本の利益と相反する側面を帯びる場合もあるが、それを陰謀のみで語ることには無理がある。

また孫崎は、一九六二年のケネディ政権のノースウッド作戦の関連文書を、ジョージ・ワシントン大学のナショナル・セキュリティ・アーカイブ（NSA）のサイトを参照して論じ、「学者や評論家がそうした事実を知らないまま国際政治を語っているのは、おそらく世界で日本だけでしょう」と指摘している。これは、これまでアメリカの政府公文書を用いて、そのインテリジェンス活動を研究してきた研究者が視野に入っていない。日本の多くの研究者がワシントンDCとメリーランド州にある国立公文書館（The U.S. National Archives and Records Administration; NARA）を訪れて大量の原史料を閲覧し、さらに情報公開請求をして新史料を発掘している。ちなみに、ジョージ・ワシントン大学のNSAは、このNARA所蔵の重要史料を、一般利用者の便宜を考えてウェブで公開したものであり、もしも学術的に意味がある歴史研究を行うのであれば、メリーランドのNARAで原史料を閲覧すべきだろう。いずれにせよ、今の日本の外交史家でジョージ・ワシントン大学のNSAのアーカイブを知らない者はいない。

アメリカ国立公文書館（NARA）

堕落する歴史

著名な歴史家の秦郁彦《はたいくひこ》によれば、陰謀史観とは、「特定の個人ないし組織による秘密謀議で合意された筋書の通りに歴史は進行したし、進行するだろうと信じる見方」と定義されている。[29] まさに孫崎の『戦後史の正体』は、これに近い。これまでにも日本では、数多くの実証性の乏しい陰謀史観に基づく著作が刊行されてきた。たとえば日米開戦の原因を共産主義者の陰謀と見る「コミンテルン陰謀史観」などがその典型的なものである。秦は、信頼できる史料を根拠に、そのような陰謀史観を一つずつ取り上げ、その誤りを曝いている。アメリカの陰謀により日本の戦後史が動いてきたと論じる孫崎の戦後史観は、対米追随批判のイデオロギーと、このような陰謀史観が奇妙に結合したものと見ることが出来るのではないか。かつての反米主義的な、マルクス主義的歴史観が衰退するなかで、そのような歴史理論やイデオロギーに居心地の良さを感じる読者、そしてそのように世界を見る教育に浸かってきた多くの読者にとって、孫崎の議論は実に魅力的に映るのだと思う。

歴史は、無数の要因によって動いている。歴史を論じる者は、歴史における因果関係がどのようにつながっているかを、史料を用いて丁寧にバランスよく理解することが不可欠である。そのことは、すでに触れたカーの『歴史とは何か』第四章や、エヴァンズ『歴史学の擁護』第五章でも、詳しく検討されている。戦後史がすべてコミンテルンの陰謀で動いた、あるいはアメリカの陰謀で動いたという歴史観は、確かにわかりやすく、魅力的で、それが多くの読者を惹きつける理由となっている。しかしながら、戦後史を動かす要因は、経済的要因であったり、社会的要因であったり、国内政治の権力闘争であったり、国際環境であったり、そのときの世論やメディアの趨勢であったり、多様であるのだ。それはあたりまえのようでありながら、あたりまえには理解されていない。

確かにアメリカのパワーは強大であり、多くの場面で国際政治を特定の方向に動かす力はあった。しかしながらそのアメリカでさえも、朝鮮戦争やベトナム戦争で勝利を収めることが出来ず、日米貿易摩擦で巨大な対日赤字を負い、繊維交渉やオレンジ交渉でも日本を説得することができず、反米的な主張を繰り返していた鳩山由紀夫首相の誕生も止めることができなかった。「陰謀」を使って歴史を動かせるのであれば、このようなことにはならないはずだ。

アメリカの軍事力、パブリックディプロマシー、インテリジェンス活動は強力ではあるが、万能なわけではない。それにより世界のあらゆる国、あらゆる勢力を動かすことができないということは、最近のロシアや中国、「イスラム国」（ＩＳ）の動きに対するアメリカ政府の無力感を見ても明白である。他方で、あらゆる国家が自国の国益や安全を確保するために外交を行うのは、当然のことである。自分たちの国が国益を求めて行動しておきながら、相手がわれわれへの善意で行動することを期待するのは、国際政治におけるリアリズムの根本的な欠如というべきである。アメリカ政府がいつでも日本に善意を示すと想定し、アメリカがそのようにしなかったことを批判するのは、あまりにもナイーブである。より大きな国力を持つ国が、国際政治でより多くの影響力を行使して、より多くの利益を得ることは、権力政治が支配する国際社会において驚くべきことではない。

他方で、アメリカがアジアやヨーロッパにおいて、冷戦期にもさまざまな形で内政に介入して、自らの意図に沿うかたちで影響力を水面下で浸透させようとしたことは、インテリジェンス史研究の中では広く知られていることである。[30] また、冷戦時代には米ソ間で相互抑止が機能しており、直接的な軍事力の行使が困難であったために、アジアや中東、アフリカなどで、アメリカやソ連、イギリスなどが活発なインテリジェンス活動を行っていたことは、研究成果の発展によってもはや公然の事実である。

しかしながら、いうまでもないが、インテリジェンス活動、あるいは孫崎の言葉を用いれば「陰謀」のみが戦後史を動かしたわけではない。たとえそれが一部の真理を含んでいたとしても、戦後史をより広い視野からバランスよくその全体を理解するためには、われわれはこのような単純な反米史観や陰謀史観から、一定の距離を置かなければならない(31)。それによってはじめて、われわれは戦後史の全体像を、よりバランスの良い視点から眺めることができるはずだ。

「一九四五年」からの解放

われわれの思考を拘束しているのは、このようなイデオロギー的な束縛、反米史観や陰謀史観による束縛のみではない。ほかにも戦後史を考える際にさまざまな束縛が存在している。

その一つが、「時間的な束縛」である。すなわち、あらゆる歴史の歯車が「一九四五年八月一五日」から動き始め、それ以前の歴史と戦後史が完全に断絶しているという歴史観である。「一九四五年八月一五日」以降の歴史だけを観れば、戦後史が理解できるわけではない。戦後史の骨格は、すでに一九四五年以前に形作られていたのだ。

ドイツ人の歴史家であるアルフレート・グロセールは、そのような理由から、「一九四五年」という歴史的断絶を強調することを慎むように論じて、次のように書いている。

「この歴史的断絶という特別の瞬間をとらえて、あたかもそれが本当に一種の絶対的な切断であるかのように、あたかも一九四五年という年が――事実上極端な事例であるドイツにしばしば適用される表現をとりあげるなら――『零年』であるかのようにみなそうとする誘惑には抵抗しなければならない[32]」。

ドイツにおいて一九四五年を「零年」であるようにみなす傾向があるのと同様に、あるいはそれ以上に、日本においても一九四五年の前の歴史と後の歴史の断絶を強調する歴史認識が強い。また、戦後日本の基本的な理念である平和主義のような考えが、じつは戦前の歴史を源流として持ち、国際的な潮流とも無関係ではないという視点で論じられることは少ない[33]。たとえば、日本国憲法が掲げる平和主義の理念、戦争放棄の理念を理解するためには、一九二八年八月二七日にパリで署名された不戦条約や、一九四五年六月二六日にサンフランシスコで調印された国連憲章二条四項を理解しなければならない。「戦後」のみを観ていたのでは、戦後史を深く理解することが難しいのだ。一九四六年一一月三日に公布された日本国憲法の第九条だけを観ていて、これにより世界ではじめて戦争放棄と平和主義の理念が実現したと観るのは、正しい歴史理解とはいえない。より広い時間的な視野の中から、戦後史をとらえ直す必要がある。それによってはじめて、戦後日本が掲げた平和国家としての理念を深く理解できるはずだ。

また、戦争の悲劇を正しく理解するためには、一九三一年一〇月八日以降の関東軍の爆撃機による錦州爆撃について、その衝撃の大きさをわれわれは十分に理解せねばならない。

イギリスの著名な戦略史家のローレンス・フリードマンは、その著書のなかで戦間期における戦略爆撃（strategic bombing）の誕生と展開を述べている。それまでの戦争では、地上戦や海戦が主であったものが、空域が戦争に利用されるようになり、エア・パワーの戦略的な重要性が一九二〇年代から三〇年代にかけて、認識されていったのだ[34]。ドイツでは硬式飛行船のツェッペリンが開発されて、この軍事利用の可能性がイギリスでは懸念されていた。

ほぼ同じ時期の一九三一年一〇月八日に、満州鉄道沿線から離れた錦州において張学良の軍隊に打撃を与えるために、関東軍の爆撃機が大規模な空爆を行った。二〇世紀における戦略爆撃の時代の幕開けであり、無抵抗の非戦闘員を空から無差別に殺戮する新しい手法の誕生である。

このような軍事行動は、明らかに自衛の範囲を超えていて、一九二八年の不戦条約に違反する可能性が高い[35]。これによって、戦間期に世界で育まれた戦争放棄や平和主義の潮流を止めてしまっただけでなく、後の東京大空襲や広島や長崎への原爆投下につながるような、非戦闘員をも対象にした空中からの無差別な戦略爆撃を、日本は早い時点でこの錦州で実践していたのである。さらに後には、上海、南京、重慶でもそのような非戦闘員に対する戦略爆撃を行うことになる。このような非戦闘員への無差別な戦略爆撃は、その後の戦争のかたちを大きく変えていく。それまでは兵士と兵士が衝突する広大な野原が戦場であったが、そこから遠く離れた都市部もまた戦略爆撃の餌食となり、それとともに民間人の死傷者の数が急激に増加することになる。

東京大空襲における戦争の苦しみの悲劇を語るだけではなく、そのような悲劇がむしろ日本によって生み出された歴史を知ることも必要ではないか。日本は自らが行った錦州での戦略爆撃による恐怖と悲劇を、皮肉なことにも、それと比較にならぬほど大きな規模で東京や広島、長崎の悲劇で知る運命となるのである。そのような非戦闘員を対象にした無差別の戦略爆撃は、一九三〇年代に日本が率先して実行し、その破壊力と人的被害を知らしめる結果となった。そして、同時に、このことが戦間期に育まれていた戦争放棄への動きや、平和主義思想の浮上、そして戦争違法化への取り組みを葬り去る結果となる。

その後、第一次世界大戦の殺戮が戦後のヨーロッパにおける平和主義思想を生み出したように、第二次世界大戦の殺戮がその後の日本の平和主義思想を生み出した。第一次世界大戦の後には、日本は戦争違法化への動きを破壊したが、第二次世界大戦後はむしろ平和主義を促進し、平和的手段での紛争解決の重要性を唱える国となった。戦後史の起点を「一九四五年」として、それ以前の歴史に盲目になるのであれば、われわれは戦後の平和主義が持つ重要な意味を深く理解することはできない。戦後史を知るためにも、「戦後」の前の時代を知る必要があるのだ。

日本軍による爆撃後の重慶

世界の存在しない日本史

われわれが戦後史を考える際に「時間的な束縛」だけでなく、

「空間的な束縛」によってその重要な歴史の意味を見落とす懸念もある。すなわち、戦後史を語る際にわれわれはあまりに空間的に狭い世界に閉じこもってきた。日本を世界から切り離して、日本国内を閉じられた空間として論じるだけでは、戦後の日本の歩みを深く理解することは難しい。それは、日本の歴史教育とも深く連関している。

日本における歴史教育は、通常「日本史」と「世界史」に分かれている。そして、日本史の教科書は、当然ながら日本史研究者が執筆するために、世界の動きのなかでの日本の位置づけが必ずしも多くの紙幅を割いて論じられているわけではない[36]。したがって、日米関係の歴史や、日中関係の歴史、あるいは朝鮮半島の人々が日本に対してどのようなイメージを持っていたのかということや、満州事変が勃発した際に、それに対して国際連盟やイギリス政府、アメリカ政府の中でどのような議論がなされたのかは、知る機会が少ない。

したがって、戦後史を書く際にもそれが戦後日本史として書かれる場合には、戦後の世界で日本がどのように位置づけられてきたのかを理解するのは難しいし、戦後の日米関係、日中関係、日韓関係、あるいは日本と中東諸国との関係をイメージするのも難しい。世界とのつながりが描かれる場合も、あくまでも日本の国内からの視点で描かれていることが多く、海外から日本を見つめる視点はアメリカ史や中国史、韓国史といった外国の歴史をしっかりと研究している人でなければ、なかなか的確には描きにくいのではないか。しかしながら、外国の歴史を研究する歴史家は、あくまでも西洋史や東洋史の領域に属することになり、それらの歴史家に期待されていることは「世界史」の教科書を書くことである。

世界が存在しない日本史を学ぶとすれば、それはきわめて内向きで、孤立主義的で、閉じられた空間の戦後史になってしまう。その象徴として、われわれが考える戦後史は、戦争が終わったとき、すなわち「八月一五日」からはじまるのが通常である。しかしながらこれはあくまでも、日本国民の物語として作られた「戦後」のはじまりであって、日本およびその植民地であった韓国や北朝鮮以外の国では異なる歴史が語られる。この点については京都大学教授で、メディア史研究者の佐藤卓己が詳しい。佐藤は、その著書『八月十五日の神話』において、次のように論じる。

ミズーリ号での降伏文書調印式

「そもそも歴史的事実として、一九四五年の八月一五日に終わった戦争は存在しない。玉音放送で昭和天皇が朗読した『終戦詔書』の日付は、日本政府がポツダム宣言受諾を米英に回答した八月一四日であり、大本営から陸海軍へ停戦命令が出されたのは八月一六日である。国際標準としては東京湾上の戦艦ミズーリ号上で降伏文書が調印された九月二日（中国では翌三日）がＶＪデイ（対日戦勝記念日）であり、八月一五日はただ『忠良ナル爾臣民』に向けた録音放送があった日に過ぎない[37]」。

このように、日本人が内向きの国民の物語を創り、それが国民の間でいくら浸透したとしても、そのような物語が他国の人々に共有されるわけではない。そもそもヨーロッパにおける「終戦

（V-E Day）」は、一九四五年五月八日である。ヨーロッパの多くの人々は、太平洋の島々で依然として戦っていたアメリカ人とは異なり、この「ヨーロッパ戦勝記念日」によって戦争が終わったと考えて、武器を捨てて、家族のもとに戻っていった。それぞれが思い描き、それぞれが体験した「戦後」のはじまりが異なるとすれば、「戦後史」がいつはじまるのかも異なり、それがどのように描かれるかも異なる。

それゆえ佐藤は、「『終戦』とは相手国のある外交事項である。その相手側への八月一四日通告より、自国民向け八月一五日放送を優先することはグローバル・スタンダードではありえない」と批判する。[38]そして「二国間の過去を『一国中心の歴史』を超えた文脈で捉えなおすためにも、まず私たちが国際的に通用する終戦記念日の運用を確立することが必要なのだ」と語る。[39]

この問題意識は、「終戦記念日」だけではなく、「戦後史」全体にも通用する。「一国中心の歴史」として戦後史を語ることを超えた、より広い視野の、グローバル化の時代にふさわしい戦後史が求められている。

日本が存在しない世界史

日本の歴史教育におけるもう一つの問題点は、世界史の中に日本が出てこないということである。世界が出てこない日本史も問題だが、日本が出てこない世界史にも問題がある。

いうまでもなく、日本は世界の一部である。二〇世紀の歴史を振り返って、そこに日本が出てこないなどということは、実際の歴史の中では考えられないはずだ。二〇世紀最初の大国間の戦争は、一九〇四年に勃発した日露戦争であった。日本の攻撃開始が、総力戦の時代の幕開けを告げた。そして第一次世界大戦が終わると、日本は戦勝国となり、五大国の一員としてパリ講和会議に参加して、そして国際連盟が設立されると常任理事国となった。また、第二次世界大戦時に日本はアジア太平洋において広大な支配地域を獲得するとともに、途方にくれるほどの膨大な戦禍をもたらした。そして、戦後世界では奇跡的な高度経済成長を実現した。

日本が二〇世紀の世界史において、これだけ巨大な足跡を世界に残していながらも、たとえば高校で広く読まれている山川出版社の『詳説世界史B』を開いてみると、巻末の索引には「日本」という項目はない[40]。総計で四〇〇頁ほどの教科書の中で、「日英同盟」や「日露戦争」など日本に関連した項目はわずかに二〇回程度出てくるに過ぎない。それも当然であり、日本の大学の歴史講座が「日本史」「西洋史」「東洋史」と三つに分かれている中で、世界史の教科書を執筆するのはあくまでも、西洋史講座と東洋史講座に所属する教員である。日本史講座に属する研究者が世界史の教科書を執筆することはきわめてまれだ。したがって、高校の世界史の教科書に記されているのは、あくまでも「西洋史」と「東洋史」が中心となっており、その「東洋史」とは日本を除いたアジアについてである。

いうまでもなく、日本については日本史で学ぶことになっているために、世界史では日本がほとんど出てこないのだ。いわば、日本があまり出てこない「世界史」と、世界があまり出てこない「日本史」を、われわれは学んでいる。われわれは二〇世紀の世界において日本がどのような役割を果たしてきたのか、バランスのとれた視点を持つことが困難なのだ。

このような日本の世界史教育における問題を鋭く指摘したのが、イスラム史が専門の羽田正《はねだまさし》東京大学教授である。羽田はその著書、『新しい世界史へ』のなかで、第二次世界大戦以前の日本の歴史教育では、「世界全体を三つに分割し、それぞれの部分の歴史を『国史』『東洋史』『西洋史』と呼び、この三つの枠組みを用いて研究や教育を行うのが一般的だった」と論じる。[41]そして大学での歴史教育が、「国史（日本史）」「東洋史」「西洋史」の三つに分割されたことで、世界全体をバランスよく理解するための視点が失われたことを指摘している。さらに戦後の一九五一年には、第二回学習指導要領において「それまでの『東洋史』と『西洋史』という科目名が消え、これらにかわって『世界史』が登場する」[42]。簡単に言えば、「東洋史」と「西洋史」の結合によって高校の世界史が作られていったのだが、そこでは日本はほとんど登場しないし、そこで抜け落ちている領域も少なくない。高校で「世界史」を学んだということと、二〇世紀の世界で何が起きたかをバランスよく理解することは、必ずしもイコールではないのだ。

これではとても、世界の中の日本という視点や、東アジアの中の日本という視点が育まれることはない。羽田は次のように述べる。「東アジア世界と日本の関係は、やや微妙である。学習指導要領では、日本は東アジア世界に含まれているようでもあり、含まれていないようでもある。この点は学習指導要領、ひいては現行の世界史の説明の弱点の一つである」[43]。ここに、日本が周辺国との間で歴史認識問題をこじらせて、さらには国際的に標準的な二〇世紀の歴史についての理解との間に齟齬を生じさせる一つの原因が存在する。日本で学ぶ世界史は、特殊日本的な世界史理解に基づいていると同時に、そこには日本がほとんど登場しないという特徴がある。だとすれば、日本が世界に対して悪い影響を及ぼしたことも、良い貢献をしたことも、高校での世界史教育を通じて深く理解することは難しい。

だとすれば、たとえ高校教育で世界史をしっかりと学んでも、われわれは世界と日本のつながりがよく見えないし、また二〇世紀前半に日本がアジア大陸で行った「侵略」と「植民地化」についても、理解を深めることが出来ない。ここに、日本における歴史認識問題の一つの重要な原因をみることができるだろう。

戦後史の解放へ

このようにして、「イデオロギー的な束縛」、「時間的な束縛」、そして「空間的な束縛」という三つの束縛から戦後史を解放して、よりひろい器の中に「戦後史」を位置づけし直すことが本書の目的である。戦後七〇年を経ながらも、依然として歴史の亡霊から逃れられずに、歴史認識や戦争責任をめぐって日本国民が苦しんでいるのは、そのような束縛から逃れられないからであろう。

『詳説世界史 B』（山川出版社）

これまで日本史の閉じられた空間、そして一九四五年以後という閉じられた時間のなかで語られてきた戦後史をより深く理解するためにも、本書ではむしろそのような「束縛」から世界史を解放して、新しい戦後史を描くことにしたい。戦後史を支える基本的な理念である平和主義、人道や人権、民主主義といったリベラルな価値に基づく国際秩序の基礎はむしろ、「一九四五年」以前に創られていた。いわば、戦後史の源流を辿り、それがどのようにして戦後史の骨格を創っていったのかを見ていきたい。また、世界の中の日本という視点から、日本史が世界の歴史の中にどのように埋め込まれて、どのように日本が国際社会と相互作用をもってきたのかを辿ることにしたい。

このような歴史的視座をもってはじめて、日本は国際社会との適切な関係を構築する土台を手にできるのではないか。従来のような「世界の存在しない日本史」と「日本の存在しない世界史」を超えて、国際社会のなかでの日本のあるべき位置を考えていく。戦後史を解放することで、われわれは真の戦後史に接近できるのではないかと考えている。

それでは、戦後史の源流となる時代へと、進むことにしたい。

第1章　戦後史の源流

1　戦後史への視座

戦後史をどのように語るか

われわれは、どのように戦後史を語ったらよいのか。戦後世界は、どのようにして創られたのか。多くの人が戦後について語り、多くの国が戦後の歴史を描いてきた。それが基礎となって現代の国家、そして現代の世界が成立している。歴史認識こそが、われわれに政治を理解するための基礎を提供しているのだ。ここでは、戦後史を特徴づける重要な構成要素が、どのような源流からわき出て、どのようにそれらの支流が合流して、戦後史という大きな川の流れとなっていったのかを考えることにしたい。

戦後の時代の幕開けは、戦争の時代の終幕とともに訪れた。いわば、戦争の時代から平和の時代へと世界が移っていくなかで、戦後史が始まったということができる。それでは、戦争の時代とはいかなる時代であったのか。なぜ、平和は壊れたのか。そして戦争の時代が終わって、人々はどのようにして平和な時代を創ったのか。その平和の時代の礎石は何であったのか。戦後の始まりとは、戦争と平和の問題とも不可分に結びついていた。平和な時代を確立するための努力が、そのまま戦後の時代の始まりと深く重なり合っていたのだ。

イギリス人の歴史家、トニー・ジャットは、二〇〇五年に浩瀚《こうかん》な著書、『戦後（*Postwar*）』（邦訳は『ヨーロッパ戦後史』）を刊行した。[1]それは、一九四五年から二〇〇五年までの六〇年のヨーロッパの歴史を、ジャットならではの魅力的で、軽妙な語り口で、驚くほど広い視野から叙述したものである。ジャットはこの著書の「はじめに」のなかで、次のように語っている。「この本が語るのは第二次世界大戦後のヨーロッパの物語で、したがってそれは一九四五年、ドイツ人が『シュトゥンデ・ヌル』つまり『ゼロ時』と呼んだ時から始まる。しかし二〇世紀の他のあらゆる事柄と同じく、その物語には一九一四年に始まった三〇年間の戦争が濃い影を落としており、ヨーロッパ大陸はこの時点から破局への下降を開始したのだった[2]」。

ジャットは、戦後史を語る上で「一九四五年」があくまでもそれ以前の時代がたどり着いた帰結であって、それ以前の時代を語る重要性を認識したうえで、「戦後」の歴史を描いている。それ以前の時代とは、どのような時代だったのか。それをジャットは、「三〇年間の戦争」の時代と位置づけている。「三〇年間の戦争」、すなわち二つの世界大戦を合わせて考えてみると、それは人類史上まれに見る殺戮の時代であったことが分かる。人類は、殺戮の時代に幕を下ろすためにも、「一九四五年」が時代の転換点となるような新しい世界に希望を抱いた。その新しい世界では、平和が確かなものとなり、もはや人々が大量殺戮の恐怖に怯えることなく、安心して日々の生活を営めることが求められた。

ジャットのように、「戦後」を語る場合の起点である「戦争」を、一九一四年に始まる「三〇年間の戦争」と捉えるとすれば、「戦後史」を語る場合にもやはり「三〇年間の戦争」が始まる第一次世界大戦の時代までさかのぼらなければならない。その戦争の性質を理解することによって、「戦後史」の全体像を俯瞰してその本質を深く理解することができるだろう。

この「三〇年間の戦争」の時代には、膨大な数の人命が奪われた。それゆえに、まずはわれわれの歴史を考えるうえで、この大量殺戮の時代に人々が何を見て、何を感じ、何を怖れ、何を求めたのかを理解せねばなるまい。

大量殺戮の世紀

戦後の政治は、まずなによりも平和を求め、世界戦争を防ぐことを最大の課題としていた。というのも、それに至る時代の殺戮と人道的被害が、あまりにも甚大だったからである。戦争の時代とは、大量虐殺の時代でもあった。平和という基礎がなければ、どれだけ日々の生活が不安なものとなり、暗いものとなるか。

ジャットは、その著書『戦後』のなかで次のように語る。

「ヨーロッパの人びとが戦争中にこうむった物的損害はひどいものではあったが、その人的損失と比較すれば、取るに足りないものだった。戦争が起因となって一九三六年から一九四五年のあいだに死亡したヨーロッパ人の数は、およそ三六五〇万人と見積もられている」[3]。この数だけでも信じがたいものである。だが、この数字には日本人やアメリカ人など、非ヨーロッパ人の死者は含まれていない。二〇世紀前半は、世界中の数多くの場所で死体の山が築かれ、人命が軽んじられた時代であった。さらには、死者の半数以上が、非戦闘員であった[4]。戦争を遂行する意志がなく、本来は国際法によって守られるべき存在であった非戦闘員が、惨劇の餌食となった。それは、一般市民が戦争に巻き込まれ、一瞬にして命を奪われる時代であった。総力戦の時代には戦場と銃後の区別はなくなり、空から大量の爆弾が降ってきて、街という街を炎で包んでしまった。焼死体。疫病。飢餓。銃殺。あらゆるかたちで、人々の命が奪われていく。それはまるで、片手で卵を握りつぶすかのように。

ハーバード大学歴史学部教授のニーアル・ファーガソンは、その著書『憎悪の世紀』において、二〇世紀の残酷な虐殺の歴史を振り返っている。ファーガソンは次のように語る。「一九〇〇年からの一〇〇年間は、近現代史のなかで間違いなく最も血なまぐさい世紀だった。それ以前のどの時代と比べても、また比較するまでもなく、残虐きわまるものだった」[5]。これは、多くの歴史家が同意することであろう。

ファーガソンが注目するのは、国家間の戦争ではなく内戦である。「二〇世紀における対立を国家間の戦闘状態だという面だけで捉えると、国家内部における全面対決の重要性を見過ごすことになる。最も悪名高い例は、言うまでもなく、ナチスによるユダヤ人に対する戦争だ。六〇〇万人近いユダヤ人が、犠牲になった」。ファーガソンによれば、このユダヤ人のホロコ

ーストを含めて、「一九二八年から五三年までの間に、政治的な暴力によって少なくとも二一〇〇〇万人が死んだ」という。(6)

ここで重要なことに気がつく。二〇世紀を前半と後半に分けたときに、大量殺戮や戦争による大量死が、その前半に集中していることだ。ファーガソンは、日露戦争が始まった一九〇四年から朝鮮戦争が休戦する一九五三年までの半世紀に大量殺戮が集中していたことから、これを「五〇年戦争」と呼ぶ。(7)

このようにして、「最も血なまぐさい世紀」である二〇世紀を振り返ると、その大量虐殺が一九一〇年代から四〇年代に集中していることが分かる。それは、ジャットが「三〇年間の戦争」の時代と称した時期と重なる。そして、この戦争の時代の後には、むしろそのような歴史を繰り返さないための人類の絶え間ない努力が見られたことに気がつく。問題は、そのような歴史の教訓を学んでいながらも、引き続き人類は異なるかたちで、異なる場所で、殺戮を続けたことである。

ユダヤ人に対するホロコーストが行われたアウシュヴィッツ＝ビルケナウ強制収容所

なぜそうなったのか。ファーガソンによれば、民族と民族は実際には、外見の違いにも拘わらず、遺伝子にはほとんど違いが存在しない。それなのに他民族を憎しみ、それに対して攻撃的になる傾向が見られるという。すなわち、「二〇世紀の間、人びとは肉体上、あるいは外見的に異なる『民族』は、別の種に属する生物であるかのように見なし、それに基づいて行動してきた。特定のグループは『人間以下』の存在だ、とさげすむ場合さえあった」[8]。それゆえに、ファーガソンは一九〇四年から一九五三年までの半世紀を、「憎悪の世紀」と呼んでいる。

ジャットが「三〇年間の戦争」と呼び、ファーガソンが「五〇年戦争」と呼ぶこの時代ほど、平和が強く望まれた時代はなかった。ところがこの時代ほど、平和が蹂躙され、大量殺戮が実行された時代はない。なぜそうなってしまったのか。

そこでもう一つ考えるべきなのが、二〇世紀の後半には大国間の戦争がほとんどおこらなかったということだ。戦争は、大国間の戦争から、第三世界における戦争へと移行していった。ファーガソンの言葉を借りれば、「第三次世界大戦（The Third World War）」の代わりに、「第三世界の戦争（The Third World's War）」となったのだ。

二〇世紀全体に視野を広げたときに、戦争と殺戮にあふれていたその前半と、それを防ぎ平和を確立しようと苦悩し努力する後半とに分けることができるだろう。だとすれば、平和を確立しようとするそのような動きを戦後史の源流として見いだすことができるだろうし、戦争の時代から平和の時代へと移行する転換点を戦後の始まりとみることができる。

それでは、その二つの時代を分かつ分水嶺は、何なのだろうか。そして、人類はどのようにして平和な時代を創ろうとしたのか。もちろん、戦争の時代においても平和を求める萌芽が数多く見られ、また平和な時代においても世界各地で野蛮な戦争や殺戮が見られる。だが、より巨視的に見た場合に、戦争を基調とする戦前の歴史と、平和を基調とする戦後の歴史とで、明らかに国際社会の中核的な規範や論理に変化が見られることがわかる。

そして、そのような戦争の時代から平和の時代への移行を理解することが、戦後史を理解することにも結びつくだろう。その分水嶺を見つけるためにも、まずは戦争と殺戮の時代を見ることにしたい。

2 平和主義の源流

「近代の発明」

「戦争は、人類と同じぐらい古いものであるが、平和は近代の発明である[9]」。

これは、一九世紀半ばにイギリスの法学者のサー・ヘンリー・メインが述べた言葉である。なるほど、歴史上多くの人々が戦争を語り、戦争を経験してきた。また、戦争を記録し、戦争を描いた文学作品や歴史的叙述も数多くある。とはいえ、政治の世界で平和を確立するために真摯な議論がなされるようになったのは、近代以降である。それ以前の時代においては、戦争は国家が有する正当な権利であり、ときにそれは必要なものであり、ときには勇敢で美しいものとさえ考えられていた。そのようななかで、多くの人は戦争が起きていない状態をもって、それを平和として語ってきた。

確かに、平和を求める宗教や、哲学、運動は人類の歴史の初期の頃から、繰り返し見られてきた。それはまた、古代ギリシャや古代ローマの文学作品にも、しばしば取り上げられているテーマである。イギリスの国際政治学者のハリー・ヒンズリーも、「永遠平和の模索が地上における戦争行為の出現とほぼときを同じくしただろうことは疑いない」と論じている。戦争の悲劇を語り、平和の尊さを論じる文学や宗教は、いつの時代にも見いだすことができる。

だが、同時にヒンズリーは、「近代ヨーロッパの歴史の中で、国家間の問題を解決するための諸提案がほかのすべてに優先して、平和の維持そのものに向けられるようになるのは、ようやく十八世紀になってからである」とも述べている。近代になってようやく、それまでは宗教的、あるいは哲学的に唱えられてきた恒久平和の理想が、むしろ実現すべき政治課題として、政策的に検討されるようになっていく。その最大の原因は、人類が戦慄するほどの戦争の惨禍を見て、それを二度と繰り返したくないと切に願ったからであろう。人間は、深い痛みを伴わなければ前に動くことができない。

平和を実現することが重要な政治課題となったのは、一八世紀以降に戦争の被害が甚大となることと深く連動していた。ナポレオン戦争後に、それまでは貴族階級が行ってきた戦争が、国民の戦争へと変質したことによって、その惨状の規模は拡大する。[10] それとともに、人々の平和への願いが、よりいっそう切実なものとなっていった。とはいいながらも、あくまで平和は願い求めるものであり、実現すべき政治課題として討議される機会は少なかった。

イギリスの歴史家ポール・ジョンソンは、戦争や平和をめぐる人々の思考に、ナポレオンが巨大な影響を与えたことを、次のように記している。

「ボナパルトは敗れ去るまでに、ヨーロッパがそれまでに経験したことのない破壊的な戦いを大陸中でくり広げた。初めて大規模な徴兵制度が軍隊を増強するのに大きな役割を果たし、戦いは国全体のものとなった[11]」。

さらに次のように綴る。「総力戦という新しい考えが生まれ、それに伴って、秘密警察、大規模な専門的諜報活動、政府宣伝機関、民主的な体裁をとった政治的運動や選挙や国民投票といった制度ができた[12]」。

このようにナポレオンは政治や戦争についての思考と制度を、根底から変えてしまったのだ。その意味でも、彼は真の革命家であった。戦争は貴族ではなく国民全体で戦うものとなった。また共和主義を守るというイデオロギーに基づいて戦う以上、相手を殲滅《せんめつ》するまで戦争を止めることができなかった。限定戦争から全面戦争、そして総力戦へと戦争の性質が変わっていき、また愛国心が兵士たちの理性を奪い、それまで以上に過酷な戦闘へと駆り立てていった。

ナポレオン・ボナパルト

このような巨大な破壊を経験してはじめて、人々はようやく平和の真の価値を見いだす。すなわち、「ボナパルトのフランスが軍事的に崩壊した後、ウィーンに集まった政治家たちが断固として行なおうとしたのは、正統の王座だけではなく、かつて平和を維持し、争いが起きた時には大事にいたらぬようにした慣習や法をも、できうる限り復活させることであった」[13]。ウィーン会議は、何よりも、平和の回復こそが最大の目的とみなされた。そして、その結果としてヨーロッパは、大国間の全面戦争が一世紀にわたって起こらない、平和の時代を謳歌することになる。ヨーロッパの黄金の時代が到来する。

このようにして、巨大な戦争の経験こそが、その後の平和を求める運動を覚醒させる最大の動機となっていたのだ。

平和運動の胎動

ヒンズリーは、一九世紀半ばのヨーロッパで平和を希求する運動が強まっていくようすを、次のように書いている。

「戦争忌避への関心は、以前とは比較にならないくらい広がりを持つようになり、またその議論も、道徳的熱意と平和主義的信念に基づいて戦争反対に引き寄せられた人たちだけの専有物ではなくなっていた」[14]。

このようにして、ナポレオン戦争後のヨーロッパでは、戦争を嫌悪して、戦争に反対して、戦争をなくすことを求める運動が、次第に増えていった。

しかしその一方、この頃のヨーロッパでは、産業革命や科学技術の飛躍的な発展によって、戦場において相手を殺戮する兵器も次第に残酷化していった。イタリア統一戦争における傷病者の悲惨な光景を目にして衝撃を受け、その後赤十字組織を設立するアンリ・デュナンが、

『ソルフェリーノの思い出』を執筆したのは、まさにこの時期に重なる一八六二年のことであった[15]。戦争による被害が甚大になり、国民全体が戦争に動員される、総動員の時代が到来したのだ。それまでは、多くの人にとっては文学作品や歴史叙述を通じて想像するだけだった戦争が、現実の悲劇として目の前に広がっていた。それにより人々が平和を望む思いも強くなっていく。このようにして、近代に平和が発明された。また、一九世紀半ば以降になってようやく、運動家や思想家、そして政治家たちが、平和をどのように実現するかについて、真剣に討議するようになった。それを実現することこそが、政治における高尚な目標と考えられるようになっていった。

万国平和会議

そのような運動や政治が、外交交渉を経て現実の合意に帰結したのが一八九九年にオランダのハーグで開かれた、万国平和会議であった。ロシア皇帝ニコライ二世が、「真のかつ恒久的平和の利益をすべての人民に保障する最も効果的な手段を求め、そしてなかんずく現存の軍備の漸進的発達を制限する目的」のために、この会議の開催を提唱して、二六カ国の政府代表がハーグに集まった[16]。このハーグ平和会議では、戦争においても一定の法規をつくる必要が議論された。戦争において人道的な悲劇を緩和するためにも、国際的な合意をつくるべきだと、多くの国の政府代表が認識を共有した。日本もまた、この会議に参加していた。

一九〇四年に始まった日露戦争において、日本は「文明国」として国際法を遵守して戦った。とりわけロシア人の戦争捕虜への国際法に基づいた丁寧な対応が、国際社会を驚かせた。[17] 日本は世界に向けて、自らが国際法を遵守する「文明国」であるというイメージを植え付けることに、見事に成功したのである。そのことが日本の国際的な地位の向上、そして日本に対する信頼感の増強に役立った。この日露戦争は、陸戦規則などのハーグ平和条約が最初に適用された戦争となり、日本は世界に先駆けて戦時国際法を遵守する重要性を示したのである。

日本政府は、ハーグ陸戦規則第二章の捕虜規定を遵守するために、新たに三七カ条の俘虜取扱規則を公布して、戦争捕虜を国際法に則して扱う必要を徹底的に周知させた。このときの日本政府は、自国民が国際法を遵守することを何よりも重視していた。捕虜収容所におけるロシア人捕虜の死亡率は、わずかに〇・五%であり、これは驚くほど低い数字であった。

日本が、ハーグ陸戦規則が規定する以上の待遇を行ったことに対して、敵国ロシアからも謝意が表せられるほどであった。[18] さらには、この頃の日本の軍部では、国際法教育が徹底していた。国際法学者の喜多義人《きたよしと》によれば、「陸軍大学校や海軍大学校では国際法教育が行なわれており、下士官兵も初年兵教育や市販の軍務参考書でハーグ陸戦規則やジュネーヴ条約の知識を得ていた」という。[19] 日本は、国際社会における名誉ある一員と認知されるようになる。それは、国際法を遵守することがその要件であると、当時の日本政府が深く認識していたからであった。

とはいえ、依然として国際秩序は不安定であり、国際法は不十分な効力しか有していなかった。萌芽しつつあった平和を求める運動、そして人道主義を実践する慣行も、一九一四年になると大国間の政治に翻弄されて、脆くも崩れていってしまう。そして、第一次世界大戦においては、かつて経験したことのない破滅的な悲劇を人類は経験する。

ツヴァイクの不安

平和主義者たちの夢をまるで嘲笑するかのように、二〇世紀は人類がかつて経験したことのないほど野蛮で、暴力的で、恐怖が支配する世紀となった。美しく、静かで、貴族的であった静寂の日々が永遠に失われた。ウィーン会議や、ハーグ平和条約によってもたらされたその静けさと美しさは、しかしながらすでに内側から崩れ落ちつつあった。人々はそのことに気づかないか、あるいは気づいていても、そのような好ましくない現実から目を背けようとしていた。

この時代の空気をもっとも繊細に書き残しているのが、オーストリア人の伝記作家であったシュテファン・ツヴァイクであった。ツヴァイクは、自伝的作品『昨日の世界』のなかで、次のように一九一四年の春を描いている。

シュテファン・ツヴァイク

「ヨーロッパのあらゆる岸辺からわれわれの心に打ち寄せて来た、この活気を与える波は、すばらしいものであった。しかし、われわれを幸福ならしめたものは、同時に、われわれがそれと気づかなかったが、危険でもあった。その当時ヨーロッパを襲って荒れ狂っていた誇りと確信との嵐は、また暗雲をともなっていたのである。発展の訪れかたがおそらくあまりにも急速すぎたのであり、もろもろの国家や都市はあまりにもあわただしく強大になったのであった。そして、力を持っているという感情は、つねに人間にも国家にも、その力を使用するか、もしくは濫用したいという気を起させるものである」[20]。

作家であるツヴァイクは、この時代のヨーロッパの活気の「すばらしさ」と「幸福」を感じるとともに、その過剰に肥大化した国家の「誇りと確信」が、ヨーロッパの空に暗雲をもたらしていたことに気がついていた。さらにツヴァイクは、世界大戦をもたらした要因について、次のように綴っている。

「私はあの力の過剰以外のいかなるものをもってもそれを説明することはできない。それは、この四十年の平和のあいだに欝積し、そして暴力的に爆発しようとしたあの内面的なダイナミズムの、悲劇的な結果だったのである。どの国家も突然、強力であるという感情を持ち、ほかの国も全く同じようにそう感じているのだ、ということを忘れていた」[21]。

ツヴァイクが文学的な表現で綴るこのような不安は、比較的多くのヨーロッパ人に共有されていたのであろう。ヨーロッパの国際政治において、人々を不安にさせる大国の傲《おご》りや、漠然とした憂鬱、そして自らの誇りに拘泥する硬直さが、長く続いていた平和な空気を揺るがしていた。とはいえ「悲劇的な結果」を予期し、それをくい止めるために全力を注いだ政治指導者は多くはなかった。より強く、より誇り高くあろうとしたヨーロッパの大国は、未曾有《みぞう》の戦禍をもたらすことになる。

第一次世界大戦の衝撃

今から一世紀ほど時代をさかのぼった一九一四年、六月に起きたオーストリア皇位継承者の暗殺事件を契機として、ヨーロッパの大国は総動員体制に入り、長い平和の時代が幕を閉じる。八月四日、イギリス政府は、ドイツに対する宣戦布告を決定する。当時、世界最大の領土と、世界最大の軍事力を有していた強大なイギリス帝国も、いよいよ参戦するときがきた。

第一次世界大戦の戦火で廃墟となったイープルの町

外務大臣であったエドワード・グレイはこのとき、ロンドンのホワイトホール街の外務省舎の執務室の窓から外を眺めて、次のようにつぶやいた。「ヨーロッパの街という街から灯りが消えていく。そしてわれわれは生涯二度とそれをみることはないだろう[22]」。人々が戦争に熱狂し、勝利の美酒を渇望するなかで、冷静にグレイ外相はヨーロッパ文明の没落を予期していたのだろう。

グレイ外相が憂鬱に予期していたように、ヨーロッパ世界はこの第一次世界大戦を重大な転機として、その後着実に没落していった。四年間の戦争の間に、膨大な数の才能あふれる若者たちが戦場に送られて、屍と化した。イギリスからは六一〇万

井上馨

人が戦争に動員され、七五万人ほどが戦死した[23]。イギリスの自治領および植民地からは二八〇万人が動員され、一八万人が戦死した。ヨーロッパ大陸諸国からは、よりいっそう多くの犠牲が生まれた。ドイツでは一三二〇万人が動員され、戦死者は二九三万人。フランスでは八一〇万人が動員され、戦死者は一三二万人。さらにロシアは、一五八〇万人が動員され、一八〇万人の戦死者が出ている。連合国側の戦死者の合計は五二九万人で、同盟国側の戦死者の合計は四八一万人であり、あわせて主要国の軍人の戦死者だけでも、一〇〇〇万人以上が戦争で屍となった。それに、非戦闘員の死者などを加えれば、その数ははるかに大きく膨れあがる。これだけ巨大な人的損失は、第一次大戦後の世界の人々の心に計り知れない傷痕を残すことになる。

　他方で、地球の裏側で日英同盟に依拠してドイツに宣戦布告をしたのが、日本であった。ドイツへの宣戦布告といっても、欧州戦線へと陸軍が派兵されて、そこで激しい戦闘を行ったわけではない。あくまでも日本政府の関心は、アジア太平洋地域におけるドイツの権益を奪い取ることであり、さらにこれを好機として、自らの影響力を拡大することであった。そのため、よく知られているように、このとき元老であった井上馨は、第一次世界大戦に参戦する利点を捉えて、次のように語った。

「今回欧州の大禍乱《だいからん》は、日本国運の発展に対する大正新時代の天佑にして、日本国は直《ただち》に挙国一致の団結を以て、此天佑を享受せざるべからず[24]」。

このようにして、ヨーロッパにおける戦争は、日本においては自らの国運を発展させる「天佑」に過ぎなかった。巨大な人道的悲劇と、国土の荒廃を経験したヨーロッパ諸国が、戦後に恒久的な平和を強く願って、戦争を嫌悪した一方で、日本政府はそのような認識を共有していなかった。戦争の恐怖と悲劇を学んだヨーロッパと、戦争により自らの権益と勢力圏を拡大した日本とでは、第一次世界大戦の記憶が大きく異なっていた。その後ヨーロッパ諸国が、戦争を違法化して、戦争を防ぐことに大きな政治的情熱を注ぐ一方で、日本政府は依然として戦争を「天佑」として考えて、自らの国力増強のための好機とみなしていたのである。日本は、八〇万人ほどを戦争に動員したが、しかしながらそこでの戦死者は一〇〇〇人程度であった。とりわけ海を隔てて日本で生活していた人々からすれば、戦争の悲劇を経験せずして戦勝という美酒を楽しめるという、またとない喜びであった。それゆえに、第一次世界大戦への参戦をめぐって、ほぼ全ての全国紙が参戦に積極的であった[25]。

国際秩序の変革

第一次世界大戦を大きな転機として、国際政治はそれまでの単純な権力政治と勢力均衡の世界から、より複雑で複合的な要素を抱えたものとなった。そのような動きに十分に留意できなかった日本外交は、挫折を経験することになる。すなわち、世界の潮流が「平和への志向」へ向かい始めたときに、日本人はそのような新しい潮流に十分に留意することなく、権力政治という古いゲームが不変のものであると考えて、軍備増強と軍事力行使による権益拡大に邁進《まいしん》する。確かに一九二〇年代には、日本にもワシントン会議への参加に見られるような国際協調の精神が、短いあいだ花開いていた。しかし、じきに対外強硬論が勢力を強めて、国際協調路線は衰退していく。その後の日本は、国際政治における大きな潮流を十分に認識せずに、その流れから外れ、国際社会の大勢から孤立してそれを敵視することで、誤った道を進んでいったのだ。

すでに述べたように、ヨーロッパにおいては一九世紀半ばから徐々に平和を求める運動が勢力を増しており、とりわけ第一次世界大戦での悲惨な戦場を経験した人々はその思いを強くしていった。もちろんフランスのジョルジュ・クレマンソー首相やイギリスのデイヴィッド・ロイド＝ジョージ首相は、国際政治の本質が依然として権力政治であることは十分に分かっていた。だが、政治において世論の影響力が強まる中で、政治指導者たちもそのような永久平和を求める急進左派の要望を無視するわけにはいかなかった。二〇世紀前半の国際政治は、権力政治がその基調を形作りながらも、それを乗り越えようと平和主義や国際主義が台頭し、それらが混在するところにその難しさが見られた。日本人も、平和主義や国際主義の潮流に目を向けなかったわけではないが、後述する通りそれに過大な期待を抱いて失望し、早々に純粋な権力政治の世界へと回帰したところで、国際社会との齟齬が生まれてくる。日本人が想像していた以上に、平和主義の新しい潮流は、現実政治を変容させていくのであった。

たとえば、一九一四年八月の、第一次世界大戦勃発直後にロンドンで創設された平和運動の団体、「民主管理同盟（UDC）」は、戦争に反対して平和を希求する声明を出していた[26]。同年の一一月には、「四項目の宣言」において、この民主管理同盟は次のように訴えていた。「イギリスの対外政策は、勢力均衡を維持することを目的としたり、同盟をつくるようなものであったりしてはならない。そうではなく、諸国間の協調や、国際理事会の設立のような方向へと向かうべきである。そこでの熟慮や決定は公開されねばならず、国際的な合意を確保するためのそのような組織によってこそ、平和を保障することが可能となるのだ[27]」。

そのような平和主義の運動とあわせて、ナショナリズムのイデオロギーもまた、この時期に急速に力を増していた。それは後に、帝国主義を崩壊させて、民族自決を普遍的な原理として確立させていく。

吉野作造と原敬

このような平和主義の運動と、ナショナリズムのイデオロギーは、力をむき出しにした対外政策を徐々に、時代錯誤のものと見なすようになっていったが、現実の国際政治は、そのような理想にはまだ追いついていなかった。しかしながら、国際世論はあまりにも強く戦争を嫌悪するようになったために、平和を乱そうとする動きに対しても厳しい声を上げるようになる。そのような国際政治の複合的な潮流を大きな歴史的視野から展望することは、多くの日本人にとって容易ではなかったのだろう。

確かに、日本国内でそのような時代の新しい潮流を敏感に感じ取っていた政治家や知識人もいた。たとえば、吉野作造はこのような国際社会における新しい動向に関心を示していた代表的な知識人であった(28)。

吉野は、中国におけるナショナリズムの運動に目を向けて、それに十分に対応できていない日本人を批判した。吉野によれば、中国で排日思想が高まっているのには日本人にも問題があり、それは「日本人の支那人に対する態度が悪いからである」という(29)。というのも、「日本人は常に支那人を自分よりも幾分劣等の人種なるかの如き取扱ひをして居る」。これでは中国人が反日的になるのも仕方ない。

さらに日本人は、「成金的の根性が強く、鼻息ばかり荒くして、大国民の襟度を以て彼等に接することを解せぬから、そこで遂には不識々々《しらずしらず》彼等の間に排日の感情を促催挑発する結果になるのは是非も無い」のだ(30)。吉野は、日本人が中国人を蔑視する姿勢を改めなければ、対中政策がうまくいかないということを見抜いていた。

さらに吉野は、ナショナリズムと同時に国際主義が新しい潮流として勢いを強め、国際政治における重要な要素となっていることを認識していた。吉野は「帝国主義より国際民主主義へ」と題する論文で、次のように述べている。

「従来の国際関係は詰り帝国主義、強い者勝ち、弱い者は強い者の餌食になるのでありましたけれども、其関係を今度は整へて之を押へて、さうして国と国との間には自由平等の関係で行くから、軍艦が多いからと云ふて余計な発言権を与へない、人口が多いからと云ふて必しも余計に発言権を与へない、皆四民平等の原則を国際間に応用して相和し相信じて極く新しい国際関係を立てなければならぬと云ふことに、是からの世界は段々と改造されて行くものと思ふのであります(31)」。

吉野は、このような新しい潮流を「国際民主主義」と呼んだ。権力政治からデモクラシーへ、弱肉強食から自由平等原則へと、国際政治の規範がゆるやかに変化していく様子を見逃さなかった。それは、あまりにも緩やかであり、また断片的であったために、その趨勢を見抜くことは容易ではなかった。歴史的視野、長期的視野を持てる者のみが、そのような趨勢に気がついたのだろう。

吉野作造

また吉野は、国際政治においても道徳が重要な位置を占めるようになっていることに気づいた。それゆえ、「国家生活の一新」と題する論文の中で、吉野は次のように論じる。「今や時勢は一変した。人事社会のすべての関係は之より道義的精神の完全なる支配を受けんとして居る(32)」。この新しい時代の国際社会において、日本は新しい動きを牽引していかなければならない。

政治の世界でも、吉野のように国際社会の新しい潮流に気がついていた指導者がいた。元外交官であった原敬《はらたかし》である。野党政友会の原敬は、それまでの政府の対中外交があまりにも強圧的で、国際社会から非難を受けていることについて批

原敬

判した。原は衆議院での質疑において、「外交なるものは（中略）徒に強硬を装ふて出来得るものではない」と述べ、「日本は将来孤立の位置に立つ」と論じていた(33)。そして、外交において従来の秘密外交を超えた民主主義に基づいた新しい潮流が生まれつつあることを感じて、大戦の結果「文明国人民の国際関係に対する思想が一変」したことを強調していた(34)。一九一八年九月二九日に、この原敬が首相に就任すると、原は外交における新しい潮流に十分に留意して、日本も対応することが重要だと考えた。軍事力を用いて自己利益を追求するのみの時代が幕を閉じて、新しい時代が誕生したことを認識していたのである。

　さらに原は、自らの外交構想を積極的にメディアで説明していた。たとえば「世界に誤解されたる日本の国民性」と題する「外交時報」誌のインタビューにおいて、「日本国民は侵略的民族である、好戦国民である、軍事以外の文化を欠如する民族である」という誤解が欧米に存在することを指摘して、この誤解を政府が丁寧に解いていく必要を論じた(35)。また「日本は自国一国の都合のみに打着して他国を念頭に置かず、利己に偏して世界共通の利益を藐視《びょうし》する」という見方も「驚き入った曲論」であると、否定した。あくまでも、「国際間の義務を重んじ友邦の信義を尊重する」のがこれまでの日本の伝統である。さらには、同じく「外交時報」に掲載した「恒久平和の先決考案」と題する論説において、「日本はただ国際間の正義に立脚し、列強の友和協調を重んじ、国民的栄誉並に国民的生存権を適当に運用して、以て文明の向上、人類福祉の増進、世界恒久平和の確保に任ぜんと欲するものである」と述べた[36]。吉野同様に、原もまたこのような新しい外交思想、国際秩序観を日本も積極的に取り入れていく必要を論じた。

このように原は、時代の変化を敏感に感じ取って、日本は国際協調を基礎としてそのような新しい潮流に積極的に加わるべきだと考えていた。とはいえ、依然として多くの日本人は、権力政治や帝国主義を国際政治において不変の本質であると捉えており、軍事力に依拠して日本の権益の拡大を求めていた。それは国際社会に対する理解があまりにも不足していたことに依るものであって、ある特定の時代の条件が未来永劫に続いていくと考える硬直的な思考に基づいていた。

ヨーロッパ大陸諸国が、切実に平和を求め、また脱植民地化をもたらす民族自決の理念を意識し始めていたのに対して、むしろ日本はよりいっそう軍事力に依存して、植民地支配を大国にとって自明な原理と考え、アジアの人々に対して自らの強硬論を受け入れさせようと、言葉を荒らげていた。それはまた、国際社会において日本の孤立を深めていく結果となるだろう。

牧野伸顕と伊東巳代治

第一次世界大戦後、世界が平和の模索を始めたときに、日本政府はこれにどのように対応したのであろうか。それを理解する上で、元外相でパリ講和会議の全権代表となる牧野伸顕《のぶあき》と、枢密顧問官として日本の外交政策に少なからぬ影響力を有していた伊東巳代治《みよじ》との間の外交調査会における見解の対立は、実に示唆に富むものである(37)。

牧野は、明治政府の中核を担った大久保利通の次男であり、自由主義的な思想を吸収していた。そして、このパリ講和会議における重要な議題が、国際連盟の設立であることを想定し、それを怖れることなくむしろ積極的に受容しようとしていた。元老の一人が牧野に対して、「どうも国際聯盟というものが起りそうだが、これはデモクラシーの国でないと入れぬという話だ、デモクラシーの仲間だけで国際聯盟をやるということが伝わっているが、どうしたものだろう」と自らの不安を語った。確かに国際連盟の設立構想に、天皇主権の日本がどのように向き合うのかは大きな問題であった。

それに対して牧野は、「そのデモクラシーという言葉は広い意味で、その当時盛んに世間に言われた帝国主義とか独裁政治とかいう問題に対するデモクラシーであって、必ずしも憲法の内容、または共和政治とか君主国とかいう細かいことまでを含んでのデモクラシーではないと思います」と答えた(38)。このように、この時期には国際政治の潮流を敏感に理解していたのは、牧野などの一部の人物に限られており、いわばよく分からないことからくる疑心暗鬼が見られていた。

一九一八年一二月二日、牧野が政府代表としてパリに出発する直前の外交調査会において、牧野はパリ講和会議に参加する上での日本の基本方針について次のように語る。ちなみに外交調査会とは、朝野の有力者が集まり外交の基本方針を策定する天皇直属の機関であり、一九一七年に寺内正毅《まさたけ》内閣において設立された。牧野は次のように述べる。

「今や自分は重任をおびて渡欧するに当り、外に対して世界の大勢に順応すべく帝国のために極力唱道するが、内に顧みて茫然自失するような窮境に陥らないよう切に祈らざるをえない。今後は努めて威圧権謀の手段を排斥し、正道を踏んで弱国を助けることを以て主張としなければならない(39)」。

牧野は「正道を踏んで弱国を助ける」必要を指摘し、ウッドロー・ウィルソン大統領の「一四カ条の宣言」で示されるような、リベラルな新しい国際主義の潮流に日本が主体的に乗じる必要を説いていた。後の時代とは異なり、この時期においては依然として英米が中軸となって形成しようとするリベラルな国際秩序に対して、積極的に日本が参画する必要があると説く言説が、大きな力を持っていた。

牧野伸顕

さらには、一二月八日の外交調査会において牧野は、それまでの強圧的な対中政策を改める必要を説いた。すなわち、これまで「或いは正義公正を標榜し、或いは機会均等、門戸開放を声明し、また内政不干渉、日支親善を唱道する」一方で、実際には対華二一カ条の要求のようなあからさまな威圧的、帝国主義的な外交を進めてきた。このような「二重外交」こそが、国際社会での日本に対する信頼を失わせる結果となり、それゆえ日本は、「表裏の多い不信の国」とみなさ

伊東巳代治

れるであろう。牧野は、パリ講和会議ではむしろ、「帝国の国際的信義の回復増進をはかること」が必要であると、説いていた。それゆえこれからは中国に対し、その「強圧的、利己的、また陰謀的政策ないし手段」を改めて、「誠意をもって日支の真実な諒解親善の実をあげられる共益公正の方途に出て、ここに帝国の政策に新生面をひらく」必要があると述べた(40)。

牧野の主張は、まさに新しい潮流となっていた自由主義的な国際主義の精神を体現するものであった。また、広い視野から「国際的信義の回復増進」こそが日本の国益にとって不可欠であると考える点で、帝国の権益拡張ばかりに固執する他の多くの指導者たちとは異なる外交観を有していた。このような認識は、後に娘婿である吉田茂に受け継がれていく。

新たに設立される見通しの国際連盟についても、牧野は日本がそれに積極的に参加すべきと考えて、次のように述べた。「単に側面から大勢を逡巡観測するのにとどまって、勢成るに及んでやむをえずこれに順応するような態度に出るのは、大局上甚だ帝国の前途にとって不利になることは他言を要しない。そこで寧《むし》ろこのさい大勢を予見し、少くとも主義上は進んで国際連盟の成立に賛同することが必要と認められる(41)」。

しかしながら、外交調査会においては、牧野のような自由主義者の意見は少数派であった。

伊東は、牧野のそのような対英米協調を前提とする見解を批判して、次のように述べた。「『アングロサクソン』人種の現状維持を目的とする一種の政治的同盟の成立して其の以外の列国は将来の発展を掣肘《せいちゅう》せらるるの結果を見るに至るやも亦知るべからず[42]」。また、中国に対して牧野の述べるような協調姿勢を示すことには、陸軍から批判的な見解が見られ、伊東も同様にそれには反対であった。伊東は、パリでの牧野の交渉姿勢を軟弱であると非難し、より強硬な態度で日本の領土拡張を主張するべきだと考えていた。そして伊東は次のように述べて、牧野を攻撃した。「いかに公明正大を期しても、大勢の向かうところ風雲に際会しては時あってわが領土の拡大を期するのは、向上発展の気運をもつわが国民としては常に脳裏に考慮しておくべきである[43]」。

このようにして、外交の現場での議論の詳細を十分に把握することなく、東京にて自国の利益と主張のみに拘泥する強硬な意見が、この時期にはしばしば見られた。外交調査会では牧野のような、英米との協調を説く議論は主流となることはなく、むしろ伊東が説くような英米批判の強硬論が大勢となった。それは、その後の日本外交が直面する不安を予期させるものであった。

「サイレント・パートナー」

内田康哉《こうさい》外相と伊東巳代治枢密顧問官との間で、講和会議参加へ向けた基本方針が作成された。それは、「講和大使への訓令案」と題して、一二月二二日の外交調査会に提出され、承認された。そこには、次のような訓令が記されていた。

「聯合与国の提出すべき講和条件にして帝国の直接に利害関係を有せざるものに付ては帝国代表者は特に必要なき限り之に容喙《ようかい》せざると共に絶えず其の討議の経過に注意し必要に応じて発言の機会を逸せざることに努むること」(44)。

つまりは、自国に関係がない問題については可能な限り発言せず、自国の利害に関する場合には発言の機会を得て、それを確保するように訓令を出したのである。首席全権代表であった西園寺《さいおんじ》公望《きんもち》は、すでに七〇歳の高齢で、健康上の理由などからパリに到着したのが三月に入ってからであった。それゆえ、それまでの時期には牧野が日本政府を代表して会議で発言をしていた。

パリ講和会議では、日本以外の「五大国」の政府代表としては、アメリカからはウィルソン大統領、イギリスからはロイド＝ジョージ首相、フランスからはクレマンソー首相、そしてイタリアからはオルランド首相というように政府首脳が参加していた。それに対して、日本の場合は国家元首である天皇や、政府首脳である首相が参加することはなかった。日本からは、全権代表として政府の要職にはなかった元首相の西園寺や元外相の牧野が参加していたために、「全権代表」という肩書きに反して彼らは日本政府として決定を行う権限を持っていなかった。したがって、議題ごとにいちいち本国政府に訓令を確認する必要があり、そのことが時間を浪費させ、他国の代表を苛立たせていた。

国際連盟創設をめぐっても、一九一九年一月二二日に開かれた五大国代表で議論をする一〇人委員会において、政府代表として合意を取り決める権限を持たない牧野は、次のように弁明せねばならなかった。

「日本としては、この問題で各国と協力することを厭うつもりはないが、距離的な遠隔さと準備不足のために、自分としては本国政府からの訓令なしには、拘束力をもつ連盟の諸規則に決定的な意見を申しのべるわけにはゆかない。むしろ日本政府は、新しい機構を検討し、理解する時間的余裕を望んでいる[45]」。

パリ講和会議の「ビッグ4」（左から、英ロイド＝ジョージ首相、伊オルランド首相、仏クレマンソー首相、米ウィルソン大統領）

日本政府にとって、このような規模の大きな多国間の講和会議に参加することは、はじめての経験であった。それゆえ、そこでの基本的な作法やプロトコルを十分にはわきまえていなかった。そのような牧野に対して、ウィルソン大統領は、「一体日本は、講和会議の基礎として他の国々がすでに承認をあたえている原則に同意を留保しようというのか」と苛立ち、またロイド＝ジョージ首相は「一体日本は、連盟規約の起草委員会に代表を出さないとでもいうつもりなのか」と批判した[46]。日本政府代表は、明らかに、このパリ講和会議におけるやっかいな存在となっており、ヨーロッパの戦後処理問題においてほとんど建設的な役割を担うことができなかった。そのことを、会議に参加していた若き外交官たちも苛立たしく、また屈辱的に感じていた。

オクスフォード大学教授の歴史家、マーガレット・マクミランは、そのような日本の存在を、次のように描いている。「いずれにせよ日本はイタリアに似ていた。パリで果たすべき自国の目標にこだわり、他のことには一切関心がなかった」(47)。また、首席全権代表の西園寺はフランス語しか話せず、英語が話せる次席全権代表の牧野も必ずしも会議で積極的に発言できるほど英語が流暢《りゅうちょう》ではなかった。それゆえに、会議できわめて存在感の薄い日本の政府代表を、フランスの新聞は「サイレント・パートナー」と表現していた(48)。歴史家の戸部良一によれば、「実は、パリ講和会議で取り上げられた国際聯盟、国際労働、国際経済、国際交通といった問題について、日本代表団には、発言するだけの知識も準備も情報もなかった」のだ(49)。このことを、会議に参加した若き外交官であった重光葵《しげみつまもる》は、回顧録で次のように述べている。

「パリの平和会議は第一次世界大戦後の国際関係の基調となる会議であり、その規模の大きいことはもちろんであったが、同時にこの会議の進展を見ようとして集まってきた各国の有力者も非常に多かった。日本からも政界、経済界の人々がだんだんと、たくさんパリに集まってきた。この人たちはパリに来て新しい世界の情勢を見た結果、いかに日本が世界の進運に取り残されているかを痛切に感じなければならなかった(50)」。

パリに意気揚々とやってきて、歴史的な講和会議に参加した若き多くの日本人は、世界の潮流と自らの認識との間に、巨大な溝があることに気づかざるを得なかった。「世界の進運に取り残されている」日本人は、しばらくしてから国際社会を敵視するようになっていき、孤立を深めていくことになる。

人種平等という夢

この時期、日本が国際社会に対する不信感を高めた大きな原因の一つが、人種問題であった。一九〇六年にはカリフォルニア州で日系人の学童が隔離される問題が生じ、日本国内でこれに対する強い反発が見られ、さらには一九一三年のカリフォルニア州外国人土地法により日系人への人種差別が顕著に見られるようになっていた[51]。これは、日本人にとって不名誉なことと考えられ、外交問題として欧米諸国に日系人に対する差別をなくすよう要求する必要が指摘されていた。条約改正を経て、国際法上は国際的に対等な地位を得たと考えていたのに、実際にこのような差別が見られることは、大国の地位を得ながらも欧米諸国の白人に対して人種的なコンプレックスを抱えていた多くの日本人にとって、耐えがたいことであった。

とはいえ、一八九五年の台湾領有や一九一〇年の韓国併合ののちの日本は、他民族を抱える帝国となっており、日本人もまたアジアの他民族に対して人種的な優越意識を持ち、差別が見られることもあった。日本人が求めていたのは、あくまでも欧米諸国の白人に対する日本人の対等な権利であって、名誉ある扱いであり、普遍的な人種平等や民族自決の適用を主張していたわけではない。ここにも、牧野が批判した日本の「二重外交」が見られていた。

パリ講和会議に参加する全権代表に対して、連盟設立の際には、「人種的偏見より生ずることあるべき帝国の不利を除去せんが為事情の許す限り適当なる保障の方法を講ずるに努むべし」と、人種平等を保障する条項を含めるように、日本国政府からの訓令が出されていた[52]。人種平等の要求は、国民の間でも広い関心を集めていた。超党派の人種的差別撤廃期成同盟が政府に対して、そのような原則をパリ講和会議でも主張するように、強い圧力をかけていた。そのようなこともあり、パリ講和会議に参加する全権代表は、人種差別撤廃のための条項を国際連盟規約に挿入したいと考えていた。問題は、植民地を抱えるイギリス帝国や、国内で黒人に公民権が与えられていなかったアメリカが、これに同意するかどうかであった。

日本代表団は、パリ中心のヴァンドーム広場の一角に位置するホテル・ブリストルを全室借り上げ、自動車を三〇台用意し、日の丸をホテルに掲げていた[53]。はじめてこのような大きな規模の国際会議に参加した日本の政府代表は、「一等国」としての威厳を世界に向けて演出したかった。ところが実際にパリ講和会議が始まると、このような多国間会議での議事進行に不慣れで、また英語やフランス語での討議にも必ずしも慣れていなかった日本の政府代表団は、積極的に英語での議論に加わることが難しく、会議の中では実に目立たぬ存在となってしまった。このことについて、歴史家のマーガレット・マクミランは、次のように描写している。

「一九一九年の春、フランスの新聞はある面白そうな問題に、一時的にイタリア問題から関心をそらした。それは日本代表団団長で目立つ政治家の西園寺公爵が本当にパリにいるのかという問題だった。めったに見かけなかったので、重病なのだとか、日本に帰っているという噂が流れていた[54]」。

確かに、日本の首席全権代表であった西園寺の存在感はあまりに薄かった。そもそも、カリスマ的な大統領であるウィルソンや、イギリス政治のなかでも傑出して個性的存在であったロイド＝ジョージ、さらには議長国フランスの首相で「虎」とも呼ばれていた老獪《ろうかい》なクレマンソーと比較した場合に、西園寺や牧野の存在は目立たぬものであった。

それだけではなかった。この時代には欧米の大国もまた、日本人の存在に慣れていなかった。マクミランはこの問題について、次のように述べている。「列強は日本に対して首尾一貫していなかった。日本にも講和会議に自分たちと同じく五人の代表を送ることを許可したが、最高会議では、日本人はたいてい無視されるか、冗談の種として扱われるかであった」[55]。「五大国」の日本以外の四大国は、日本の全権代表が議事進行の障害になっていることに不満を募らせていた。西園寺や牧野がいちいち本国の訓令を求めて、議論を中断させることにしびれを切らした四大国政府は、日本を協議の場から外すことを決定した。「一〇人委員会（the Council of Ten）」として戦勝五大国、すなわちイギリス、アメリカ、フランス、イタリア、日本の首席全権代表と次席全権代表の一〇人で構成されていた会合から日本を締め出して、「四大国会議」をスタートさせたことにより、講和条約作成の作業がはるかに効率的に進んだ。日本はあくまでも、極東の問題を議論する場合においてのみ、協議に参加することになった。

西園寺公望

人種差別撤廃をめぐる挫折

本国政府からの訓令もあり、また会議において積極的な貢献ができないもどかしさもあり、牧野と、駐英大使であった珍田捨巳《ちんだすてみ》の二人の全権代表は、二月四日にウィルソン大統領の顧問であったハウス大佐を訪問して、人種平等の規定を条約に挿入するよう要請した。それにたいしてハウスが好意的に反応したために、二人の全権代表はこれ以後この条項の挿入のための努力をするようになる(56)。

二月一三日には、パリ講和会議における連盟規約起草のための国際連盟委員会において、人種差別撤廃に関する決議案を日本政府が提示することになった。牧野は、委員会において次のようにその意義を語った。

「諸国民の平等は国際連盟の基本原則であり、締約国はなるべく速やかに連盟の構成員である国家にいる一切の外国人に対し、いかなる点についても均等公正の待遇を与え、人種あるいは国籍の如何によって法律上あるいは事実上何ら差別を設けないことを約するものである(57)」。

イギリス政府もアメリカ政府同様に、当初は好意的な反応を示していた。ところが、白豪主義をとり国内で人種差別が残存していたオーストラリアのウィリアム・ヒューズ首相が、これに対して強い反対の意見を示した。牧野は、ロンドン・タイムズ記者のウィッカム・スティードと意見交換をして、なぜオーストラリアがそこまで強く人種差別撤廃条項に反対するかを尋ねた。するとスティードによれば、「濠州ではこの秋に総選挙があるが、その総選挙で労働党が勝つか負けるかの岐《わか》れがこの問題と多大な関係がある」という。「もし人種平等ということ

国際連盟委員会（前列左端が珍田捨巳、隣が牧野伸顕）

が、よしんば主義にしても、そういうことが媾和会議で採用され聯盟が取上げたということになると、ヒューズの立場が悪くなり、反対党からの攻撃の好材料になる」のだ(58)。

　当初は好意的な反応を示していたイギリスのロイド＝ジョージ首相も、イギリス帝国の盟主としてオーストラリアの意向に耳を傾けざるを得なくなり、反対の姿勢を示すようになった。またアメリカ政府も、国内でアフリカ系アメリカ人の権利要求に帰結することを懸念して、次第に消極的な立場に変わっていく。人種平等に関する条項が条文に挿入される可能性は、きわめて低くなっていた。それにも拘わらず、「成否はともかく、このさい本問題に対する我主張を宣明することは将来のため極めて緊要」と考えて、日本政府はこの提案を行うことになった(59)。

　日本政府代表は、国際連盟規約案において、「各国民均等の主義は国際聯盟の基本的綱領なるに依り締約国は成るべく速《すみやか》に聯盟員たる国家に於ける一切の外国人に対し如何なる点に付ても均等公正の待遇を与へ人種或は国籍如何に依り法律上或は事実上何等差別を設けざることを約す」という、人種差別撤廃のための条項を含めることを提案した。この際に牧野全権は、演説の中で、「人種・宗教上の怨恨がしばしば各国民間の紛糾及び戦争の原因となっている」ために、恒久平和の実現を目指す国際連盟は、

「本問題解決への途を開く」必要があると説いた[60]。

四月一一日、国際連盟委員会において日本政府は、人種平等案をトーンダウンさせて、「各国民平等の原則」に改め、これを連盟規約の前文に挿入することを提案した。ところが採択の結果、賛成が多数でありながらも、全会一致を得ることができずにそれが実現することはなかった[61]。日本政府の人種差別撤廃を求める提案は結局否決されて、国際連盟においてこの理想が掲げられることはなかった。この提案が否決された後に、ロイド゠ジョージ首相はわざわざ牧野全権のところまでやってきて握手を求め、「日本の態度について敬服する」と挨拶をしてから退室した[62]。自由党左派の政治家であり、リベラルな思想を有するロイド゠ジョージも、本心では国際連盟規約において人種や宗教の平等について言及した項目を入れる理想を共有していたのであろう。しかしながら、現実の政治はそれを実現する段階には到達していなかった。

日本国内においては、外交調査会の伊東巳代治がこのことについて大いなる不満を示し、とりわけ全権代表として交渉にあたった牧野を厳しく批判した。この問題は日本国内でも大きく取り上げられて、国際秩序が不平等であることや、日本人が差別されていること、そして英米両国が掲げる正義が実際には偽善にすぎないことが糾弾された。そもそも、オーストラリアの選挙という国内政治事情が理由となって、ヒューズ首相はこの人種差別撤廃条項の挿入に反対したのだ。

この挫折は、日本が国際社会に対して、そして英米両国の掲げる正義に対して、不満を噴出させる契機となった。国際政治を過度に理想主義的なものと期待する態度の反動でもあった。

このことについて、外交史家の高原秀介は、「人種平等案によって日本がウィルソン的普遍主義への接近を図りつつあったまさにそのとき、ウィルソンのアメリカは国民平等原則の負の側面に着目しつつ、現実主義的対応に帰着したことは、誠に皮肉に満ちていた[63]」と評する。普遍主義的な理想は、いつしか国内政治の現実主義に覆い隠される結果となった。日本が求めた人種平等の夢が挫折したことは、ウィルソンが掲げる崇高な理想主義の挫折でもあった。このことはまた、日米関係に暗い影を落とす結果ともなる。

英米批判の系譜

このような国際政治の冷酷な現実に直面して、政府代表団に加わってパリ講和会議に参加した一部の若者は、不満を鬱積させていた。彼らは、人種平等の正義を掲げ、それが拒絶されたことで、国際政治の現実における不正義を罵った。たとえば、パリ講和会議に出発する前からすでに、「英米本位の平和主義を排す」という論文を発表していた近衛《このえ》文《ふみ》麿《まろ》は、次のように英米が掲げる正義を批判していた。

近衛文麿

「要之《これをようするに》英米の平和主義は現状維持を便利とするもの、唱ふる事勿《ことなか》れ主義にして何等正義人道と関係なきものなるに拘らず、我国論者が彼等の宣言の美辞に酔うて平和即人道と心得其国際的地位よりすれば、寧ろ独逸と同じく現状の打破を唱ふべき筈の日本に居りながら、英米本位の平和主義にかぶれ国際聯盟を天来の福音の如く渇仰するの態度あるは、実に卑屈千万にして正義人道より見て蛇蝎視すべきものなり」[64]。

このように、英米が語る正義を偽善と捉えて、それが正義とはほど遠いものであるとする英米批判の思想はこの後に普及していく。このような英米批判の思想は、次第にアジア主義の主張と融合して、アジアにおける新秩序を求める思想や運動へと帰結する。そして、このような近衛の英米批判の思想は、陸軍や海軍の若き軍人たちに大きな影響を及ぼすようになる。

さらに、大きな問題があった。陸軍のエリートを養成する陸軍幼年学校では、教えられる外国語はドイツ語とフランス語のみであって、一八九八年にロシア語が加わるが、英語や中国語はそこには含まれていなかった。そのため、アメリカやイギリスなどの英語圏に留学や駐在をする陸軍の幕僚がきわめて少なかった[65]。そのことは、陸軍においてイギリスやアメリカを内在的に理解する機会を奪っていた。それが間接的に、陸軍における英米軽視の風潮を増幅したのであろう。

第一次世界大戦後には外務省内でも、英米が掲げる正義への違和感が色濃く見られていた。人種差別撤廃条項の挿入が挫折した経験は、大きな傷痕として残ったのだ。近衛と同じくパリ講和会議に参加していた若き外交官の重光葵は、次のように自らの手記に書いていた。

「戦敗者の為めには民族主義は蹂躙されたのみでなく、東洋に対しては亜細亜植民地の観念は何等改めらるる処なく、即ち東洋人に対しては人種の平等が認められぬのみでなく、民族主義の片鱗をも実行せられなかった。東洋を永遠に西洋の奴隷であるとする考えが尚維持せられたのは非常な矛盾であった(66)」。

とはいえ、かたや台湾や朝鮮半島において民族自決を認めず植民地を有しておりながら、欧米諸国に対して人種平等を強く要求する日本政府のダブルスタンダードには、日本国内からも批判が投げかけられた。たとえば東洋経済新報の評論家の石橋湛山《たんざん》は、日本政府の不誠実な態度を次のように書いていた。「日本は自ら実行してゐぬことを主張し、他にだけ実行を迫つたのである。だから当の米国英国が反対しただけではない。支那からも、何処からも、真面目な後援を得なかつた。若し此等の国からの心からの後援を得たならば、彼の問題は、あ、無残に破られはしなかつたであらうと信ずる(67)」。

石橋湛山

この石橋の指摘は重い。というのも、日本は一九一五年に中国政府に対して帝国主義的な二一カ条の要求を突きつけて、その手法が国際的に大きな批判を集めていたからだ。中国ではナショナリズムが覚醒し、ウィルソン大統領の民族自決の理念にも同調して国際社会で中国人や朝鮮人が正当な権利を要求しつつあったにも拘わらず、日本はむしろ軍事的な圧力とともにそのような要求を踏みつぶしたからである。これこそがまさに、牧野が批判していた「二重外交」であり、「表裏の多い不信の国」との評価を受ける原因ではなかったか。実際に、再三の要請や示唆を無視して強引に中国での権限拡大を図る日本に対して、イギリスの信頼感は大きく低下していた[68]。それは、国際法を遵守して、イギリスをはじめとする列強とも慎重に連絡をとりながら戦争を進めていた日露戦争の頃の日本とは、似て非なる姿であった。

アジアにおける民族自決を抑圧しながらも、国際社会において欧米の白人に対して人種平等の理想を掲げる手法は、必ずしも国際社会において広く受け入れられることはなかった。日本政府は自らの対外政策の指針を考える上で、帝国主義と民族主義の二つの潮流に挟まれて、漂流を始めようとしていた。

3　国際秩序の破壊者として

戦争のない世界を目指して

第一次世界大戦が終結すると、それまでの国際秩序を根本から変革して、より確かな平和を創ろうとする努力が見られた。その上で、最も重要な役割を担ったのが、アメリカの大統領、ウッドロー・ウィルソンであった。

政治学者として長らくプリンストン大学教授を務めたウィルソンは、大統領になった後にも自らの政治理念を現実政治において実践することを強く欲していた。議会政治研究が自らの専門であったウィルソンは、諸国間においても理性的に討議をすることで、軍事力に頼らずに恒久平和を確立できると考えていた。力による平和ではなく、あくまでも理性的な討議による平和を実現しなければ、戦争をなくすことができないという信念を有していたのだ。

一九一七年一月二二日、ウィルソン大統領は上院議会における演説において、それまでの勢力均衡に基づいた国際秩序を変革して、普遍的な国際機構を設立する必要を説いた。ウィルソンは、次のように述べる。

「勢力均衡《バランス・オブ・パワー》ではなく、国際共同体《コミュニティ・オブ・パワー》をつくらねばなりません。組織化された対立構造ではなく、組織化された共有される平和がなければならないのです[69]」。

その後、同年四月にアメリカは第一次世界大戦に参戦して、連合国の側に立って戦争を勝利に導いていく。一九一八年一月には、ウィルソン大統領は議会に向けた一般教書演説で、戦後の平和の条件を「一四カ条の宣言」として明らかにした。そして、この中での一四カ条目として、次のように述べている。「大国と小国とを問わず、政治的独立と領土的保全を相互に保証することを目的とした明確な規約のもとに、諸国間での全般にわたる連合が樹立されねばならない[70]」。いまや、世界最大の国力を有する大国へと国際的地位を上昇させた国の大統領の言葉として、この理念は無視できぬ重みを持つようになった。

ウッドロー・ウィルソン

一九一九年一月に始まったパリ講和会議では、何よりもまず、その後の恒久的な平和を確立することが大きな目標

とみなされていた。とはいえ、実際にはそこでは会議参加各国の利益が激しく衝突し合い、利害対立を調整することに多大な時間を割かざるを得なかった。六月二八日には、妥協の成果としての国際連盟規約が調印された。これにより、国際機構を通じた平和の確立が目指されることになる。いわゆる、集団安全保障である。

この国際連盟規約の前文には次のように記されている。

「締約国は、戦争に訴えないという義務を受諾し、各国間の開かれた公明正大な関係を定め、各国政府間の行為を律する現実の規準として国際法の原則を確立し、組織された人々の間の相互の交渉において正義を保つとともにいっさいの条約上の義務を尊重することにより、国際協力を促進し各国間の平和と安全を達成することを目的として、この国際連盟規約に合意する」。

このようにして、国際連盟規約では、「戦争に訴えないという義務」が調印国によって確認された。それまでは、戦争中に使用可能な武器や、行動などについて、戦時国際法という形での一般的な国際法上の規則があった。しかしながら、戦争それ自体が必ずしも違法と考えられていたわけではない。各国ともに、主権国家である以上は開戦する権利を当然に有すると考えていた。

言い換えれば、主権国家が開戦する権利を有する以上は、国際社会から戦争をなくすことは限りなく不可能に近かった。戦争は、国際社会が主権国家により成り立っていることに伴う、不治の病であった。ところが、戦争をなくすことが限りなく不可能に近いにもかかわらず、この国際連盟規約は、「締約国は戦争に訴えない義務」に合意し、「国際協力を促進し各国間の平

国際連盟第１回総会

和と安全を達成することを目的」とすると規定していた。問題は、それをどのように実現するかである。そのような「各国間の平和と安全」はどのようにすれば達成できるのだろうか。それには何が必要なのか。国際連盟規約では、第八条で次のように書かれている。
「連盟加盟国は、平和を維持するためには、国の安全と、国際的な義務遂行のための共同行動実施とに支障がない最低限度まで、その軍備を縮小する必要があることを承認する」。
　このようにして、国際連盟を成立させたこの時代において、戦争の原因は各国が軍事力を保有するからだと単純に考えられていた。したがって、軍事力が世界からなくなれば、戦争をなくすことができると考えられていたのだ。とはいえ、各国とも自らの国を守る自衛の権利はあるし、また国際連盟として侵略行為を阻止し制裁するためには、「国際的な義務遂行のための共同行動実施」のための軍事力が必要であった。すなわち、自衛のため、さらには侵略行為を阻止するために必要な軍事力は、保有することが認められていた。
　ここに本質的な矛盾があった。戦争を世界からなくすためには、軍事力を放棄することが必要だと考えられていた。しかしながら、侵略を阻止して、また自国民を守るためには一定の軍事力を保持する必要がある。どのような軍事力が自衛のためや侵略を阻止するためであり、どのような軍事力が他国を侵略するために用いられるのであろうか。また、すべての国が自衛のため以外の軍事力を放棄することを、どのように確かめたら良いのか。それは本当に履行可能なのか。

そもそも国際連盟は、加盟国に対して無条件の査察を行う権限も能力も持っていなかった。良心に基づいた国際世論や、他国への信頼に基づいて、各国が自主的に軍縮や軍事力の放棄を行う必要があった。本当に他国の良心に依拠して、自国民の安全を守ることができるのだろうか。国際連盟による集団安全保障とは、どこまで世界平和を維持する力を持っているのだろうか。侵略国が現れたときに、だれがそれを止めることができるのか。そこに、依然として不安が残されていた。

何が必要な軍事力で、何が不要な軍事力なのか。その境界線が明らかではないままに、国際連盟規約では「最低限度まで、その軍備を縮小する必要がある」として、軍縮義務が課されていた。国際連盟の常任理事国であり、その中心的な大国であったイギリスとフランスは、そのような軍縮義務に応じて、後に軍備を縮小していく。

ところが、そのような英仏両国の軍縮は、必ずしも平和をもたらしたわけではなかった。軍備を大幅に縮小したイギリスやフランスが、それによって侵略を阻止するための能力と意志を失うことこそが、一九三〇年代に入ると日本、イタリア、ドイツが隣国への侵略を行う上での大きな契機となった。イギリスやフランスが軍縮を続けることで生まれたのは、世界平和ではなく、「力の真空」と、それに伴う勢力圏拡大への誘惑であった。軍縮を実践することが必ずしも常に安定的な平和に帰結するわけではないことを、国際社会は戦間期の国際政治に学んだのだ。連盟常任理事国であるイギリスやフランスが、世界恐慌ののちに経済的な理由もともなって軍縮を進める中で、連盟を脱退したヒトラーのドイツが急速に軍備増強を進めることによって、ヨーロッパにおける勢力均衡は崩壊する。勢力均衡の崩壊の後に待っていたのは、ヒトラーの「生存圏」の確立と、未曾有の世界戦争による廃墟であった。

国際公益と国益

いつの時代にも、国際的な合意を無視して、自国の利益と正義のみを盲信して領土を拡張し、侵略的行為を行う国家が存在する。それでは、連盟規約に記される平和を維持する義務を反故《ほご》にして、侵略により連盟加盟国の安全を脅かす国が出現した場合に、どのようにしてそのような侵略に対抗したらよいのか。どのように、平和を回復できるのか。

侵略国への制裁については、連盟規約の一六条で次のように記されている。すなわち「他のすべての連盟加盟国は、その国とのいっさいの通商上または金融上の関係の断絶、自国民とその違約国国民との間のいっさいの交通の禁止、また連盟加盟国であるか否かを問わず他のすべての国民とその違約国国民との間のいっさいの金融上、通商上または個人的交通の阻止を、ただちに行う」。

国際連盟が平和を維持して、侵略を阻止し、またその侵略を排除するために頼っていた手段は、経済制裁と国際世論であった。国際世論の力で侵略をさせないようにして、平和を維持できると考えていた。ウィルソン大統領は一九一九年二月に国際連盟創設に関する会合で、「この機関を通して、我々は唯一の強力な力、すなわち国際世論の道徳的力にまず最初に、そして主に頼ろうとするのである」と唱えていた。[71] また、国際連盟創設に尽力したイギリスの政治家セシル卿も、「われわれが頼る最大の武器は世論である」と楽観していた。[72] また、経済制裁によって侵略行為を阻止し、排除できると考えていたのである。

なぜそのようになったのか。本当に国際世論と経済制裁のみで、侵略を阻止できるのだろうか。国際連盟が侵略に対する制裁としてそれらに頼らざるを得なかったのは、とりわけアメリカ政府が、軍事的制裁を嫌ったからである。アメリカは伝統的に、孤立主義あるいはモンロー主義の志向があり、大西洋を越えて旧大陸に自国の軍隊を派兵して、ヨーロッパの戦争に参戦することへの強い抵抗感があった。したがって連盟規約において、侵略国に対して軍事制裁を科すことは避けたかった。かろうじてアメリカ政府にとって受け入れ可能であったのが、経済制裁であった。

しかしながら、はたして経済制裁程度で侵略を阻止し、排除することが本当にできるのだろうか。そして加盟国は、自国の国益を損ねてまで、連盟規約に従い相手国に経済制裁を実施するのだろうか。また、加盟各国は本当に、連盟規約の軍縮義務に従って、必要最小限の規模にまで軍事力を縮小するのであろうか。そもそも、国際連盟を離脱した国に対しては、どの程度集団安全保障の論理を適用できるのか。

集団安全保障とはすなわち、ある加盟国に対する侵略を全加盟国に対する侵略と見なして、全加盟国が侵略を排除するための制裁を行うような、国際安全保障体制である。国家安全保障を個別的に考えるのではなく、いわば、国際社会における平和と安全が不可分であると考えて、国際社会全体で侵略を阻止して排除するという考え方である。そこで重要になるのが、自国がたとえ侵略されていなかったとしても、遠方にあるあまり関係の深くはない加盟国が侵略された場合であっても、自らが攻撃されたとみなしてそれに対抗する制裁措置を執らなければならないということであった。経済制裁の措置を執れば、その国との貿易ができなくなり、自国の経済にとっても大きなマイナスとなる。また、それが契機となり戦争になるとすれば、国際公益のため、あるいは他国の安全のために、自国民の兵士を犠牲として差し出さなければならない。

ナショナリズムが興隆するこの時代に、あまり密接な関係にない他国のために自国民の生命を犠牲にして、場合によっては戦争に発展させてしまうリスクを冒すことは、あまり考えられないことであった。どの国も、自国の利益や自国民の安全を最優先に考えるのは、自然なことである。そもそも、他国のために自国民の生命を危険にさらし、参戦せねばならなくなることを嫌って、アメリカの上院はヴェルサイユ条約の批准を拒否して、国際連盟が想定する集団安全保障体制に入ることを拒んだ。ウィルソン大統領が主導して集団安全保障体制を確立しながらも、自国の利益を優先してアメリカがそこへの参加を拒んだことによって、設立当初から国際連盟の権威は大きく損なわれた。さらには、そもそも加盟国が本当に、自国の国益を犠牲にしてまで国際公益のために制裁措置をとることができるのか、戦争の危険を冒してまで遠方の小国を救済する意志があるのか、大きな疑問が残っていた。

国際連盟はこのように、利他的な精神や、国益よりも国際公益を優先する姿勢、そしてそのために国民の生命を犠牲にする決意がなければ機能する見通しはなかった。そのような人間の理性や善意を前提にした平和は、ほどなくして脆くも崩れていくことになる。

国際人道法の衰退

第一次世界大戦は、その悲惨な戦争経験と、圧倒的な人的被害から、人道主義的な思想が広まる大きな契機となった。そして、たとえ戦争が勃発したとしても、人道主義に背いた行動を可能な限り控えることを求める、国際人道法の精神が育まれていく。

すでに述べたように、日露戦争の際に日本は国際法を遵守する「文明国」としてのイメージを世界に与え、ロシア人捕虜に対しても丁寧な取り扱いをした。ところがそれに対して、日本国内では批判的な声が強まっていく。というのも、騎士道の精神から負傷者や捕虜に対しては人道的な扱いをすることが求められたヨーロッパとは異なり、日本ではむしろ捕虜は恥辱の存在であり、軍人として避けるべき姿だという認識が強かったからだ。

たとえば一九一一年には、海軍軍人であり後に評論家となった水野広徳《ひろのり》が、次のようにそれまでの捕虜を厚遇する取り扱いを批判していた。「敵の俘虜となるは、是れ軍人として大なる恥辱と云はねばならぬ。その情の如何に拘はらず之に名誉の冠詞を付することはできない」(73)。

さらには、一九二九年七月二七日に四七カ国がジュネーヴに集まって締結した「俘虜の待遇に関する条約」に日本は調印しながらも、その後に軍部の反対により批准が実現しなかった。

というのも、すでに触れたように日本国内では捕虜になることが恥辱であるという認識が強かったからだ。さらにそれに加えて、この条約が日本にとって不利になると考えられていた。海軍次官から外務次官に宛てられた文書では、次のように書かれている。

「帝国軍人の観念よりすれば俘虜たることは予期せざるに反し外国軍人の観念に於ては必しも然らず。従て本条約は形式は相互的なるも実質上は我方のみ義務を負ふ片務的のものなり。俘虜に関する優遇の保証を与ふることとなるを以て例へば敵軍将士が其の目的達成後俘虜たることを期して空襲を企図する場合には航空機の行動半径倍大し帝国として被空襲の危険益大となる等我海軍の作戦上不利を招くに至る虞《おそれ》あり[74]」。

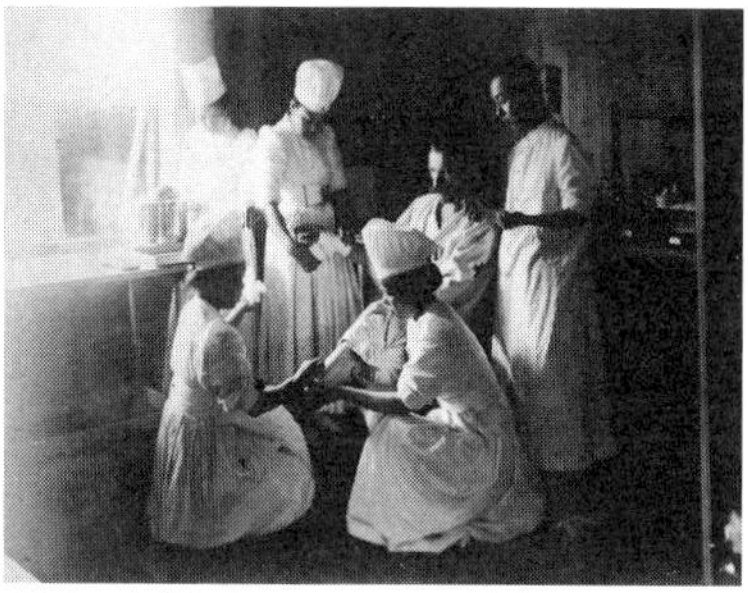

手厚い看護を受けるロシア兵捕虜（防衛研究所所蔵「松山俘虜収容関連写真④」より）

このようにして、軍部は軍事作戦上の観点のみからこのジュネーヴ条約への対応を検討しており、国際法や人道的な観点からの考慮は皆無に等しかった。これは、日露戦争のときからの大きな後退であった。また、第一次世界大戦を「天佑」と考えて大陸での権益拡張を求めていた日本とは異なって、ヨーロッパにおいては膨大な人命の損失を見て国際人道法の発展が必要と考えられていた。日本では、そのようなヨーロッパの新しい潮流が十分に考慮されることはなかった。日本とヨーロッパとの間に広がる認識の「ずれ」が、よりいっそう大きくなっていったのである。それにより日本は、次第に国際社会で孤立していく。

　さらにその後、一九三二年には陸軍教育総監部第二課は、「陸軍士官学校教育綱領」を改訂して、陸軍士官学校の教程から戦時国際法の科目を除外し、他教科で教授するように指示を出した(75)。国際法教育を不要と考え、それを時間の浪費であると考えたのだ。そして、一九三七年以降は、日中戦争の勃発によって教育期間を短縮して軍人を戦場に送る必要が生じて、国際法教育は基本的に中止されたのである(76)。かつて「文明国」と見られることを欲して、国際法教育を重視していた日本の陸軍も、いよいよそのような伝統を完全に捨て去るようになっていく。これについて、国際法学者の喜多義人は、次のように批判する。

「支那事変の長期化が軍紀を弛緩させ、中国蔑視に起因する捕虜虐待等の国際法違反事件が多発した。そして、人道観念が麻痺し、国際法を軽視する日本軍は、続く第二次世界大戦でも欧米人捕虜に対して違法行為を繰り返すのである。

　このような事態に直面しても、官僚的軍人たちは国際法の遵守を確保するための効果的な措置をとろうとはせず、戦果を上げることのみに腐心し、捕虜の虐待その他の国際法違反がいかに日本を窮地に陥れ、相手国の敵愾心《てきがいしん》を煽るかを顧みようとはしなかった。その結果、日露戦争後四〇年にして、日本は捕虜厚遇の『文明国』から捕虜の非人道的待遇に象徴される『戦争犯罪国家』へと転落することになるのである(77)」。

　このようにして、陸軍や海軍は、国際法の教育を行うことを不要と考え、むしろそれが軍事的な効率の最大化を求める際の障害とみなすようになった。それによって、捕虜取り扱いをめぐる国際法上の知識を持たない軍人の多くが、第二次世界大戦中に東南アジアで捕虜を虐待したことなどを理由として、敗戦後のＢＣ級戦犯裁判で処刑された。その責任は、処刑された軍人ではなく、むしろ一九三〇年代に軍事的効率を最優先して国際法教育を十分に行わない方針を決めた軍の指導部にあったというべきではないか。

しかし、より深刻な問題は、戦争それ自体の認識についてである。第一次世界大戦後の日本とヨーロッパとでは、戦争に関する認識の「ずれ」が広がる一方であった。ヨーロッパでは戦場の悲惨な光景を目に焼き付けた人々や、戦争で家族や恋人を失った人々が、国際人道法や戦争放棄のための取り組みに真摯に向き合う必要を感じていたのに対して、戦争での被害が限定的であった日本はむしろ機会主義的に戦争によって自らの権益を拡大し、自らに有利な条件をより多く手にすることに拘っていた。そして、欧米が進めている国際的な規範の確立を、多くの場合にはそれらの諸国が自らの既得権益を固定しようとする陰謀とみなして、それに対抗する必要をむしろ感じていたのである。

そのような日本と欧米の認識の「ずれ」は、一九二八年のパリ不戦条約の締結以後、よりいっそう拡大していった。戦争の違法化に向かおうという国際社会の大きな潮流について、日本はあまりにも無関心であったからだ。無関心であるどころか、むしろ日本はそのような戦争違法化の努力を軽蔑し葬り去ってしまったのだ。

国際思想の転換

一九二〇年代は、国際協調の精神がゆるやかなかたちで成熟していくという特色が見られた。ジャットが「三〇年間の戦争」と位置づけ、ファーガソンが「五〇年戦争」と位置づけながらも、必ずしも第一次世界大戦と第二次世界大戦は直線的に結ばれていたわけでもなければ、世界大戦が二度起こることが歴史的必然というわけでもなかった。一九二〇年代にその萌芽が見られた平和主義が確立する過程が、もしもその後も順調に進展していったならば、われわれは異なる歴史を経験することになったのかもしれない。それでは、一九二〇年代の平和を確立する試みが、どのように潰えたのだろうか。なぜ、だれが、そのような試みを破壊したのであろうか。

ハーバード大学歴史学部の名誉教授入江昭は、二〇世紀を概観するその著書、『二十世紀の戦争と平和』のなかで、次のように論じている。「もしも一九二〇年代に『支配的文化』があったとすれば、それは国際協調、国際主義、文化交流、相互依存的経済等を肯定し善とする見方、すなわち平和の思想であった。ところが一九三〇年代には全く逆に、戦争を肯定し、平和を悪とする、あるいは平和に対し懐疑的悲観的な見方が支配的となる(78)」。

なるほど、もしも入江の指摘が正しいとすれば、そのような転換がなぜ起こってしまったのかを知る必要がある。さらに入江は、「一九三〇年代の特徴は一九二〇年代的な国際思想や世界観が崩壊したことだといえる(79)」と述べている。第二次世界大戦に転げ落ちていく国際政治の過程を理解するためには、個別的な侵略や戦闘のみならず、むしろその時代精神や、国際秩序の推移にも目を向けなければならない。まずは、この意味を適切に理解するために、「一九二〇年代的な国際思想」とはいったい何なのかを、理解しなければならないだろう。

一九二〇年代のヨーロッパを不安にさせていた最大の問題は、戦後のドイツをどのように国際秩序の中に位置づけるかであった。敗戦国となったドイツに対して、ヴェルサイユ条約では過大ともいえる賠償金を課していた。またそれを支払うことを拒否するドイツに対抗して、一九二三年にフランスとベルギーはドイツ領のルール地方を軍事占領する。それに対してドイツ住民は消極的抵抗を続けて、独仏間では緊張状態が続いていた。

ロカルノ条約（左から独シュトレーゼマン外相、英チェンバレン外相、仏ブリアン外相）

その緊張状態を解決して、独仏間の和解をもたらしたのがロカルノ条約であった。一九二五年一〇月にスイスのロカルノにイギリス、フランス、ドイツの外相が集まり、ドイツの西部国境についての保障条約に合意した。これこそが、国際協調をその色彩とする「一九二〇年代の国際思想」を生み出す契機となった。フランスのアリスティード・ブリアン外相とドイツのグスタフ・シュトレーゼマン外相とのあいだの信頼関係を基礎として、独仏協調により西ヨーロッパの平和と安定を確立しようと試みた。これによりドイツの国際連盟加盟と、フランス軍のラインラント占領地からの撤兵が約束された。

権力政治と平和主義

だが、ここで一つの問題が浮上する。はたして、本当にドイツを信用してよいのだろうか。それまでは、フランス軍がラインラントを軍事占領していたことで、ラインラントの非武装化を監視することが可能となり、ドイツのフランスへの侵略を防ぐことができた。広い流域を有するライン川を渡河するのは容易ではなく、したがってライン川が自然の防壁としてドイツ軍の西進を未然に防ぐことを可能とした。ヴェルサイユ条約とロカルノ条約で、独仏国境地帯にあるラインラントの非武装化を約束しているのだから、ドイツ軍がフランスを侵略することは不可能なはずだ。

しかし、ラインラントからフランス軍が撤退してしまったら、ドイツ軍の動きを監視することができず、未然に侵略を止めることもできない。本当にドイツが条約を遵守して、フランスへの善意を示し続けるのだろうか。新しい指導者が誕生して、それまでの国際的合意に背くことはないのか。ロカルノ条約によって一九三〇年までにはフランス軍がラインラントから撤退することになっているのだから、それ以後にフランスの安全を確保するための何らかの保証が必要であった。フランスの安全を確保できるのであれば、何でもいい。そもそもフランス政府は、権力政治と現実主義に基づいて安全保障を考える傾向が強かったために、具体的な軍事的な裏付けを欲していた。

フランスが期待していたのは、アメリカのヨーロッパ関与であった。ドイツがフランスに侵攻した場合に、アメリカがそれを阻止するために軍事介入することを期待していた。強大なアメリカ軍が保障を与えれば、将来のドイツ軍の侵略を抑止できるだろう。しかしながら、そもそもアメリカは国際連盟に加盟していない。また、国際連盟による保証も、国際世論や経済制裁に依存するという心許ないものであった。それでは不十分であった。フランス政府は第一次世界大戦後、米仏二国間の安全保障協定を模索していた。問題は、アメリカがこれに応じる意思がなかったことだ。

一九二〇年代のアメリカ外交は、ドーズ・プランやヤング・プランのような民間資本のドイツへの注入によって、戦後の賠償問題の解決を側面支援していた。他方で、アメリカ国内では孤立主義的な声があまりにも強く、中立的な地位を変更する見通しはなく、安全保障面でヨーロッパへと関与することは困難であった。それゆえに、フランス政府がアメリカとの安全保障協定を求めていても、それに応じることは難しかったのだ。

フランク・ケロッグ

そのようななかで、アメリカのフランク・ケロッグ国務長官は、フランスのアリスティード・ブリアン外相に対して、米仏二国間の安全保障協定ではなく、戦争全般を違法化するための不戦条約の締結を代わりに自ら提案した。これは本来フランス政府が期待していたものからほど遠かったが、ラインラントからのフランス軍の撤退の期限が二年後に迫り、どのようなかたちであってもアメリカの関与が欲しかった。それゆえ一九二八年八月にパリで、アメリカ、フランス、イギリス、ドイツ、日本などの一五カ国を調印国とするパリ不戦条約、いわゆるケロッグ・ブリアン条約が締結されたのである。

フランスにとっては、たとえわずかであっても、将来のドイツの侵略の可能性を減じさせる措置が必要であった。アメリカの外交史家メルヴィン・レフラーは、「ケロッグ・ブリアン条約は、フランスの安全保障を求める要求と、アメリカの中立政策に基づいて政治的に距離を保つこととの要望と、この二つを整合させようとする試み」だと、適切に位置づけている。(80) アメリカ政府としては、それまでの中立的地位を手放すつもりはなく、このパリ不戦条約も侵略が起こった際にアメリカが軍事介入することを想定していなかった。この条約は、強制措置を規定していなかったために、あくまでも戦争放棄という規範を育むことに主眼が置かれていた。(81)

このパリ不戦条約では第一条で、次のように記されている。

「締約国は、国際紛争解決のために戦争に訴えることを非難し、かつ、その相互の関係において国家政策の手段として戦争を放棄することを、その各々の人民の名において厳粛に宣言する」(82)。

さらに、第二条では次のように記されている。

「締約国は、相互間に発生する紛争または衝突の処理または解決を、その性質または原因の如何を問わず、平和的手段以外で求めないことを約束する」。

これは、一九二四年に国際連盟で採択されたジュネーヴ平和議定書の延長線上に位置するものである。人類の歴史上はじめて戦争を明確に違法と考え、戦争放棄を求める画期的な条約であった。

ただし、ここで重要なのは、「国家政策の手段としての戦争を放棄する」ことに合意したのであって、アメリカ政府の強い要求もあり、自衛戦争はそこに含めていなかったことである。後の日本国憲法第九条は、このパリ不戦条約を重要な思想的な起源としている。歴史家の山室信一は、このパリ不戦条約の名称が「戦争放棄に関する条約」であり、その際の英文が「Treaty for the Renunciation of War」となっており、日本国憲法の第二章章題もまた英訳が「Renunciation of War」であることから、この両者の密接なつながりを指摘している。[83] だとすれば、禁止しているのはあくまでも侵略戦争である。自衛戦争は認められているのだ。

このパリ不戦条約は、「一九二〇年代の国際思想」の絶頂を示すものであった。歴史上はじめて戦争が違法化され、戦争放棄が明確に規定された。それまでは戦争に訴えることは国家が有する正当な権利であり、また国際連盟規約も部分的にしか戦争禁止を規定していなかった。戦争全般が違法化され、放棄が宣言されることは、一九世紀半ば以降続いてきた平和主義の潮流の一つの到達点といってよい。世界は戦争放棄という新しい時代に入っていったのだ。しかしながら、すべての国がこのような潮流を理解し、それを尊重したわけではなかった。

日本国内では、このような大きな歴史的な視野からパリ不戦条約の意義を理解する論調は稀であった。むしろ、条文の些末な部分に目を向けて、その問題が指摘されてしまったのだ。民政党が政争の具として外交問題を利用したことで、日本政治に毒が回っていく。パリ不戦条約の第一条では、「人民の名において（in the name of the respective peoples）」という文言が含まれていた。これに対して、天皇主権の大日本帝国憲法と矛盾するという批判が起こったのだ(84)。一九二八年九月以降は、この「人民の名において」という文言が、政治問題となって激しい議論が日本の国内政治で飛び交っていた。平和主義思想の帰結としてのパリ不戦条約の世界史的な意義や、フランスの国家安全保障をめぐる権力政治的な意味に十分に目を向けることなく、日本国内ではきわめて自国本意の内向きな解釈でこの条約が批判の対象となっていた。これもまた、国際政治の大きな潮流と日本国内の認識の「ずれ」を示すエピソードともいえる。

ここでより重要なことは、きわめて理想主義的な色彩の強いパリ不戦条約も、実質的にはドイツ再軍備に恐怖を感じるフランスが、自国の安全保障を確かなものとするためにアメリカに対して外交努力をした一つの帰結だという点である。いわば、権力政治と平和主義は、相反する対極的なものとして対峙していたのではなく、むしろ連続的な一つの全体として結びついていたのである。それが平和主義であろうが、権力政治であろうが、自国の安全を確保することが各国にとっては重要であった。目的はあくまでも、自国民の安全の確保であった。

だが、アメリカはまだこの時期には自らの世界大国としての国際的責任には十分に留意せず、長年の伝統である孤立主義やモンロー主義の精神に浸かり、中立的立場を変えることはなく、可能な限りヨーロッパの権力政治からは距離を置こうと試みていた。アメリカは、ドイツ再軍備に直面するフランス人の不安を十分に理解することができなかった。パリ不戦条約がもたらした平和の時代は、脆く、崩れやすいものであった。そして、その脆弱な平和の時代を崩壊させる契機をつくったのが、日本による軍事行動であった。

若き天皇の不安

一九二〇年代後半になると、次第に東京から遠く離れた満州に駐留する関東軍のなかで、国際法や本国政府からの訓令を無視した独善的で独断的な行動が目立つようになってくる。一九二八年六月四日、米仏間で不戦条約を締結するための準備が進められているなか、地球の反対側の満州では関東軍高級参謀の河本大作《こうもとだいさく》が、後の満州占領を目指して、満州軍閥の張作霖を奉天で爆殺した。これにより南満州鉄道保護を名目として、満蒙権益の保持と拡大を目指すようになる。

若き日の昭和天皇

このとき、昭和天皇は即位して一年半しか経っておらず、まだ二七歳の青年であった。関東軍の独断でこのような張作霖爆殺事件を起こし、軍部における規律が乱れることを天皇は怖れ、田中義一首相に対して厳しく処分することを求めた。当初は田中首相もそのような天皇の意向に応えるつもりであったが、犯人を軍法会議にかける方針への陸軍の強い反対に直面して、田中は方針を転換した[85]。

一九二九年六月二七日午後、田中首相は事件についてこれは「一凶人の仕事」であって、「内閣が責任をとる理由」はないと上奏した。その際に、天皇は怒りを爆発させて田中首相を問責したことを、後年に次のように回顧している。

「この問題はうやむやの中に葬りたいと云ふ事であつた。それでは前言と甚だ相違した事になるから、私は田中に対し、それでは前と話が違ふではないか、辞表を出してはどうかと強い語気で云つた(86)」。

天皇の叱責を受けて、失意の中で田中義一はその五日後に内閣総辞職を決めた。

ところが、国粋主義者の政治家小川平吉の回想によると、この頃までに「宮中の事情はほゞ世上に漏洩し、宮中の陰謀に対して憤慨するもの少なからず」であったという(87)。これについて、日本政治史が専門の歴史家伊藤之雄《ゆきお》は、「田中の問責で天皇は陸軍や右翼・保守派から不信感を持たれるようになった点で、天皇と牧野内大臣らの対応は良くなかった」と指摘している。確かに、この頃の天皇はまだ若く、政治経験も未熟で、自らの感情が先行していたのだろう。このことで、若き天皇に対する批判や不満が右翼思想家や青年将校レベルにまで見られるようになり、天皇の自信は弱まっていった(88)。この経験から、天皇はこの後には次第に政治への自らの関与を自制するようになり、軍部の強硬派の意見に抵抗することを遠慮するようになっていく。

一九三一年には、陸軍のクーデター未遂事件、三月事件が起こり、天皇や宮中を震撼させた。陸軍内の統制に深刻な懸念が表れたのである。六月には、満州でスパイ活動中の陸軍大尉が殺害されると、陸軍はこの事件に対処するための出兵を天皇に要請した。天皇はそれを許可しなかったが、陸軍が独断で行動しようとする衝動への深刻な懸念を感じるようになった。九月一〇日には天皇は安保《あぼ》清種《きよかず》海相、一一日には南次郎陸相に、それぞれ海軍と陸軍の軍紀維持がどうなっているかを質した。(89) 天皇の漠然とした不安の表出であった。

元老西園寺公望の私設秘書であった原田熊雄は、この時期に陸軍の一部の者が「今の陛下は凡庸で困る」と言っており、軍部内に「非常に暴動な気運」が起こっていることを記録している。(90) 陸軍の軍紀が乱れ、統制が失われつつあることへの天皇の不安は、予期せぬかたちでこの直後に現実のものとなる。満州事変の勃発である。

満州事変（奉天に入る日本軍）

満州事変の勃発

一九二〇年代にロカルノ条約とパリ不戦条約により国際協調の精神が育まれ、多くの人々は平和がこのまま続いていくことを予期していた。不安がなかったわけではない。だが、ラインラントからフランス軍は撤退し、戦争違法化という新しい時代の到来に、ヨーロッパでは多くの人々が希望の光を感じていた。平和な時代が続くはずだし、続いて欲しい。

一九三一年九月一〇日、国際連盟設立に尽力したイギリスの政治家セシル卿は連盟総会の席上で、「現在ほど戦争が起こりそうにない時代は、世界史の中でも稀である」と述べていた。[91]ヨーロッパではこのように平和な時代を満喫する人々は少なくなかった。ところがそのわずか一週間ほど後に、それまで積み上げられてきた平和主義の積み木をなぎ倒すような事態が勃発する。満州事変である。

一九三一年九月一八日の深夜、何者かによって奉天の北方の柳条湖で鉄道爆破事件が引き起こされた。これは後に、関東軍が自らの支配地域の拡大のために自作自演で行った行動であることが明らかとなっている。三年前の張作霖爆殺事件で見られた病理が、ここでまた再演された。この満州事変は、単に日中間の軍事衝突にとどまらない巨大な衝撃を国際社会全体に与えることになる。すなわち、一九二〇年代に創られてきた平和主義と国際主義の潮流を、断ち切ったのである。

多くの日本人は、パリ不戦条約の意義を、必ずしも世界史的な視座から理解していたわけではなかった。それゆえに、この満州事変が国際秩序全体に与える破滅的な影響を理解できなかった。単に、日本が保有する満鉄の安全と権益を守るための、自衛的な措置と見なしていたのである。そして、この時期の日本人が抱く反中感情が爆発して、関東軍の圧倒的な軍事力で中国人を膺懲《ようちょう》する欲求が噴出した。日本人の多くが、反中国感情の噴出や、中国での自国権益の拡大を求める観点からこの満州事変を考えていたのに対して、国際政治学者や歴史家は後の時代に、その世界史的な破滅的影響を、深刻に受け止めている。

国際政治学者のヘンリー・キッシンジャーは、満州事変がいかに巨大な衝撃を与えたのか、次のように述べている。

「外交の焦点がヨーロッパにおかれていた一〇年が過ぎた後、集団安全保障と国際連盟自身の実質の欠如をはっきり示したのは意外にも日本であり、日本は暴力行為が激化していく一九三〇年代の一〇年間の先駆けとなったのである」[92]。

日本はこのようにして、あまり意識することなく平和主義の萌芽を踏みつぶし、軍事力に依拠して自らの権益を拡大しようと夢中になっていた。そのような自らの行動が、国際秩序全体に悪影響を及ぼすという発想はほとんど見られなかった。

関東軍による大規模な軍事行動に、中国人はすぐさま反応した。この三日後の九月二一日に、国際連盟理事会の非常任理事国に選ばれていた中国政府の代表の施肇基は、日本軍の軍事行動は連盟規約第一一条の違反にあたり、「国際の平和を危殆ならしめる事態のこの上の進展を阻止するため即時手段をとるよう」に、理事会に提訴した[93]。それに対して二二日の理事会では、この問題が討議されて、日本政府代表の芳沢謙吉があくまでもこの問題は日中二国間の問題であって、理事会の討議対象ではないことを主張した。日本政府と中国政府は、国際連盟を舞台に激しい議論の応酬を行う。

関東軍司令官・本庄繁

連盟理事会ではスペイン政府代表のレルー議長が両国に対して、事態を悪化させないように要請して、芳沢もそれを受け入れて日本軍の撤兵と居留民の安全確保、そして鉄道保護を目的とした行動にとどめることを約束した。[94]これにより、九月三〇日の理事会では事態が収拾する見通しのもとで、安堵が広がった。多くの者はこれでこの極東での危機は収まるだろうと考えた。それほどまでに、平和な時代は確かなものに思えていたのだ。

ところが満州の関東軍は、そのような事態収束を求める合意を受け入れるつもりはなかった。関東軍司令官の本庄繁は、全関東軍に出動を命じ、攻撃を開始した。また、当時の関東軍は一万人程度の規模であったために、本庄は朝鮮に駐屯する朝鮮軍に援軍を要求した。それに応えて、朝鮮軍司令官林銑十郎《せんじゅうろう》中将は、朝鮮軍に出動を命じて、満州に向かった。本来であれば、朝鮮軍が外国である満州に出動するためには奉勅命令《ほうちょくめいれい》が必要であり、この命令は首相が内閣の合意を得て天皇に出兵を上奏し、その後に参謀総長の上奏を受けて天皇が許可することが必要であった。ところが二一日に、林朝鮮軍司令官の命令により、朝鮮軍は奉勅命令がないまま鴨緑江を越えて満州に入った。歴史家の伊藤之雄は、これを明白な違法行為であると指摘する。[95]朝鮮軍の独断越境という天皇の統帥権を林司令官が干犯する事態が起こりながらも、もはや天皇も牧野内大臣も、それに抵抗することはできなくなっており、林を処分することはなかった。八一歳の元老、西園寺公望はこのときに、事態の重大さを理解して、天皇の裁可なしの軍隊の移動を許してはならないと警告して、「後に何らかの処分」をする必要があると、秘書の原田熊雄に伝えていた。[96]ところが、天皇と牧野内大臣は、陸軍に抵抗することに弱気となり、これに事後承認を与えてしまう。

一〇月二日に関東軍は、「満蒙を独立国とし、之を我保護の下に置き、在満蒙各民族の平等なる発展を期す」という方針を確認し、国際社会からの反発を意に介さず、強硬な軍事行動へと前進するつもりであった[97]。事態の不拡大を要請する国際連盟理事会での議論を無視して、占領地域の拡大へと乗り出した。東京の政府と、満州の関東軍で、明らかに異なる方向を向いていたのだ。国際連盟では、日本に対する不信感が増していった。当時ジュネーヴにいた日本政府代表の芳沢謙吉も、幣原喜重郎《しではらきじゅうろう》外相から届く電報と、事態の進展があまりにも乖離《かいり》していることから、説明に窮していた。芳沢はこのことを、次のように回顧している。「然るに時の経過と共に事態は頗《すこぶ》る怪しくなって来た。拡大しないと云う日本政府の公電と反対に、毎日事態は拡大して来た。これがため各国全権はいきり立ち、理事会の情勢は頗る険悪の一途を辿るに至った[98]」。

イギリス全権代表のセシル卿や、フランス外相ブリアンらは、「なんとか早く収拾しないと、各国の日本に対する感情は悪化するばかりである」と、日本に対して同情的な忠告を与えていた[99]。このときに連盟理事会の諸大国は、日本と対決する意図などはなかった。日本政府がうまくこの危機を処理してくれると期待していた。しかし、そのような同情さえも消散する事態に進展する。

平和の破壊

一九三一年一〇月八日、関東軍は、八八式偵察機六機と、ポテー機五機、計一一機による錦州への爆撃を行った。これは無防備都市への無警告の爆撃であり、そこを拠点としていた張学良の勢力を壊滅させるための攻撃であった。二五キロ爆弾七五発を投下し、機銃掃射も行った。錦州は満鉄所在地から一五〇キロも離れており、明らかに満鉄の保護という目的を逸脱した軍事行動であり、それまでの「自衛」のための措置であるという説明を無効化してしまった。非戦闘員である一般市民も多く殺傷したこの錦州への戦略爆撃に対しては、在京のイギリス、フランス、イタリア大使も激しく日本政府に対して抗議した。彼らは、不拡大を約束した日本政府にだまされたと考えた。

とりわけ、翌日の九日には東京にいるイギリスのリンドレイ大使が幣原外相のもとを訪れて、日本の飛行機はそもそも爆撃の目的で行動したといわざるをえず、さらに戦争状態が存在しない中で錦州まで飛行機を飛ばして爆弾を投下するのは、戦争行為と認めざるを得ないと警告した[100]。もともとは日本に対して同情的であったイギリス政府も、日本が軍事行動を拡大することで、イギリスの在華権益も脅かされることを懸念した。また連盟規約や中国の領土保全を約した九カ国条約、パリ不戦条約という、イギリスも調印した条約への違反である可能性が強いこともあり、厳しい態度で日本政府を批判した。これらの軍事行動を擁護することは、容易ではなかった。

ジュネーヴに駐在していた連盟の日本代表団も、「如何に強弁するも公平なる第三者を首肯せしむることは出来難き」と述べ、この錦州爆撃を自衛的措置と弁護する困難を示唆していた[101]。また、国際連盟に派遣されていた外交官の伊藤述史《のぶみ》は、「恰《あたか》も雷が落ちて来たが如く、殆ど連盟全部が振動した」と、その衝撃を述懐している。そもそも、外交史家の臼井勝美の説明によれば、「軍事行動の拡大によって、幣原外相の立場を困難にし、また内閣や軍中央の決意を固めさせて、本庄（関東軍司令官―引用者註）の内田（康哉満鉄総裁―同）への談話に見られるような関東軍の方針に、政府の同調を余儀なくさせようとの意図が石原（莞爾関東軍参謀―同）らにあった」[102]。すなわち、日本政府内での抵抗を排除するためという政治的な理由から、中国において熾烈な爆撃を行ったのだ。もはやこれは、正当防衛としての自衛戦争とはいえない。他国領土に対する侵略行動であった。これ以後、日本の軍事行動への激しい批判が噴出し、不拡大方針をとりながらも関東軍を制御できない日本政府に対する国際社会の不信感が強まっていく。日本は窮地に追い込まれた。

錦州爆撃を讃えるグラフ誌。「我が飛行隊の活躍／張学良が臨時根拠地と定めた錦州に爆弾を投下し聯盟の物議を生ぜしめた我が陸軍の威力飛行隊は偵察に爆撃に進撃に堂々偉勲を示し敵兵をして大恐慌を懐（イダ）かしむ」との説明文がある（防衛研究所所蔵『満州事変大写真帳』より）。

　当時、東京帝国大学助教授であった若き国際法学者の横田喜三郎は、関東軍が駐兵権のある鉄道付属地をはるかに越えて、鉄道破壊に基づく衝突からわずか六時間内外に四〇〇キロも離れた北方の寛城子を占領したり、二〇〇キロも離れた営口を占領したりしたことをもって、自衛権の行使と主張する論理に疑問を示した。[103] 冷静に考えるならば、自衛的措置にしては侵攻の速度が速すぎるし、そのための準備が周到すぎる。軍事行動の範囲がこれだけ広いとなると、もはや自衛という弁明も通用しなかった。

しかし、そのような疑問は、必ずしも日本国内で広がりを持たなかった。関東軍の軍事行動について、日本の国内では進歩派の新聞も含めて、一斉にそれを支持していた。これは、商業主義的な理由が大きく、戦争が起こることで新聞が飛躍的に売れることを期待していたのだ。[104] 不景気の時代に、戦争による新聞や雑誌の販売拡大は、ありがたかった。また、新聞や世論の熱烈な支持を目にして、政府もまたこのような軍事行動を追認せざるを得なかった。世論の勢いに抗することは、このときの首相である若槻礼次郎にとっては容易ではなかった。翌年の一月三日には、日本は北京に近い錦州を支配下に置くことになった。これをアメリカ政府は、激しく批判した。

とはいえ、国際連盟の中心的な大国であるイギリスは、このような日本の軍事行動に対して強硬な態度に出ることはなかった。イギリス政府の極東に対する政策は、日本との良好な関係を維持することが柱となっていた。[105] また、このときの外相は自由党のジョン・サイモンであり、連立政権に合意する際の妥協として提示された外相のポストにサイモンはあまり関心を持っておらず、国際連盟の動向も十分には把握していなかった。さらには世界恐慌から回復途上にあるイギリスにとって、日本と敵対して極東での軍備増強を進めることは容易ではなかった。イギリス政府の消極的な態度もまた、この時期の国際秩序が崩壊していく上での重要な要因となっていたのだ。

権力政治への回帰

この満州事変に伴う軍事行動がどのような意味を持つか、多くの日本人には分からなかった。あくまでもこの問題を、日中の二国間の問題としてのみ考えていたからだ。国際社会においてどのような規範が論じられ、尊重されているか、またそれが国際秩序全体にどのような影響を与えるかという視点が不足していた。日本の軍事行動の深刻さについて、イギリスのE・H・カーは、著書で次のように論じている。

「日本の満州征服は第一次大戦後のもっとも重大な歴史的・劃期的事件の一つであった。太平洋では、それはワシントン会議によって暫く休止していた争覇戦の再開を意味した。世界全般について見ると、それは第一次大戦の終結以後少くとも露骨な形では現われなかった『権力政治』への復帰を予告するものであった。平和体制の成立以来始めて、戦争が（警察的行動という擬装の下にではあったが）広大な範囲にわたって行われ、広大な領土が（独立国という擬装の下にではあったが）征服者によって併合された[106]」。

また、外交史家のザラ・スタイナーも同様に、満州事変がヨーロッパ国際政治に衝撃を与えたことを次のように指摘している。

「日本の指導者たちは、国際主義的な道のりを歩むことを拒絶して、満州の問題に対して軍事的な解決を好んだ。これらの事態の重要性は、単なる地域紛争の枠を超えていた。日本の行動は、九カ国条約に対する挑戦であるばかりか、国際連盟規約、さらにはケロッグ・ブリアン条約に対する挑戦でもあった。満州情勢への対処に関する連盟の『失敗』は、ジュネーヴの体制に対しての、決定的な打撃となった(107)」。

そして、国際連盟事務局で長年勤務をして、事務次長まで務めたイギリスのF・P・ウォルターズもまた、次のように述べている。「一九三一年九月一八日に始まった日本の満州占領は、国際連盟の歴史、さらには世界の歴史における転換点となった(108)」。

日本人の多くは、この満州事変が国際社会においてどのような影響を及ぼすかについて、世界史的な視野から理解することができなかった。むしろ、日本国内の閉塞感を打破して、日本の影響力を拡大する好機と感じて、喝采を送った。そのような国内の熱狂の中で、若槻礼次郎首相も、幣原喜重郎外相も、内閣の中で強い態度を示すことは難しかった。結局は、関東軍が行う軍事行動を追認せざるを得なかった。

日本はこの後、国際社会で孤立する一方であった。日本の軍事行動に共感する国は、ほとんどなかった。そもそも、関東軍はどのような論理を用いて自らの軍事行動を国際社会に説明するか準備をしていなかったし、東京の政府は関東軍が今後どのように動くのかを把握できなかった。結局、日本政府は一九三三年三月二七日に、国際連盟のエリック・ドラモンド事務総長宛ての電報で、正式に国際連盟からの脱退を通告した。日本の国際的孤立の道が定まった。

ここで重要なのは、日本が自らの軍事行動を「戦争」ではなくあくまでも「自衛的措置」であると強弁したことで、国際連盟での議論が麻痺したことである。はたしてそれが、自衛なのか侵略なのか。それぞれの国が自らに都合がよいように解釈すれば、戦争を禁止するパリ不戦条約が効力を持たないことになる。そこにパリ不戦条約の致命的な欠陥が存在した。そもそも、パリ不戦条約はあくまでも戦争放棄という規範をつくるものであり、制裁に関する規定が含まれてはいなかった。また、日本が連盟から脱退すれば、連盟規約が定める軍縮義務を遵守する必要もなく、平和的手段による解決という規範にも従う必要がなくなる。

さらには、日本は大規模な軍事行動であるにも拘わらず、それを「事変」という名称で呼ぶことによって、パリ不戦条約の対象ではないと主張した。侵略が既成事実化されると、連盟から脱退した日本に対して国際社会ができることは限られていた。結局は、強いものが正しく、より大きな軍事力を有する国が有利となる。後に、ムッソリーニのイタリアも、ヒトラーのドイツも、日本の満州事変での軍事行動を見習って、国際秩序に挑戦して自らの権益拡大へと動いていく。

聯盟よさらば！遂に協力の方途盡く
總會勸告書を採擇し 我が代表堂々退場す
四十二對一票、棄權一
支那側勸告受諾
第六項の權利強調
けふ閣議で正式に 脱退方針を決定
第五項の陳述書 けふ提出に決定す

国際連盟脱退を報じる新聞記事

一九三六年五月二六日に、イギリスのセシル卿はこのような現実を直視して、アンソニー・イーデン外相宛ての書簡で次のように書いていた。

「私は、非難や訴え、あるいは国際世論の力だけで平和を維持するという希望はすべて捨てた。これらの力は、国際問題に関して大きな影響力を持ってはいるが、かつて強力な国家が決意した戦争を防止することに成功したためしはなかった」[109]。

　それまでジュネーヴの国際連盟で華やかな活躍をしていたセシル卿をして、このように言わしめる結果となった。日本の軍事行動は、世界に対して平和主義という希望が如何に無力かを教えた。そして、平和を破壊する侵略的な行動に対して、国際世論や経済制裁のみではいかに無力であるかを、示すことになった。侵略的な軍事行動に対抗するためには、あるいは自国の安全を守るためには、十分な軍事的な裏付けがなければ意味がないのだ。これが国際政治の現実であった。日本の中国大陸での軍事行動は、そのように国際社会を平和主義の夢から覚醒させる効果をもったのである。そして、カーが述べるように、満州事変を画期として、世界は権力政治の時代へと回帰していく。平和主義の無力を世界に教え、国際社会を権力政治の時代へと導いていった大国は、日本であった。そのような潮流がたどり着く先に第二次世界大戦による破滅的な破壊と殺戮が待っていた。不幸にして、日本ではそのような長期的視野からこの満州事変がもたらす重大さを説く声は、聞こえてこなかった。

第2章　破壊される平和

1　錦州から真珠湾へ

空からの恐怖

一九三一年一〇月八日の、関東軍の錦州爆撃は、新しい戦争の時代の幕開けを告げることになった。戦略爆撃によって無抵抗な人々を空から殺戮するという新しい戦争の方法は、相手国の戦意を挫き優位に戦争を進めることを目指して、その後世界で広く用いられるようになる。空から非戦闘員を殺戮する方法は、従来の戦争の多くとは手法が異なり、そもそもそれを防ぐことが困難であった。死の恐怖が、人々を包み込む。

日本は満州事変において大規模な軍事行動を起こしながらも、それが「戦争」ではないという論理を用いて一九二八年のパリ不戦条約を無力化すると同時に、戦略爆撃の実施により非戦闘員の殺戮を禁じたハーグ陸戦規則をも無力化した。エア・パワーを効果的に活用することで、戦争は新たな段階に入り、その被害の規模も急激に拡大した。塹壕戦による泥沼の中での地上戦を経験した第一次世界大戦のときとは異なり、一九三〇年代半ば以降、人々は空から大量の爆弾が投下され、自らの生活基盤が破滅させられる恐怖を味わう。そのような恐怖と被害を増大させる転機として、日本軍による錦州爆撃は戦争における大きな画期となった。

一九三六年三月には、ムッソリーニのイタリア空軍がエチオピア東部の都市ハラールで、戦略爆撃を行った。それにより、無抵抗の多くの民間人を殺戮し、イタリアはエチオピア制圧を完遂する。また、一九三七年四月にはスペインのゲルニカにおいてドイツ空軍が戦略爆撃を行ったことは、パブロ・ピカソの有名な絵画を通じて後世の人々にもよく知られている。日本軍が錦州で用いた戦略爆撃という手法が、着実に世界に普及していった。

その後、日中戦争のさなかの一九三九年五月には、中国の重慶において激しい戦略爆撃が行われ、多くの非戦闘員が死傷した。日本政府はこれらについて、あくまでも軍事目標主義を遵守していると告げ、戦闘員を標的とした正当な爆撃であると主張した。しかし、すでにこの頃までには日本政府の言説に対する国際社会の信頼は大きく損なわれていた。錦州への爆撃の後に、上海、南京、そして重慶へと爆撃対象都市を拡大すると同時に、戦略爆撃の規模も大きくなり、中国人の死傷者の数は積み上げられていった。その過程において日本軍には、国際法や国際的な規範、平和主義的な潮流への留意というものが、次第に見られなくなっていった。そのような傾向は、政府内における外務省の地位の低下とも緊密に結びついていた。

このような、日本が最初期に実施した戦略爆撃という民間人への無差別爆撃は、戦争の概念を大きく変容させて、戦争での非戦闘員の死者数を急激に増大させる効果をもたらした。第二次世界大戦における非戦闘員の死者は、飢餓や疫病を除くならば、このような戦略爆撃による場合が多かった。日本は、東京大空襲や広島や長崎への原爆投下を通じて、自らがその悲劇的な結末を経験し、非戦闘員に対して空から無差別に爆弾が降ってくる恐怖を、まさに身をもって学ぶことになる。

それはまた、一八六四年以降に国際社会が積み重ねてきた国際人道法の規範を、大きく損なうものであった。その意味で、一九三〇年代に日本が中国大陸で行った軍事作戦は、平和主義の潮流を食い止めて破滅させたのみならず、国際人道法の前進を挫折させる結果にもなった。それはまた、軍部が教育課程で短期的な必要性から軍事作戦の教育ばかりを偏重し、国際法教育を十分に行わなくなった必然的な帰結でもあった。すでに敗戦を待たずして、国際社会における日本の地位は失墜していたのだ。

ドイツ軍の爆撃を受けたゲルニカ

方向感覚を失った日本

日本は自らが歩むべき道を見失ってしまった。

当初は国際社会での信頼を求め、「文明国」として自らを位置づけ、そして他国との政策協調を推し進めていくことを重視して、日本は対外政策を進めていった。一九〇〇年の義和団事件への派兵や、一九〇二年の日英同盟の締結、そして一九〇五年の日露戦争での捕虜の取り扱いなどの場合において、日本政府は国際法や国際世論に十分に留意していた。そのことが、日本の国際社会における信頼の向上、そして地位の向上に結びついていた。国際的信頼を基礎として、日本は第一次世界大戦後のパリ講和会議においては、戦勝「五大国」の一角を占めるに至ったのである。そして国際連盟は日本に対して、イギリスやフランス、イタリアとともに常任理事国としての地位を用意したのである。それは、非白人、非欧米の、近代化を模索していた極東の国家にとって、成功物語であった。

ところがすでに見てきたように、第一次世界大戦を一つの転機として、また日英同盟の喪失を一つの契機として、日本は自らが進むべき道が分からなくなってしまった。日本ははたして、国際社会において引き続き国際協調路線をとるべきであろうか。あるいは、日本の利益や正義を十分に尊重しない国際社会に背を向けて、自らの権益拡張に邁進すべきであろうか。日本国内では、国際主義を尊重する声と、国際連盟と敵対したとしても中国大陸での自らの権益の拡張を求めるべきだという声と、いくつかの主張に分裂していく。そして次第に、国際主義の思潮は「軟弱」であるとの批判を浴びて、後退していく。

ツヴァイクがいうところの「誇りと確信」が暴走を始めた。すなわち、「力を持っているという感情は、つねに人間にも国家にも、その力を使用するか、もしくは濫用したいという気を起させるものである(1)」。その結果として待っていたのが、「悲劇的な結果」であった。第一次世界大戦の悲劇を経験せず、むしろそれを「天佑」として、機会主義的に自らの権益を拡大することを成功させた日本は、次第に軍事作戦の成功を最優先するようになった。既成事実を積み重ねて自らの権益を拡大することに猛進し、国際社会の潮流に留意する余裕がなくなっていた。軍部では、広い視野から歴史や戦略を考えることなく、狭い視野での作戦を重視する官僚エリートが主流となっていった。

国際社会における孤立を深めていくなかで、日本は世界政治がどこに向かっているのか、分からなくなってしまったのだ。同盟国であるイギリスが重要な情報を提供してくれたり、常任理事国として参加した国際連盟での議論が日本を啓蒙してくれたりする時代においては、依然として国際協調主義の意義を説く声が大きく響いていた。ところが、一九二二年に日英同盟を失い、一九三三年に国際連盟から脱退すると、日本は国際社会において独善的に自らの正義を叫ぶ孤児となってしまった。日本を取り囲む大国すべてが、敵国に見えてしまう。

方向感覚を失って、不安ばかりが募るなかで英米への不満が鬱積し、自らの領土と権益を拡大するために軍事力への依存を深めていく。強大な軍事力のみが、自らの正義と安全を守ってくれると思い込んだのだ。一九三〇年代も後半になると、日本の対外政策においては英米に対するイデオロギー的な嫌悪感や、中国人に対する人種的な蔑視、さらには国際社会に対する敵意があふれていた。そして同時に、日本はヒトラーのドイツへの接近を始め、ドイツやイタリアの同盟国となった。一九三六年一一月の日独防共協定、そして一九四〇年九月の日独伊三国同盟は、その後敗戦までの日本の国際社会でのアイデンティティを規定してしまった。

あたかも無意識のうちに子供が積み木を崩してしまうかのように、その重大性と深刻さに十分に留意することなく、満州事変とその後の軍事行動により、日本はそれまでに積み重ねられてきた平和主義や国際主義という脆い建造物を崩してしまった。そうするつもりがあったわけではないにもかかわらず、戦争違法化を求めた国際連盟規約やパリ不戦条約を骨抜きにし、また中国の領土保全を約束したワシントン会議における九カ国条約を無視し、さらには戦闘時の規範を確立したハーグ陸戦規則などを溶解させたのだ。国際社会が日本を見つめる視線は、年を追うごとに厳しくなっていく。

ノモンハン戦争の衝撃

一九三九年二月、「ニューヨーク・タイムズ」の上海特派員は、次のような記事を送った。「日本が満州国、察哈爾《チャハル》、綏遠《すいえん》に六〇万以上の軍隊を集結させ、中国の占領地域からソ連国境の近くに軍隊を移動させていることは、周知のとおりである。北方への大軍の移動は、日本がソ連攻撃を早める意図があるのではないかという疑念を強めている(2)」。

これを契機に、ソ連は徐々に日本の攻撃への警戒感を強めていき、満ソ国境付近での軍備を増強していった。国境をめぐる緊張は高まっていった。この頃までに、日本が実質的に支配していた満州国と、ソ連の衛星国であったモンゴル人民共和国やソ連との間で、しばしば国境紛争が勃発していた。一九三六年三月にはモンゴル人民共和国はソ連との間でソ蒙相互援助条約を締結しており、国内にソ連軍を進駐させていた。それゆえ、モンゴル人民共和国はソ連の軍事的支配下に入っていた。この国境紛争は、実質的には日本軍とソ連軍との勢力圏争いの最前線となっており、極度の軍事的緊張が続いていた。

日本の外務省の調査によれば、一九三九年だけでも満蒙の国境紛争は一九五件起きていた(3)。日本にとっては、満蒙国境線の向こう側に駐留するソ連軍の存在は、深刻な脅威となっていた。他方ソ連からすれば、満州事変以降勢力圏を拡大して、この地域一帯を支配下に置いていた関東軍の存在は不気味であり、危険なものであった。このとき、満ソ国境および満蒙国境を防衛する関東軍は、自らの力を過信して、軍事力により優越的な地位を確保するという考えに魅了されていた。

ノモンハン事件（ハルハ川の前線へ向かう日本軍）

一九三九年四月、関東軍司令官植田謙吉大将が指示を出し、強硬派の関東軍作戦参謀辻政信少佐が「満ソ国境紛争処理要綱」を作成した。そこでは、満ソの国境問題を日本の主張に基づいて武力により解決することが規定されていた(4)。それは、軍事力に基づいて、日本が支配する地域を拡大しようとする決意を意味していた。その基本方針として、「満『ソ』国境に於ける『ソ』軍（外蒙軍を含む）の不法行為に対しては、周到なる準備の下に徹底的に之を膺懲《ようちょう》し、『ソ』軍を慴伏《しょうふく》させることが記されていた。そして紛争に関しては、日本側で「自主的に国境線を認定」することが規定されていた。軍事力に依拠して、自らに有利なかたちで、満ソの国境問題を解決することが既定路線となっていた。

　本来であれば、国境線を越える軍事行動に関しては、天皇の大権が及ぶものであって関東軍の独断では決定できないはずであった。ところが満州事変以降の関東軍は、いわば日本の国家機構を超越した治外法権のような存在となって、自らの独断と独善によって行動する傾向が強まっていた。もはや東京の中央政府の知らないところで、独自に作戦計画を立てて、軍事行動を起こすつもりであった。

　一九三九年五月、この満蒙国境線上においてソ連軍と日本の関東軍の間で軍事衝突が勃発した。関東軍は、「満ソ国境紛争処理要綱」に従って、ソ連軍に対して積極的な攻撃を展開した。ソ連軍においては後に対独戦で活躍するゲオルギー・ジューコフが極東へと派遣された。それまでの抗戦が不十分であると判断して、六月一二日には日本軍と交戦していた第五七軍団司令官として、新たにジューコフが任命された。[5]ソ連政府内では、このジューコフの要請によって、日本軍に対抗するために狙撃師団三個師団と戦車旅団二個旅団が戦場に投入されることになった。この両国軍の精鋭同士の戦闘は熾烈を極め、両国ともに決定的な勝利を得ることはできなかった。想像以上の大きな犠牲に苦しむソ連軍においては、ジューコフが規律重視を打ち出し、臆病な態度を見せた兵士二人を銃殺刑とした。そのことを明らかにすると同時に、次のような内容の文書を第五七軍団に配った。「我々は一億七〇〇〇万人の同胞を擁する国家の息子として、苦境にあるモンゴル人民共和国の人々を、卑劣な侵略者から守る栄誉に恵まれた。……勇気と気概を示せ。大胆にして恐れず、英雄の気骨を見せてほしい。卑劣な臆病者と裏切り者には死を」[6]。ジューコフの精力的な任務遂行によって、ソ連軍は勢いを取り戻した。

八月二〇日日曜日の早朝に、ソ連軍は一斉に攻撃を始めた。一五〇機を超える爆撃機と、一〇〇機の戦闘機が爆音を上げて空を覆った。爆弾を八万六〇〇〇キロも使用した戦車と装甲車による一斉攻撃で、ジューコフは日本軍を押し返した。三日間の激戦の後に、日本軍の攻撃は停止した。ジューコフの類い希な作戦指導が、ソ連軍を優位に導いた。ジューコフは戦闘終結を受けて、妻宛の手紙で、次のように書いていた。「戦闘は終始厳しかった。だから司令官として不眠不休だった。でも終わり良ければすべて良しとしよう」[7]。「ソ連邦英雄」とされたジューコフは、後のナチス・ドイツとの戦いでも、華やかな活躍を見せることになる。

九月まで続いた四カ月間の戦闘で、日ソ双方ともにきわめて大きな損害を被った。日本は死傷者が一万八〇〇〇人にもなり、当初の想定をはるかに上回る損失となった。日本は投入した兵力の四分の一を失ったことになる。長い間、ソ連軍の死傷者数が明らかとならなかったことからも、この戦闘ではソ連の近代的な機動戦力に対して関東軍が大敗したと言われてきた[8]。しかし冷戦終結後に新しい旧ソ連側史料を用いた研究によれば、ソ連側は死者が九七〇〇人余、負傷疾病者一万五九〇〇人余を出し、ソ連も日本とほぼ同等の規模の損害を被っていたことが明らかになっている[9]。

ゲオルギー・ジューコフ

日ソ両国ともに、この軍事衝突を通じた被害の大きさに衝撃を受け、自国の軍事力の不足と戦争準備の不十分さを痛感することになった。軍備増強を求める声が強まり、国防体制の強化が大きな課題となった。また日本軍の内部では、ソ連軍の近代的な機械化部隊の威力に対する恐怖心が芽生える。ロンドン大学のイアン・ニッシュ教授によれば、「この大失敗がかつては勝ち誇っていた関東軍に与えた心理的な衝撃は、測り知れないほど大きかった[10]」。それにより、軍部の中ではよりいっそう軍備増強と、対ソ戦争への準備が求められるようになる。

ノモンハンでの日本との軍事衝突で、ソ連軍を指揮したジューコフもまた、そのような関東軍の屈強さに強い印象を受けた。翌年の一九四〇年五月には、ジューコフはスターリンと会談した際に次のように語った。

「ハルハ川でわれわれと戦った日本軍兵士は、特に接近戦に関してはよく訓練を受けていました。日本軍兵士は訓練され、几帳面で、特に防御戦では頑強です。下級指揮官は非常によく訓練されており、狂信的な頑固さをもって戦います。一般に下級指揮官は降伏せず、『ハラキリ』を躊躇せずにやります[11]」。

スターリンにとってこのノモンハン戦争は、自らの軍事力の脆弱さを学習する機会となった。極東における満ソ国境で日本の強靱な関東軍と向かい合いながら、ソ連政府は同時にナチス・ドイツの強大な軍事力とも向き合わねばならなかった。日本の関東軍と戦闘する場合でもこれだけ大きな損害をソ連軍は被っているのだから、はるかに強大で近代的なナチスの陸軍と全面戦争をするには、あまりにも不安であった。

したがって、ソ連政府としてもドイツとの戦争を回避するための方策を、模索するようになる。

独ソ不可侵条約

一九三九年八月二三日。第二次世界大戦勃発の一週間ほど前のことである。ドイツのリッベントロップ外相とソ連のモロトフ外相とのあいだで、独ソ不可侵条約が締結された。お互いに相手を最も憎むべき敵国と考えていた両国の接近に、世界が驚いた。このとき、まだソ連軍は極東で関東軍との熾烈な戦闘を行っていた。日本軍にさえ苦戦するソ連としては、二つの戦線を同時に開いて、強大なナチスの軍隊と全面衝突することは避けたかったのだ。

独ソ不可侵条約の締結

スターリンは権力政治の意味を深く理解していた。それについて、ヘンリー・キッシンジャーは『外交』のなかで次のように記している。

「スターリンは確かに怪物であった。しかし国際関係の処理にあたっては、彼はこのうえなく現実的であり、我慢強く、抜け目なく、無慈悲で、二〇世紀のリシュリューであった。西側民主主義諸国はそれに気づくことなく、スターリンとヒトラーの折り合いのつくはずのないイデオロギー上の衝突を期待して、軍事協力を否定する仏ソ間の条約でスターリンをからかい、ソ連邦をミュンヘン会談から除外した」[12]。

前年の九月に、イギリス政府とフランス政府は、ヒトラーに対して宥和《ゆうわ》的《てき》な態度を示して、ミュンヘンでイギリス、フランス、ドイツ、イタリアの四大国での首脳会議を行った。戦争の恐怖から、国際連盟の集団安全保障の論理を損ねてまでドイツに譲歩をして、侵略的な行為を容認した。連盟の常任理事国であったソ連には、そのような動きは何も知らされていない。そもそも、イギリスのネヴィル・チェンバレン首相は、アメリカやソ連への強い不信感から、ヨーロッパの大国のみで平和を回復しようとした。ドイツは西欧諸国との関係を修復したことで、背後を気にすることなく東へ向かってチェコスロバキアやポーランドへ侵略を開始することが可能となった。

これは、英仏両国政府がソ連の安全を犠牲にしてヒトラーと新しい秩序を創ろうとしているのであって、いわば裏切り行為であった。もはやソ連政府としても、国際連盟に自らの安全を委ねることはできなくなった。戦争を避けるためには、ドイツと交渉をすることが必要だ[13]。ミュンヘン会談で英仏両国はソ連を犠牲にナチスに接近したが、今度はソ連が英仏を犠牲にナチスに接近した。ヒトラーの大胆な戦略に、あらゆる国が翻弄されていた。イギリスやフランスの利己主義的な行動が連盟の信頼を損ない、国際社会は結束してナチスの脅威に対抗することができなかった。

ドイツからすれば、これからポーランドへの攻撃を開始するにあたって、イギリスとフランスの参戦を阻止することが重要であった。そのためにソ連との間で不可侵条約を結ぶことで、英仏両国を牽制できると考えていた[14]。それゆえにこの条約締結を受けてヒトラーは、「スターリンとの条約で対ポーランド戦争からイギリスを締めだすチャンスが見えてきた」と語った[15]。それまでイギリスのチェンバレン首相は、宥和政策によってドイツとの平和を最優先して、戦争を忌み嫌うような発言を繰り返してきた。戦争を避けたいというあまりにも強い願望が、むしろヒトラーにとってみればイギリスは参戦しないだろうという都合の良い想定に帰着して、戦争の可能性を高めてしまったのだ。

他方、イギリスを牽制するというヒトラーの目的のためには、ヨーロッパから離れた日本は役に立たない存在だった。ヒトラーが、自らの戦略を実行する上での有用性をもとに同盟戦略を考えていたのに対して、日本はドイツの信頼や友情を期待していたため、突然の独ソ接近に大きな衝撃を受けた。

ミュンヘン会談（左から、英チェンバレン、仏ダラディエ、独ヒトラー、伊ムッソリーニ）

清沢洌の洞察

日本政府の指導部には、この時期のヨーロッパの国際政治は驚きの連続であった。日本政府は、リッベントロップ外相がヒトラーの別荘から大島浩駐独大使に電話をかけて独ソ不可侵条約締結の意向を伝える八月二一日の夜遅くまで、まったくこの条約については知らされていなかった[16]。ヒトラーは、日本よりもソ連の方が自らの目的を達成する上で利用価値が高いと考えたに過ぎなかった。長年の信頼関係を築いてきたと考えていた大島は、リッベントロップに裏切られて狼狽していた。深夜にドイツ外務省を訪れた際には、大島大使の顔は色を失い石のようにこわばっていたと、外務次官のワイツゼッカーは記憶していた[17]。

関東軍がノモンハンでソ連軍の猛攻撃に甚大な打撃を受けるなかで、友邦のナチス・ドイツは共通の敵であったはずのソ連にすり寄っていた。日本の孤立は深まり、外交的な漂流はよりいっそう深刻となった。すでに日本は長期的な外交方針を見失っていた。日本は、英米両国をイデオロギー的な敵として退け、ソ連とは激しい国境紛争を戦っており、日中戦争は出口が見えずに国力を疲弊させ、ドイツからは外交的な背信を受けていた。もはやどこに進むべきか、光が見えなかった。日本は絶望的なまでに国際的に孤立していた。

よく知られているとおり、このときの首相の平沼騏《き》一郎《いちろう》は、「欧州の天地は複雑怪奇なる新情勢を生じた」との言葉を残して、八月二八日に内閣総辞職を決定した[18]。平沼は国粋主義的な保守派として名が知られ、共産主義思想を嫌悪していた反共主義者であった。当時の日本政府は、イデオロギー的な反共主義を旗印にナチス・ドイツに接近していたのだから、共産主義のソ連とナチズムのドイツとの提携は、不可解の極みであったであろう。後継の首相は陸軍大将の阿部信行であった。官僚主義的なエリートであった阿部には、混乱する国際情勢の行方を見通す力はなかった。

とはいえ、このようなドイツとソ連の接近は必ずしも予期できぬものではなく、すでに半年以上前からいくつかの兆候は見られていた。洞察力溢れる外交評論家にとっては、そのような情勢の推移は十分に理解可能なものであった。自由主義的な外交評論家の清沢洌《きよさわきよし》は、一九三九年七月号の雑誌「改造」において、「赤色外交を批判す」と題する論文のなかでドイツとソ連が接近する可能性を指摘していた[19]。清沢によれば、一九三九年四月二〇日ベルリンのホテル・アドロンで行われた、ヒトラー五〇歳の誕生祝賀会の席上でのソ連との和解を示唆するリッベントロップ外相の発言や、同年の七月に発売された「中央公論」に掲載されたクリヴィツキーの論文邦訳「独ソ接近説の真相」に留意すれば、ある程度予測できたことであった[20]。

清沢洌

第二次大戦の幕開け

一九三九年九月一日、第二次世界大戦が勃発する。九月一日の午前四時四五分に、第二次世界大戦の最初の砲声が聞こえた。海岸沿いのポーランドのダンツィヒの町に対して、洋上からナチス・ドイツの戦艦シュレスヴィッヒホルシュタインの一一インチ砲が、砲撃を開始した[21]。同時に、急降下爆撃機が市街地への爆撃を開始した。

一時間後の午前五時四〇分。ベルリン放送ではヒトラーが国防軍に向けて、次のような声明を放送していた。「すべての兵士が不朽のドイツ軍人魂の偉大な伝統を確信し、全力をつくして各自の義務を遂行してくれることを、私は期待する」[22]。

アドルフ・ヒトラーは、ポーランドへの電撃的な軍事作戦を開始して、東ヨーロッパ全域を自らの「生存圏（レーベンスラオム）」として支配するつもりであった。第一次世界大戦が終結して、恒久平和の世界を創ろうと希望を抱いてからまだ二〇年、パリ不戦条約が締結されてから一〇年ほどしか経っていなかった。人類は、権力政治と大量殺戮の世界へと舞い戻ってきた。しかも、よりいっそうの民族的な憎悪、そしてより破滅的な大量殺戮の方法を人類は身につけていた。

九月二日午前一一時、イギリスはドイツ政府に対して、最後通牒を送った。満足できる回答がなければ、それは英独の間で交戦状態に入ることを意味した。しかしドイツ軍はポーランドへの攻撃を中止せずに、また自国の領土に兵力を引き上げることはなかった。

イギリスの首相ネヴィル・チェンバレンは、一九三九年九月三日の午前一一時一五分から、ラジオを通じて、ドイツ政府から期待した回答が得られなかったことから、「したがってわが国は現在、ドイツとの交戦状態にあります」と告げた。そして、次のように声明を続けた。「今日は我等総てにとつて悲しい日ではあるが、予自身ほど悲痛な感に打たれてゐる者はあるまい。今まで予が望みを懸けた凡てのもの、そして予が公的生涯に於いて信じた有らゆるものは、皆水泡に帰してしまつたのである。……予自身が如何なる役割を演じうるかは知らぬ。しかし予は願はくばヒトラー主義が何時か滅亡し、自由にして平和なる欧洲が再び蘇る日まで生くることを許されんことを、そして予はそれを確信するものである」[23]。

しかし、チェンバレンは「平和なる欧洲が再び蘇る日まで生くること」が許されなかった。翌年五月に首相の職を辞して、その半年後の一九四〇年一一月に癌でこの世を去ることになる。

九月三日の正午から、チェンバレン首相は議会下院においてイギリスの参戦を告げる演説を行った。それまで、チャーチルをはじめとする反宥和派の議員から厳しい批判を浴びていたチェンバレンであるが、この演説に対してはあたたかい拍手が送られた。また、ヒトラーのドイツと戦争に突入する政府の決断に対しては、一人の反対も見られなかった[24]。国家が危機の際には、議会も国民も結束して戦う必要を、誰もが感じていた。戦時内閣が組閣され、チェンバレン首相の外交路線をそれまで批判してきたチャーチルやイーデンも、それぞれ海相と自治領相として入閣した。

一一月二七日、ソ連政府はそれまでのソ連・フィンランド間の不可侵条約を廃棄して、その三日後の一一月三〇日にフィンランドへの攻撃を開始した。八月の独ソ不可侵条約の秘密協定に従って、侵略を始めたのである。ソ連は、国際連盟加盟国であり主権国家であるフィンランドを、自らの支配下に置こうとした。一二月一四日、国際連盟はこのソ連の行動を侵略行為と認定して、ソ連を連盟から除名処分とした。ソ連は、国際連盟から除名された唯一の国家となった。かつては連盟の常任理事国としてヒトラーの台頭に脅威を感じていたソ連も、いまやヒトラーの同盟国として侵略者へと堕落した。

チャーチルの登場

一九四〇年五月一〇日の朝。歴史が回転する。ドイツ軍は満を持して、オランダとベルギーの両国への侵略を開始した。オランダとベルギーはいずれも中立国であって、ドイツを挑発することを懸念して外国軍の駐留を認めなかった。ドイツが自国へと侵略することはないだろうと楽観視していた。ところが、そのような中立という国際法上の地位は、両国の安全を確保する上で役に立たなかった。国境線上に十分な兵力を備えていなかった両国の国土は、怒濤のようなドイツ軍の攻撃の餌食となり、簡単に占領下に置かれた。チェンバレン首相はナチスの巨大な軍事力を前に恐怖におののき、ヒトラーとの間で休戦協定を結ぶことができないか模索していた。戦争を嫌い、戦争指導の経験のないチェンバレン首相の下では、国民を鼓舞することは不可能であった。労働党は、チェンバレン首相の下では戦争協力をする意思はないと述べ、チャーチルが首相に就くことを求めた。[25]

この日の午前一一時、チェンバレン首相と、ハリファックス外相と、チャーチル海相の三人がテーブルを囲んで、今後の戦争指導について話し合った。チェンバレン首相は、自らは挙国一致内閣をつくるだけの力がないことを告白した。辞表を出すつもりであった。問題は、誰がこの危機の中で首相の座を継ぐかであった。チャーチルは、その後にバッキンガム宮殿に呼ばれ、国王ジョージ六世のもとへと案内された。国王は、「貴下に組閣をお願いしたいのです」と伝えた。[26] チャーチルが危機のイギリスを率いることとなった。

チャーチルはこのときのことを、回顧録で次のように記録している。「私はあたかも運命とともに歩いているように感じた。そしてすべての私の過去の生活は、ただこの時、この試練のための準備にすぎなかったように感じた」。チャーチルは戦争に勝利する自信があった。「私は戦争に関しては何もかも承知していると思っていたし、また万一にも失敗することはないという自信があった[27]」。

その三日後、一九四〇年五月一三日に、新しく首相となったチャーチルは臨時招集した下院で、新内閣への信任投票を求めた。議会での信任の後に、施政方針演説として次のように語った。「私は血と労役と涙と汗のほかに提供するものは、何ももち合わせません[28]」。戦争の恐怖に怯え、死に直面する恐怖から逃げようとしていたチェンバレンとは対照的に、チャーチルは自らの命を捧げる覚悟であった。その言葉は、ドイツの怒濤のような攻撃を食い止める必要を感じる多くのイギリス国民に、勇気を与えた。そして、続けて、次のように議場で語った。

ウィンストン・チャーチル

われわれの政策はなにか、と諸君は問うでしょう。それに対して私はこう答える――われわれのあらん限りの力と、神がわれわれにあたえるあらん限りの力とをふるって、海と陸と空で戦うこと、暗い、嘆かわしい人類の犯罪の記録における、比類のない恐るべき圧制に対して、戦うことであります。これがわれわれの政策であります。われわれの目的は何か、と諸君は問うでしょう。その答えは、勝利の一語につきます——いかなる犠牲を払っても勝つこと、あらゆる恐怖にもかかわらず勝つこと、また、いかに長い、困難な道のりであっても、勝つことであります。なぜなら、勝利なくしては、生きのびる道はないのであります[29]。

チャーチルは、イギリスを勝利に導くための明確な意志と戦略を有していた。しかしながら、それが成功するためには、いくつかの条件がそろわなければならなかった。

近衛文麿の弱さ

同じ頃、ヨーロッパ情勢の急展開を受けて、日本政治は迷走を続けていた。日本の対外政策は世界大戦勃発後も、依然として機会主義的で、短期的な狭い視野で世界を眺め、自らの権益を拡張することばかりに拘泥していた。

一九四〇年五月以降のナチス・ドイツ軍の華麗なる勝利に踊らされ、イデオロギー的にもナチズムに魅了されて、親独路線を邁進しようとしていた。それは独ソ不可侵条約締結で受けた外交的背信などすっかり忘れてしまったかのような振る舞いであった。しかも、すでに日中戦争での勝利の見通しが立たずに泥沼にはまっていたにも拘わらず、これ以上戦線を拡大すれば日本の国力は枯渇するはずであった。だがむしろ、長期戦への想定からも、蘭印（インドネシア）の石油を確保するための南進が必要だと主張されるようになっていた。第一次世界大戦による総力戦という新しい時代の到来を受けて、軍部は長期戦へ備える必要を考えていた。そのためには十分な戦争資源が不可欠であった。

一九四〇年六月にパリが陥落し、ペタン政府とナチス・ドイツとの間での休戦協定が結ばれた。ヨーロッパ情勢が大きく動く中で、七月二二日には近衛文麿が首相として再登板し、組閣した。近衛は、それまで英米批判とアジア主義的なイデオロギーを掲げていたことでよく知られており、英米中心の国際秩序を打破する必要を説いていたことから軍部での評判が良かった。また近衛は位の高い名門貴族の出自であり、背が高く若き公爵として国民的な人気を博していた。他方で、その意志の弱さや、周囲への迎合が一部の者には懸念されていた。はたしてこの人物が、日本を危機から救うことができるだろうか。近衛内閣での外務大臣は松岡洋右《ようすけ》で、松岡はヒトラーのドイツに接近することで、アメリカからの圧力を牽制できると考えていた。

荻外荘で行われた荻窪会談（左から、近衛文麿、松岡洋右、吉田善吾、東條英機）

首相に就く予定となっていた近衛は、七月一九日に荻窪の荻《てき》外荘《がいそう》に外相候補の松岡洋右と、陸相候補の東條英機、現海相の吉田善吾を招いて、世界情勢の推移を受けた今後の基本方針を検討した。パリの陥落は、東南アジアにおける仏印での「力の真空」を生み出しており、日本に南進の好機をもたらしていた。そこでは、これら四人の間で、「世界情勢の急変に対応し且《かつ》速に東亜新秩序を建設するため日独伊枢軸の強化を図り東西互いに策応して諸般の重要政策を遂行す」という合意がつくられた(30)。それはあくまでも、ドイツ軍の怒濤のような勝利に踊らされて、東アジアで排他的なアウタルキー(自給自足経済)を構築したいという機会主義的な発想であった。

七月二七日、「世界情勢の推移に伴ふ時局処理要綱」が大本営政府連絡会議の決定となった。ここで陸軍と海軍は、イギリスの敗北が間近に迫っていることを前提に、イギリス帝国領に侵攻する南進の計画を立てていた。この起案の過程で天皇に上奏した沢田茂参謀次長に対して、天皇が「何故に英国を圧迫する必要ありや」と質問した。それに対して沢田は、「今後一カ月又は一カ月半以内には英国は世界的地位に大変動を来す」ことが予想され、その「大変動」に備えて軍を動かす必要があると答えた(31)。

軍事史家の黒野耐《くろのたえる》は、この「時局処理要綱」が、「日中戦争に行き詰まった果てにはるか欧州のドイツをあてにするという、他力本願的な悪あがきにすぎなかった」と述べる(32)。また、外交史家の波多野澄雄によれば、「幕僚たちが重視した武力南進のプログラムは、『好機便乗的』と形容されるように、独善的な判断と展望に根拠をおいていた」という(33)。海軍はこのときに、「対米開戦は之を避け得ざるをもって、之が準備に遺憾なきを期す」と述べていた。海軍が対米開戦を求めるのは、この段階では実際に戦争を行うことを欲していたからではなく、それに備えるという名目によって、陸軍よりも多くの予算や物資が配分されることを求めていたことが大きかった。それに関して波多野は、次のように述べる。「当時、海軍はヴィンソン計画など相次ぐアメリカの海軍拡張計画に大きな脅威を感じ、軍備の基礎である物動計画を海軍優先に転換させるべく、陸軍と争っていたが、その名分を得るために対米脅威をことさら強調していたという、組織利益の増大をねらう国内的な配慮が見え隠れするのである」[34]。陸軍に対抗して、より多くの国内的な配分を求めることこそが、海軍がアメリカに対する戦争計画を立てる大きな理由だったとすれば、何という視野の狭さであろう。

ここで明確に英米に挑戦して、ヒトラーのドイツやムッソリーニのイタリアと提携する方針が語られた。それは、冷静な情勢分析や、長期的な外交戦略に基づいたものではなく、あくまでもイギリスが苦境にあるという「好機便乗的」な判断であった。

「仲よし三国」と記された葉書

一九四〇年九月二七日には、日独伊三国同盟が締結された。親独的な陸軍の軍人たちは、ナチス・ドイツの圧倒的な攻撃力に魅了された。そしてまもなくイギリスが降伏するであろうことから、ドイツの側に立つことの利点を感じた。世界が二つのブロックへと分断されるなかで、日本政府はその片側に与《くみ》することになった。過激な人種主義的なイデオロギーと、国際社会への躊躇なき敵意をむき出しにするヒトラー率いるドイツの、同盟国となったのである。すでに国際連盟を脱退していたドイツと日本はともに、自らの軍事力を頼りとして、国際秩序を破壊して自らが盟主となる排他的な地域的覇権を確立しようとした。

近衛内閣で、きわめて短期間でこの三国同盟締結を決定してしまったことについて、当時、外務省の外交顧問であった斎藤良衛博士が、次のような疑問を示している。「驚くことには、外務省にも陸軍省にも、こんな重要な問題に対する資料がはなはだ不完全であり、概括的で大ざっぱな政治論が書きつづられているほかは、何の参考になるものも集められていない」[35]。一年前に、それまで防共協定を組んでともに敵対していたソ連に接近して、日本を裏切ったドイツと、なぜこのように同盟を組んでしまったのか、その理由は不明であった。

近衛自らが、この決断をあとで後悔している。一九四六年に刊行した『平和への努力』のなかで、日本に向けてソ連を対象とする軍事同盟の話を進めながら独ソ不可侵条約を締結したことをドイツの第一の裏切りとし、ソ連を味方にする約束を前提として日独伊三国同盟を結んだにも拘わらず日本の勧告を無視してソ連と開戦したのを第二の裏切りとしている[36]。

ナチス・ドイツと同盟を組むということは、イデオロギー的にも、軍事的にも、イギリス帝国や、アメリカと敵対関係に入る可能性を意味していた。ところが、ヒトラーとの提携と三国同盟の結成を世論は歓迎し、「東京朝日新聞」は、「国際史上画期的の出来事として誠に欣快《きんかい》に堪えざるところである」と手放しで賞賛した[37]。このような政府の方針は、自らの正義を確信して、中国を侮蔑して、英米を敵視する熱烈な世論の欲求の上に立っていたのである。このようにして、ナチス・ドイツとファシズムのイタリアの同盟国としての日本が誕生した。このとき東京に駐在していた親日的なジョセフ・グルー米大使は、「日本は略奪国のチームに加盟し、世界征服を目ざすヒトラーによって作り出された世界危機の一翼を担うことになった」と嘆いていた。[38]

「根のない花」としての外交政策

日本が三国同盟を締結した重大さを、日本国民の多くは十分に理解していなかった。外交史家の五百旗頭真《いおきべまこと》は、この三国同盟の世界史的な意味を、次のように論じている。

「三国同盟は、第二次大戦の世界地図を明確にした。それまで、ヨーロッパの戦争とアジアの戦乱は、それぞれ独自の理由と経緯をもって進んできたが、いまや国際政治的に一つの地球的戦争としてくくられることになった。ナチス・ドイツ、ファシズムのイタリア、軍国日本は、反共と反英米を立場とする現状打破勢力として一体であり、共同の戦列を布《し》くものと定義されることになった。アメリカからみれば、枢軸三国は地球的拡がりをもつ、民主主義へのまごうことなき敵として旗揚げしたことを意味した[39]」。

一九四〇年当時、ドイツと提携する危険に警鐘を鳴らす数少ない外交評論家がいた。先に触れた清沢洌である。清沢はこの年、慶應義塾大学で行っていた講義をまとめた著書、『第二次欧洲大戦の研究』のなかで、このヨーロッパの戦争では最終的にドイツが敗北して、イギリスが勝利するという見通しを、次のように説明していた。「ドイツは戦闘（バットル）には勝つ見込みはあるが、戦争（ワー）に勝つ見込みが少ないことを認めざるをえない[40]」。

当時の日本人の多くが、ナチス・ドイツの圧倒的な勝利に酔いしれて熱狂し、イギリスの敗北を期待していたなかで、清沢のような冷静な論評を示す能力と勇気を持つ者は稀であった。

その清沢の鋭利な情勢分析は、外交史の知識に裏付けられたものであった。翌年に刊行された清沢の著書、『外交史』の巻頭で、清沢は次のように記している。「外交史に関する知識が、今日ほど必要とされてゐる時はない。この知識を基礎とせずして造りあげられたる外交政策と、外交輿論《よろん》は、根のない花である[41]」。「根のない花」が枯れるのは早い。そして、「根のない花」として、日本の外交政策が造られていった。それは枯れる運命にあった。

軍部の中でも、冷静に情勢分析する者もいた。当時、駐英武官であった辰巳栄一や、ストックホルムの駐スウェーデン武官小野寺信《まこと》は、「独軍の英本土攻略は不可能と断言できぬまでも、その実現は極めて困難と判断する」と報告していた。また、海軍軍令部の中でも、バトル・オブ・ブリテンでドイツ空軍が甚大な損害を負ったことを冷静に分析していた。ところが、情報史に詳しい小谷賢の研究に基づけば、「これらの情報は、英米に偏りすぎた情報、もしくは『雑音』として処理され、大島浩駐独大使をはじめとするベルリンからの親独的な情報ばかりに注目が集まっていたのである[42]」。つまり、「ドイツとの同盟を焦る参謀本部は、都合の良い情報を意識的に選択し、ドイツの力を過大評価していたのである[43]」。そのような偏った情勢分析が、どれだけ日本の国益を損なうかという発想が欠落していた。そしてそのような傾向を、当時陸軍参謀本部作戦課にいた高山信《しのぶ》武元大佐は、後に次のように批判している。

「もちろん、陸軍の主流は、三国同盟に同意であった。しかし、彼らが米英の実体を真剣に検討し、その動向を十分に分析し、判断したかについては疑問を抱かざるを得ない。当時の中央幕僚の多くは親独派であり、ソ連敬遠型であり、そして米英恐るるに足らずという傾向にあった。米英を恐れないのは良いとして、それが米英を識ってなおかつ恐れないのであれば申し分はないが、無知の勇気であるから始末に負えなかった[44]」。

このようにして、軍部の中でも冷静に国際情勢を分析していた者たちがいた。問題は、彼らの分析が組織の中で埋没して、十分に尊重されなかったことである。自らが望む方向へと情勢が推移することを求めて、自らが望まない方向へと動く情勢を直視しようとしないことで、日本の政策が少しずつ歪められていった。それを広い視野から、冷静に、公平に観察する能力を有する指導者が、明らかに当時の日本においては不足していたのである。

一九四〇年一一月、長年「最後の元老」として天皇を支え、助言を与えてきた西園寺公望が九一歳で亡くなった。高齢による衰弱死であり、最後は病床で「外交もどうもこれじゃあ困る」などと、独り言を言っていたという[45]。最後まで、この国の行く末が心配だったのだろう。葬儀は国葬となり、日比谷公園で行われた。寒中、数万人もの参列者があった。

この一九四〇年夏から一年ほどの間、近衛首相の下で日本政府は、戦争におけるイギリスの敗北と、ドイツの勝利を前提として、政府の基本方針を考えるようになっていた。軍の指導者たちは、枢軸国側が戦争に勝利することを疑わず、イギリスの敗北が近いと感じていた。それを前提にして、東南アジアの巨大なイギリスの植民地や、フランスが支配している仏印（現在のベトナム）、そしてナチス・ドイツの占領下にあるオランダの植民地の蘭印が「力の真空」となることを期待し、それを日本の支配下に置く構想に魅了された。そして、そのような好機を逃がすまいと考え、迅速に兵力を仏印に進める作戦を考案していた。東南アジア一帯を、日本が支配するまたとない好機と考えたのである。

石油資源に乏しい日本にとっては、蘭印、すなわちインドネシアを支配することでそれを手に入れることが可能となり、「自存自衛」を確立できるであろう。しかしながら、まさにそのようなときに、ヨーロッパで戦われていた戦争に大きな転換点が訪れようとしていた。それはどういうことであろうか。

第二次世界大戦の転換点

一九四一年六月、ヨーロッパ情勢に巨大な地殻変動が起こる。

六月四日、ベルリンの大島浩大使は、リッベントロップおよびヒトラーとの会談を行った。大島は、そこでの会談内容を詳しく本国に報告し、「独『ソ』の関係は益々悪化し独『ソ』戦争は恐らく不可避と考へあり」と明言していた。また、大島は「独『ソ』開戦は今や必至なりと見るが至当なるべし」と指摘して、「短時日の中に之を決行するものと判断」と報告していた。すでに英米両国は、このベルリンの日本大使館から本国外務省宛の電報を暗号解読しており、これを通じてドイツ側の意向を正確に読み取っていた[46]。

イギリスのインテリジェンスは、ロンドン北部のブレッチリー・パークの暗号解読組織GC&CSにおいてこの大島発電報を傍受し解読していた。そこでは次のような結論が書かれていた。

「最新の情報に拠れば、ドイツはソ連攻撃の意図を固めたようである。攻撃は確実であるが、詳しい日程までは未確認である。それは恐らく六月後半になるであろう[47]」。

さらにこの情報を受けてチャーチル首相は、次のようにアメリカのフランクリン・ローズヴェルト大統領に極秘の書簡を送った。

「いくつかの信頼すべき情報筋に拠れば、ドイツの対ソ攻撃が迫っている。（中略）もし新たな戦線が開かれれば、もちろんわれわれは対独戦争のためにロシアを援護するべきであろう[48]」。

これによって、イギリス、ソ連、アメリカという三つの巨大な世界大国が、連携をしてナチス・ドイツを追い詰めることができるだろう。かすかではあるが、イギリスの勝利のシナリオが見えてきた瞬間であった。

前年九月に三国同盟を締結して以来、日本政府の基本方針はそこにソ連を引き入れて四国連合をつくることであった。そのために、この年の四月に日ソ中立条約を締結して、目標に近づき始めていた[49]。この四カ国が結束することで、アメリカを牽制して、イギリスを圧迫することができると考えていたのである。したがって大島大使の報告が正しいとすれば、それは日本が進めていた計画に好ましくない影響を及ぼすことになる。もう一度、戦略を再検討しなければならないだろう。

そのような四国連合構想を自らの外交戦略としてもてあそび、奔走する松岡洋右外相に対して、イギリスのチャーチル首相はわざわざ次のような書簡を送っていた。日本軍がイギリス帝国の英領マラヤかシンガポールに軍事侵攻するというインテリジェンス情報が入ってきており、それを牽制することが大きな目的であった[50]。

「ドイツがイギリスの制空権を奪えない状態で、年内にドイツのイギリス本土侵攻が果たして可能でしょうか。さらにもしアメリカがイギリスの側に立って参戦する場合、日本はこの二大海軍国と戦うことになるのです。(中略)英空軍は一九四一年の終わりには独空軍を優越し、さらにその後、独空軍をはるかに凌ぐであろうという事実が果たして検討されているのでしょうか。また年間九〇〇〇万トンもの鉄を生産している英米両国に対して、年間七〇〇万トンの日本が一体どうやって戦うのでしょう[51]」。

冷静な情勢分析をすれば、答えは明らかであった。日本は、英米両国に対して戦端を開くべきではないし、戦争をしたところで時間とともに生産力や軍事力の差が拡大する見通しから、勝利の可能性はほとんどなかったのである。それ以前に、これまで松岡が追い求めていた三国同盟にソ連を加えた四国連合という構想は、いま目の前で崩れようとしていた。

一九四一年六月二二日にドイツ軍は、二年ほど前に締結した独ソ不可侵条約を一方的に破棄して、ソ連に向けた侵攻を開始した。東部戦線で独ソ戦が始まったことで、戦争は新しい段階へと突入した。

このことは、チャーチル首相を大いに喜ばせた。英米両国はこれによって、ソ連への支援が可能となり、またドイツ軍が東進すればイギリス上陸の可能性がよりいっそう遠ざかるだろう。ドイツ軍の勢力が、二正面作戦で分断されることで、イギリスが敗北する可能性は消えていく。二二日夜に、それゆえチャーチルは次のようなラジオ演説を行った。「過去二十五年間、私よりも一貫して反共主義者であった人はありません。私はその点に関して述べた言葉を、一言と

独ソ戦（バルバロッサ作戦）

いえども取り消すつもりはありません。しかしすべてこれも、現在展開しつつある光景の前に消えて行きます」。チャーチルは自らの反共主義的なイデオロギーを吐露しながらも、戦争に勝利するためには英ソ間での提携が不可欠だと考えていた。

「われわれには、ただ一つの目的、たった一つの不変の目的があるだけであります。われわれはヒトラーとナチ政体の痕跡の一切をも破滅させることを決意しました。この目的から何ものもわれわれを外《そ》らすことはないでありましょう――何ものも。（中略）われわれは彼と地上で戦うでありましょう、われわれは彼と海上で戦うでありましょう、われわれは彼と空中で戦うでありましょう。そしてやがて神の助けにより、この地球上から彼の影を抹殺し、彼の圧制から地球上の諸民族を解放するまで、われわれは戦うでありましょう。ナチ世界に対して戦うものは、いかなる人物、いかなる国家を問わず、われわれの援助を受けるでありましょう。ヒトラーとともに歩むものは、いかなる人物、いかなる国家であるを問わず、われわれの敵であります[52]」。

世界は二つのブロックに分断された。それは「ナチ世界に対して戦うもの」と、「ヒトラーとともに歩むもの」であった。日本が後者の道を選ぶとすれば、それはあまりにも破滅的であった。

ヒトラーの勝利の見通しが消えつつあり、イギリスは巨大な友邦とともに勝利の道を歩み始めようとするまさにそのときに、日本は同盟国のドイツとともに戦争に突入する計画を立て始めていた。最大の問題は、冷静な国際情勢分析がなされていなかったことである。これらの情勢の推移を十分に理解することなく、都合が悪い情報を排除して、前年以降、ドイツのイギリス征服の時期が近いという見通しの虜になっていたのである。

この独ソ戦の幕開けは、アドルフ・ヒトラーにとっては、重要な一つの事実を覆い隠す意図が含まれていた。すなわち、ヒトラーが構想していたイギリス上陸作戦が挫折して、それを断念したことである。ヒトラーが考えていた以上に、イギリスの抵抗は頑強であった。前年五月に新たに首相となったウィンストン・チャーチルは、その前任者であるネヴィル・チェンバレンとは異なり、安易な妥協を排して、あらゆる犠牲を払ってでも勝利を目指すと国民に語っていた。チャーチルが指導するイギリスを屈服させることが困難であることを悟ったヒトラーは、ドイツ国民の視点をイギリスからソ連へと移そうとした。

ドイツ国内で権力の求心力を維持するためにも、ヒトラーは戦勝を重ねる必要があった。ヒトラーは東部戦線を開けば、容易にソ連を屈服させられると考えた。ソ連軍に対して勝利を収めて、その巨大な領土を支配下に入れることにより、もう一度戦争に勢いを取り戻すことができるだろう。そして、ソ連を打倒することによって、偉大な総統として国民の尊敬を集め、威信をさらに強化することができるだろう。さらには、膨大な資源を手に入れることで、長期戦に備えることができるだろう。

しかしながら、これによってヒトラーの軍隊は、西側でイギリスの攻撃に備えると同時に、東側でソ連の地上兵力と戦い続けねばならなくなる。東部戦線を開いたことによって、勢力を東西に分断せねばならない。ドイツの歴史において、二正面作戦は兵力を分断させ、ドイツを敗北に導いてきた。西側のみを向いてイギリスを打倒することを目指したヒトラーのドイツは、バトル・オブ・ブリテンの失敗により膨大な数の戦闘機を失うことになった。はじめて自らの戦争計画に大きな狂いが生じ、その侵攻と占領地域拡大のペースが失速した。戦勝を重ねるヒトラーの神話に陰りが生じた瞬間であった。戦争が長引けば長引くほど、イギリスのロイヤル・ネイヴィーによる海上封鎖が効果を発揮して、ドイツは食糧や資源、そして石油が欠乏することになるだろう。かつてイギリスと戦って敗北したナポレオンや、ヴィルヘルム二世と同じ道を辿ってしまうかもしれない。明らかにヒトラーは焦っていた。

「対英米戦を辞せず」

日本政府のなかで、このような情勢の変化について長期的な視野から的確に分析する様子はほとんど見られなかった。むしろ、ドイツの勝利が目前に迫っていると信じて疑わず、一刻も早く日本がそれに便乗する必要が説かれていた。いわば日本は、誤った情勢分析をもとに、誤った想定をして、誤った戦略を打ち立てようとしていたのだ。これについて、軍事史家の戸部良一は、次のように述べている。

「そもそも陸軍が南部仏印に空軍基地や海軍基地を獲得しようとしたのは、一九四一年春ないし夏に国際情勢上大転換が起きると予想し、それに備えるためであった。この国際情勢上の大転換とは主としてドイツによるイギリス本土上陸作戦を意味していたが、そうした事態が生じたならば、日本は好機を捕捉して対英ないし対英蘭戦争に踏み切るべきであり、その場合の前進基地として南部仏印の海空軍基地が必要だと考えられたのである」[53]。

このように機会便乗主義的な発想から、誤った情勢分析に基づいて、軍事行動を決断しようとしていた。すでに、満州事変やノモンハン戦争の際に、関東軍は中央政府の了承や天皇の許可を得ずして、軍事行動の作戦を立てていた。適切な政治判断や国家としての戦略を検討するよりも先に、軍事作戦上の理由から行動に焦る姿が見られた。

独ソ開戦という事態が生じて、それ以前の想定が大きく動揺していたにも拘わらず、ドイツ軍によるイギリス上陸作戦の成功という想定の下で、陸海軍は軍事行動の準備を始めようとしていた。一九四一年六月二四日、「情勢の推移に伴ふ帝国国策要綱」が陸海軍案として採択された。そこでは、日本が今後取り組むべき方針として、次のような点が論じられていた[54]。

〈方針〉

一　帝国は世界情勢の変転の如何に拘らず、大東亜共栄圏を建設し以て世界平和の確立に寄与せんとする方針を堅持す

二　帝国は依然支那事変処理に邁進し、且自存自衛の基礎を確立する為、南方進出の歩を進め、尚情勢の推移に応じ北方問題を解決す

三　帝国は右目的達成の為如何なる障碍《しょうがい》をも之を排除す

この「要領」として、「帝国は本号目的達成の為、対英米戦を辞せず」と書かれている。これは、きわめて重要な文言でありながらも、本当にイギリスやアメリカと戦争するつもりがあったのか不明である。さらには、ここでは「支那事変処理」と「自存自衛」こそが、「南方進出」の目的であるとされている。すなわち、日本が長期戦となった日中戦争を戦うためには、南方の石油資源を確保することが不可欠であったのだ。それによって、アメリカからの圧力を気にせずして、作戦を遂行できる。そして、日本の「南方進出」をもしも英米両国が妨げるとすれば、「対英米戦を辞せず」として、イギリスやアメリカとの戦争を行う方針が確認されている。これは重大な転換点であった。

翌二五日。大本営政府連絡会議は、この中の南部仏印へと日本軍を進駐させる方針、すなわち「対南方施策促進に関する件」を決定した。そしてその一週間後の七月二日の御前会議で、この基本方針が政府として確立した。いよいよ、英米との戦争を開始する可能性が現実のものとなりつつあった。(55)

しかし、これは奇妙な軍事的な判断であった。というのも、先に述べた通りこのときにはドイツの軍事作戦計画は行き詰まりをみせつつあったからだ。日本政府は、急転するヨーロッパ情勢がもたらす変化を適切に理解することをせずに、ドイツが早期に勝利して戦争が終わる前に、東南アジア一帯を自らの支配下に収めるという構想に魅了されていた。そもそも急速なヨーロッパ情勢の変転に、十分についていけていなかった。また、日本の軍事行動へのアメリカ政府からの圧力に、敵対的な感情を募らせていた。

ドイツ軍は前年には実質的にイギリス上陸作戦を断念しており、バトル・オブ・ブリテンのさなかにドイツ軍の膨大な数の戦闘機がイギリス空軍の応戦によって失われていた。さらには、独ソ戦を開始して東部戦線を開いたことで、ドイツ軍の巨大な兵力は、東西に分断されて威力が半減してしまう見通しであった。ナチス・ドイツの勝利の見通しが、この時期に揺らいでいた。にもかかわらず、ドイツとのよりいっそう緊密な連携を求め、英米に対する戦争準備を早めようとしていたのである。

このときに、軍部はどこに進んでいいのか、よく分からなかった。したがって、「南進」や「北進」など、多様な意見を総花的に取り入れ、それぞれの主張をある程度受け入れるという曖昧な立場をとっていた。これは、長期的な戦略や強力な指導力の欠如を示していた。事実、七月四日の局長会議で東條英機陸相は、次のように語っていた。

「今後、わが国が如何なる方向に向うかは未定なり(56)」。

南部仏印進駐の決定

一九四一年七月三日、杉山元《はじめ》参謀総長は、「第二五軍司令官は印度支那に対する進駐を準備すべし。進駐の時期、方法は別に命令す」という大陸命を発令した。一九日には、ヴィシー政権のフランスに対して最後通牒を提出し、二八日に上陸開始することを決定した。二五日には英米両国に対して南部仏印進駐を通告することを決定し、同日夜に豊田貞次郎外相がグルー駐日米大使に通告を行った[57]。

アメリカ政府は暗号解読によって、南部仏印進駐の最後通牒を事前に知っていた。南部仏印に兵力を進める日本に対して、アメリカ政府は七月二五日には在米資産を凍結しており、八月一日には石油全面禁輸措置を決定した。これは、日本政府が想定していたよりもはるかに厳しい措置であって、近衛首相は驚いた。もともと杉山参謀総長は、日本が強気の態度に出ればアメリカは引き下がり、これが原因で対米戦争になることはないと、楽観視していた[58]。この楽観的で安易な想定が、崩れてしまったのだ。アメリカが想像以上に強硬な態度で経済制裁を行ったことに、日本政府には動揺が広がった。

アメリカ政府にしてみれば、北部仏印とは異なり南部仏印は東南アジア全体を支配下に収めることが可能となるような戦略的な拠点であり、日本の勢力圏が南方に飛躍的に広がることを意味していた。この地域全体のパワー・バランスが崩れるような日本政府の軍事行動を、アメリカとして受け入れるわけにはいかなかった。それ以前に、ヒトラーの同盟国としてイデオロギー的な敵国となっていた日本が、これ以上、国際秩序を破壊するような行動にでることがないように抑止せねばならない。経済制裁にはそのようなメッセージが含められていた。

杉山元

幣原喜重郎の警告

この南部仏印進駐の決定をした軍部の指導者たちは、このことがいったい外交的にどのような意味を持つのか、そしてアメリカ政府がそれをどのように受け止めているのか、その真意が分からずに悩んでいた。あくまでも、英米批判のイデオロギーや、「力の真空」が生じたことからくる機会便乗的な行動、そして独善的で視野の狭い国際情勢認識に基づいて、その決定をしたに過ぎなかった。国際情勢全般を眺めて対外行動をとるのではなく、あくまでも組織間の利害調整や、組織内の要望などに配慮することが優先される、内向きの決定だったといえる。とりわけ、この政治的決断のもっとも大きな責任を負うべき近衛文麿首相自らが、この決断がもたらすであろう政治的帰結の重大さを、理解していなかった。

近衛首相は、そのような不安もあり、日本の外交界の重鎮で何度となく外相の職を務めた幣原喜重郎の見解を知りたくなった。夏のある日、近衛は千駄ヶ谷にある幣原の自宅まで足を運んだ。近衛は幣原に向かって、「いよいよ仏印の南部に兵を送ることにしました」と淡々と告げた。それに対して幣原が、「船はもう出帆したんですか」と尋ねると、近衛は「ええ、一昨日出帆しました」と答えた(59)。

幣原は事の重大さに気づき、次のように忠告した。「それではまだ向うに着いていませんね。この際船を途中、台湾かどこかに引戻して、そこで待機させるということは、出来ませんか」。この言葉に驚いた近衛は、「すでに御前会議で論議を尽して決定したのですから、今さらその決定を翻すことは、私の力ではできません」という。

それを聞いて、幣原は深刻な面持ちで次のように警告した。「そうですか。それならば私はあなたに断言します。これは大きな戦争になります(60)」。

これには、近衛も驚いた。まさか、戦争になるなどとは考えていなかった。首相としての近衛の国際情勢判断はあまりにも浅く、またその政治的責任感はあまりにも軽かった。しかし、幣原の警告がけっして大げさなものではないことを感じた近衛首相は、対米交渉によって、戦争を阻止せねばならないと考えた。近衛は真剣だった。問題は、近衛自らがそのために何をすればよいのか、分からなかったことであった。

とはいえ、回顧録の『外交五十年』でこのエピソードに触れた幣原もまた、同様の失敗を犯していた。というのも、一九三一年九月の満州事変勃発の際の外務大臣は幣原その人であり、関東軍の暴走を止めることができなかった。また、その際に南次郎陸相による朝鮮軍の満州派兵の要求を食い止めることができず、事態の拡大を加速させてしまった。

幣原喜重郎

この一九三一年に比べて、一〇年後の一九四一年の時点では、文民の政治指導者が軍部の決定を覆すことは、よりいっそう難しくなっていた。満州事変による幣原の挫折、そして南部仏印進駐における近衛の無責任は、戦前の日本が国際協調路線を踏み外していくことを端的に示していた。とりわけ近衛の場合は、若き日々から英米に対するイデオロギー的な批判をくり返し、むしろ日本国内のナショナリズムを鼓舞し、戦争へ向かう空気をつくりだした。楽観的憶測と、機会主義的な思考に基づいて南部仏印進駐を決定した近衛内閣は、開戦へと向かう上での決定的な役割を演じてしまったのだ。

夏も終わる九月六日、日本国内で対米決戦を求める声が高まるなかで、御前会議決定として「帝国国策遂行要領」がまとめられた。それは、対米交渉によって戦争の回避を求める近衛首相や豊田貞次郎外相らの要望と、開戦が不可避であると主張する軍部強硬派の要望の双方に配慮した、玉虫色の結論であった。そこには、「帝国は自存自衛を全うする為対米（英蘭）戦争を辞せざる決意の下に概ね十月下旬を目途とし戦争準備を完整す」ことと、「前号外交交渉に依り十月上旬頃に至るも尚我要求を貫徹し得る目途なき場合に於ては直ちに対米（英蘭）開戦を決意す」ということが、記されていた[61]。

確固たる理由や必要が感じられないにもかかわらず、日本は戦争へ向かって巨大な歯車を動かし始めてしまった。しかしながら、その決定をした者たちは、必ずしも本当に戦争へと進むことになるとは考えていなかった。というのも、「戦争を辞せざる決意」によって対米交渉をすれば、さすがのアメリカも日本の要望を聞き入れて、日本に有利なかたちで妥協が実現するという、根拠のない楽観的な憶測にしがみついていたからである。

近衛は、動き始めた開戦に向かう歯車をなんとしても止めるために、とりあえず対米交渉の可能性に賭けようとし、ローズヴェルト大統領との首脳会談を行うつもりだった。しかしながら、その可能性がしばらくして潰えたことを知ると、失意のうちに一〇月一二日に首相の座を降りることになった。アジア太平洋戦争に向かう重大な決定は、このような近衛文麿首相の外交感覚の欠如、そして政治的責任感の欠如から、意図せずしてなされることになった。

このようにして、戦争へと向かうレールが敷かれた。戦争を避けて交渉を成功させることが優先されるべきところを、交渉がうまくいかない場合には「一〇月上旬」になったら「開戦を決意す」と明記してしまった。ここで「一〇月上旬」と交渉のための期限を区切ってしまったことは、あまりにも重大な意味を持つ。交渉がうまく妥結できなければ、それは自動的に戦争を開始することを意味するからだ。なぜ交渉の期限を区切る必要があったのか。なぜ貿易で石油資源を確保するのではなく、蘭印を支配してそこの石油を搾取する必要があったのか。なぜ戦争を回避するために、南部仏印に侵攻した兵力をいちど撤退させることができなかったのか。なぜ蘭印の石油資源よりも、戦争によって失われるであろう膨大な数の国民の生命を優先することができなかったのか。あまりにも多くの疑問が残る戦争への決定であった。

幻の図上演習

実は、「対英米戦」を日本が行う上での圧倒的な脆弱性を冷静に分析していた報告書が存在していた。一九四一年四月に、陸海軍や各官庁から若手官僚三五名ほどが集まり、総力戦を研究するための総力戦研究所が内閣直属の組織として設置されていた[62]。そして、一九四一年夏に、この総力戦研究所の内部で、対米戦に関する図上演習が行われていた。そこでは、日本は開戦後に二年程度は戦えるが、四年後には国力を使い果たし、最後にはソ連の日ソ中立条約破棄による満州侵入で日本が敗北するというシナリオを提示していた。

　この図上演習を、八月二七日と二八日に首相官邸で、近衛首相以下の政府関係者を前にして公表すると、東條陸相は次のような感想を漏らした。

「諸君の研究の労を多とするが、これはあくまでも机上の演習でありまして、実際の戦争というものは、君たちの考えているようなものではないのであります[63]」。

　さらに小谷賢の研究によれば、陸軍省軍務課の戦争経済研究班の分析の結果も、対米戦の見通しについて、日本の生産力は限界に近く、開戦後二年間は抗戦も可能だが、それ以降は限界に直面するというものであった。ドイツの戦争継続能力も限界に達しており、持久戦の継続が困難だと分析していた。このように、優秀な人材が冷静にシミュレーションをすれば、資源や生産力の限界からも、二年以上戦争が長引けば日本がアメリカに敗北することは分かっていたのである。

　ところが、これらの分析に対してその場に列席していた杉山元参謀総長は、報告の調査は完璧で議論の余地はないが、研究班の結論は国策に反するとして、なんと報告書の焼却を命じたのであった。気の小さい杉山は、軍部が鼻息も荒く戦争準備を進めるこの段階で、勝利の見通しがないという悲観的な結論が含まれた情勢分析を伝える勇気がなかったのであろう。小谷はこれについて、「すでにこの段階では、合理的思考よりも日本特有の場の論理や対外強硬論が蔓延しており、そこからの逸脱は許されなかったのである」という[64]。このときに政府内で、合理的な思考が根付いていれば、その後の悲劇的な戦争を回避することができたであろう。

見たくない現実を見ないようにすることで、この時期の日本は国際情勢を正確に認識する姿勢を失ってしまっていた。それは、健全な政策を立案していく上でも、致命的な欠陥となってしまった。大国となった日本はその巨大な政府の組織において、少しずつ歯車が狂い始めていた。破滅へ向かう軌道の上で、身動きがとれなくなっていた。

大西洋憲章

一九四一年六月の独ソ開戦とともに、それまで単独でナチス・ドイツの巨大な勢力と立ち向かわなければならなかったイギリスはソ連という、「友邦」を見いだすことになる。暗闇の中で、勝利の光を待ちわびていたイギリス国民にとっては、大きな希望となる。

チャーチルは、ドイツという「悪魔」と戦って勝利を得るためには、ソ連というもう一つの「悪魔」と手を組む必要を感じていた。それゆえに、身近な者に向かって、「もしもヒトラーが地獄を攻撃するならば、悪魔とも好意的な関係をつくるつもりだ」と語っていた[65]。それまでに、イギリスのなかでも最も際立った反共主義者で、ロシア革命が起きた後には陸軍大臣としてボルシェビキ勢力を打倒しようとしていたチャーチルが、ソ連に手を伸ばして提携するという柔軟性を示したのだ。

ドイツに対して戦争で勝利を収めるためには、チャーチル首相の考えでは、ソ連の圧倒的な規模の地上兵力と、巨大な国力を誇るアメリカからの戦争協力が不可欠であった。この二つの条件のうちの一つを、チャーチルは独ソ開戦によって手にしたのだ。もう一つの戦勝のための条件、すなわちアメリカの戦争協力を得るために、チャーチルは首相自ら危険な大西洋を渡り、アメリカのローズヴェルト大統領に会いに行くつもりであった。この時の心境を、チャーチルは回顧録で次のように書いている。

「私はルーズベルト氏に会いたいという気持がとても強くなっていた。彼とは二年近くも文通していて、親密の度が深まっていたのだ。さらにわれわれが会談を行なえば、イギリスと合衆国のいっそう緊密な関係を世界に知らせることとなり、敵に懸念を抱かせ、日本に再考を強い、われわれの友邦を元気づけることになるだろうと思われた。それに、大西洋におけるアメリカの介入、ロシアへの援助、われわれ自身の補給物資、そしてとりわけ日本の脅威について決めておくべきこともかなりあった[66]」。

この時期の極東情勢は、混沌と緊迫の度合いを強めていた。チャーチルにとって、東南アジアにおける日本の侵略的行動の可能性は、きわめて大きな不安材料となっていた。七月二一日の閣議でチャーチル首相は、「何も恐れていないが、日本についてだけは例外である」と述べていた[67]。もしも日本軍が東南アジアに広がるイギリス植民地を攻撃した場合には、それに対応できるだけの十分な軍事力を極東に増派することはできなかった。

八月九日、日本が南部仏印へ向かって兵を進めているなかで、チャーチルを乗せたイギリスの最新鋭の戦艦、プリンス・オブ・ウェールズが、カナダのニューファンドランド沖に到着した。そこで、英米首脳会談が行われる予定であった。孤独な戦争を戦っていたイギリスの英雄チャーチルと、世界最大の大国で巨大な軍事力を誇るアメリカの大統領ローズヴェルトが会談して、戦後秩序の中核となる原理についての合意を見いだすことになっていた。これは、第二次世界大戦の行方を大きく左右することになる、歴史的にきわめて重要な会談であった。

チャーチル首相と顔を合わせたローズヴェルト大統領は、握手を交わした後に、「われわれが共同宣言を草して、われわれの方針を同一路線で進められるような一つの一般原則を定めたらよいと考えている」とチャーチルに語った。[68] この結果として両国が合意した文書が、大西洋憲章であった。

大西洋憲章を発表する米ローズヴェルト大統領と英チャーチル首相

この大西洋憲章は、英米両国が戦争目的と戦後構想を示す最初の文書となる。英米両国政府は、ナチス・ドイツを打倒した後に形成すべき戦後秩序の基本原則について、ここで世界に向けて指し示すことを意図していた。チャーチル首相としては、日本軍の行動を抑止するためにも、イギリスの自治領や植民地を日本が攻撃した場合に、アメリカが参戦するような安全保障上の保証を求めていた。[69] しかしながら、ローズヴェルト大統領は国内で中立を求める意見が根強いことに留意して、そのようなチャーチルの要望を受け入れることはできなかった。他方で、戦争が終わった後には英米両国が、ここで合意した基本原則に基づいて戦後秩序を構築することに合意した。これによって、ヒトラーのドイツやムッソリーニのイタリアの圧政のもとで苦しむ多くの人々に対して、希望を提供することが可能となった。

戦後世界の基本原理

この大西洋憲章では、領土不変更や民族自決、自由貿易、航行自由原則など、戦後秩序の根幹となる重要な規範が、八項目の文言の中に含まれていた。少し長いが、ここで全文を記したい。

合衆国大統領とイギリス首相による共同宣言

一九四一年八月一二日

アメリカ合衆国大統領およびイギリス王国における陛下の政府を代表する首相チャーチルは、会合により、世界のよりよき未来の希望を託す個々の国家の国家政策における一定の共通原則を公表することが正しいと考える。

第一、両国は領土あるいは他の一切の拡大を求めない。

第二、両国は当事国家の自由に表明される希望と一致しない、いかなる領土の変更も求めない。

第三、両国はあらゆる国民が、その下で生きる統治形態を選ぶ権利を尊重する。両国は主権と自治が暴力によって剝奪された国民に、それらが回復されることを求める。

第四、両国はあらゆる国家の現存する義務に然るべき尊敬を払いつつ、あらゆる国家が、国の大小にかかわらず、戦争の勝利や敗北にかかわらず、その経済的繁栄に必要な貿易と世界の原料に対して、平等の条件の下で入手の機会を享受することを促進せんと努力する。

第五、両国はすべての国家のために、労働水準の改善、経済的進展、社会保障を確保する目的をもって、経済領域にあらゆる国家間の十全なる協力の実現を期す。

第六、ナチ圧制の最終的壊滅の後、両国は、すべての国家に対して自己の境界内で安全に生活する手段を提供するような平和、そしてあらゆる国土のあらゆる国民が、恐怖と欠乏から解放された自由のなかで生きる保証を提供する平和の確立を求める。

第七、そのような平和によって、すべての人々が公海と外洋を妨害されることなく航海を可能とされるべきである。

第八、両国は世界のあらゆる国家が、精神的理由のみならず現実的理由によって、武力行使を放棄するようにならねばならないと信ずる。自国の領土外に侵略の脅威を与え、もしくは与えるかもしれない国々によって、もし陸海空の兵器が使用されつづけるなら、将来の平和は維持されえないが故に、両国は、より広範で恒久的な全体的安全体制が確立される間、上述の国々の非武装化が必須であると信ずる。両国はまた、平和を愛する諸国民に対して、武装という過重な荷を軽減する他のあらゆる実行可能な手段を援助し、奨励するであろう。

このようにして、戦間期に芽生えたリベラルな国際秩序を形成するための中核的理念は、この大西洋憲章により再び息を吹き返した。この第八項では、「全体的安全体制」すなわち国際機構の設立を求めており、これが契機となり、のちの国際連合の創設につながる。これらの重要な規範は、一九四五年六月に合意される国連憲章の中にも含まれることになる。アメリカとイギリスの両国政府首脳はこのようにして、最終的にヒトラーのドイツが戦争に敗れた後に、米英両国が中心となって形成することになる戦後秩序を、すでに一九四一年八月の時点で世界に向けて提示していた。日本が真珠湾を攻撃して参戦する四カ月前のことであった。英米両国政府が戦後の平和に向けて構想をまとめている同じときに、日本政府はこの両国に対する戦争準備を進めていたのである。

大西洋憲章の起草過程で、英米両国政府間でとりわけ大きな問題となったのが、第三項の民族自決に関する規定であった。そこでは、「両国は、すべての人民が、彼らがそのもとで生活する政体を選択する権利を尊重する。両国は、主権および自治を強奪された者にそれらが回復されることを希望する」と書かれている。[70] これをそのまま適用するならば、イギリスは戦後世界で、インドなどの植民地の独立を容認しなければならない。さらには第四項で、自由貿易について、「あらゆる国家が、大国小国を問わず、また勝者敗者にかかわらず、経済的繁栄に必要とされる世界の通商および原料の均等な開放を享受すべく努力する」と書かれている。これはすなわち、イギリス帝国の帝国特恵関税制度の解体を意味することになるであろう。

この二つを組み合わせると、将来のイギリス帝国の解体を、チャーチルはアメリカ政府に約束したことになる。イギリスの閣議の了承を経ずに、チャーチル首相が独断でこのような重要な合意を受け入れたことに、イギリス本国では外相のアンソニー・イーデンらが強い不満を示していた。(71) それゆえに国内では、これらが必ずしもイギリスの植民地に適用されるわけではないと、チャーチルは弁明せざるを得なかった。だが、チャーチルは、「あらゆる犠牲を払って」でも、戦争に勝利する意思であった。そして、そのためにはアメリカの参戦が不可欠であって、勝利のためにイギリス帝国が大きな対価を払うこともやむを得ないと考えていた。その代わりに、「ナチ圧制の最終的壊滅」を英米両国が目指すと宣言できたことは、大きな成果だとチャーチルは捉えていた。

反共主義者でありながらもソ連と手を結び、帝国主義者でありながら帝国の解体をもたらすことも辞さないところに、チャーチルの政治指導者としての覚悟が感じられる。何かを得るためには、何かを犠牲にしなければならない。そしてそれによって、国内では囂々《ごうごう》たる非難を受けるであろう。それが政治指導者の宿命であった。他方で日本では近衛文麿が、南部仏印進駐へと進む軍隊を引き戻すだけの勇気がなく、望まざるにも拘わらず戦争へと向かう引き金を引いてしまった。政治指導者の質の違いが、国家の運命を大きく左右する。

大西洋憲章により、英米両国が考える戦後秩序の全体像が浮かび上がった。それは、自由貿易や民主主義、領土不変更などを規定した、リベラルな国際秩序であった。ヒトラーのイギリス上陸作戦の失敗と独ソ戦の開始は、この第二次世界大戦が大きな曲がり角に立ったことを意味する。

いまだ世界は暗闇に包まれ、実際の戦争の勝利ははるか彼方にかすかに見える程度であった。だがこの大西洋憲章は、戦後世界の幕開けを知らせる最初の兆候であった。連合国はこの大西洋憲章の下に巨大な勢力を結集させた。一九四二年一月一日に発表された、「ユナイテッド・ネーションズ」としての結束を示す連合国宣言は、二六カ国により合意された文書となる。

民族自決と「アジア解放」

この頃日本の政府内では、アメリカの対日石油全面禁輸措置を受けて、これにどのように対処すべきかを検討していた。そしてチャーチル首相とローズヴェルト大統領によって合意されたこの大西洋憲章の意図を、日本の軍部は読みかねていた。戦争指導班の日誌では、次のように書かれていた。

英米の戦争目的、和平条件を宣言したるものなりや否や
結局は英米の世界制覇、自由主義、現状維持に依る世界制覇に他ならず。
何が自由、何が平和なりや。
裏面に如何なる諒解に到達したるや不明、米参戦の表面的宣言とも見なし得べし。相変らず極東には言及せず、対日交渉の余地を残しあり、真に其意図なりや、謀略的「ゼスチャ

ー」なりやは不明（八月一五日）[72]

相変わらず、日本は世界情勢がどこに向かって進んでいるのか分からなかった。当初は、ドイツによるイギリス上陸作戦の成功と、イギリスの降伏という前提に基づいて、南進の計画を立てていたのだが、その見通しも不透明となっていた。いったい、何を目指すべきなのか。

日本国政府が、もしも本当にアジアの植民地解放を強く求めているのだとすれば、この大西洋憲章に示される民族自決の理念に共鳴して、それを強く支持すればよかったのではないか。大西洋憲章に示される「民族自決」の理念は偽善であったかもしれないが、後で詳しく述べるように、日本が後に掲げる「アジア解放」の論理も同じ程度の意味で偽善であった。国際政治の世界では、純粋な正義が実行されるということはほとんどなく、通常はそれぞれの政治的思惑のなかから、そのような偽善を含む正義が唱えられている。かといって、純粋な権力政治が展開することもほとんどなく、多くの場合はそれを正義の衣で覆っている。

誠実な正義感と、権力政治的な考慮、そして冷静な国益の計算のバランスの中から、おおよその政治的なスローガンは生まれてくる。ところが、そのような政治的なスローガンは多くの場合に、当初の意図を超えて生命を育み、現実を変革していく。実際に、戦後世界において、大西洋憲章や後の国連憲章に記される民族自決の理念を基礎として、次々とヨーロッパの植民地が独立していく。それは必ずしも、イギリス帝国が当初想定していた潮流ではなかった。

日本が戦争準備を進める最大の理由はあくまでも、蘭印にある石油を確保することであった。

それによって、アメリカの経済制裁を気にせずとも軍事行動を起こせるような自由、すなわち「自存自衛」を確保することができるのだ。総力戦体制の時代においては、十分な資源を擁することが戦争の勝利に不可欠であると考えられていた。そのためにも、東南アジア一帯を日本の支配下に組み込み、英米両国の影響力を排除して、日本を指導国とする新しいアジア秩序を形成することが重要であった。

陸海軍や外務省の膨大な史料を用いて、この時期に日本政府によって提唱された「アジア解放」の現実を詳しく検証した波多野澄雄は、「日本は西欧の植民地支配の是非を争点として戦争に突入したのではなく、アジア太平洋地域に設定した権益を擁護するという目標――自存自衛――のために戦端を開いたのであった」と論じている[73]。さらには、東南アジア地域の近現代史に詳しい後藤乾一は、「もし日本が戦争に敗北しなければ東南アジアの独立ははるかに延引された可能性が大きい」とまで述べている[74]。

一九四一年に日本が開戦の準備をする過程で、たとえプロパガンダとして「アジア解放」に言及することがあったとしても、実質的な作戦計画としてはあくまでも石油資源確保とそれによる「自存自衛」体制の確立が戦争目的であったことは、いまや歴史学的に明らかとなっている。そもそも日本政府が、最大の敵国として「アジア解放」のために戦った相手が、二〇世紀においてもっとも強力に脱植民地化のイデオロギーを促進したアメリカであるという事実は、皮肉にほかならない。アメリカよりも大日本帝国の方が、事実としてははるかに広大な植民地を有していた。かつて自らがイギリスの植民地であったアメリカには、たとえ自らがフィリピンという植民地を領有したとしても、反植民地主義というイデオロギーがきわめて色濃く対外政策に刻印されていたのである。

かつて、パリ講和会議に参加する直前に、全権代表となった牧野伸顕は、日本が「表裏の多い不信の国」と見なされることを懸念して、「帝国の国際的信義の回復」を重要な外交目的にするべきだと考えた。それから二〇年が経過して、日本はよりいっそう「表裏の多い不信の国」と見なされるようになっており、そのことが日本の国際的孤立を招いていた。「アジア解放」を説くのであれば、まずは自らが朝鮮半島や台湾の植民地を解放する必要があったし、蘭印の石油資源も日本の軍事目的ではなくインドネシアの人々の生活の向上のために用いる必要があった。

他方でアメリカ政府は、すでに見たように、イギリスに対して戦後の植民地独立につながるような民族自決の理念を大西洋憲章に含めることを強く要求して、それを実現していた。日本がアメリカに対して戦争を開始する前からすでに、アメリカ政府は大西洋憲章のなかに、民族自決という、戦後の植民地解放につながる理念を組み込んでいた。イギリスはそのような現実と向き合わざるを得なくなり、戦後世界でイギリス帝国は瓦解へと向かっていった。アメリカの強力な反植民地主義のイデオロギーを受けて、日本帝国もイギリス帝国も戦後世界では植民地を失う運命にあったのだ。

迷走する軍部

一九四一年九月から一二月までの期間に、日本政府の中枢では、どのようにして戦争への決断がなされたのだろうか。それはどのような理由によるもので、どのような論理によって組み立てられたのか。先ほどは近衛文麿の視点から概観したが、ここでは軍部の視点から改めて詳しく検討してみたい。

この時期における、陸軍と海軍の内部の政策決定の過程を、膨大な陸軍と海軍の史料をもとに詳細に検討した歴史家の森山優《あつし》は、その著書『日本はなぜ開戦に踏み切ったか』のなかで、政府が一丸となって戦争に突き進んだのではなく、むしろ誰もがそれぞれの組織的利益を優先して漂流した結果が、戦争という最悪の結果であったことを明らかにしている。すなわち、陸軍も海軍も内部対立があまりにも激しいために意思統一がなかなかできず、それぞれの組織の顔を立てた「両論併記」と、責任を回避しようとする「非決定」を続けた結果が、開戦であった。満州事変以降の悪影響が、その過程で色濃く見られることを、森山は次のように指摘する。

「陸軍の内部の権力構造にも変化がもたらされた。満州事変は、軍中央の統制を無視した現地の関東軍による独断専行だったが、首謀者の関東軍参謀石原莞爾《かんじ》（陸士21、一九〇九年卒）や板垣征四郎（陸士16、一九〇四年卒）らの行為が陸軍さらに政府に追認されたことは、限りない悪影響をもたらした。陸軍の統制が乱れて行ったのである。命令に反しても成果さえあげれば手柄になる。となれば、若い者が一山当てようとするのも当然だろう[75]」。

自らの出世の足掛かりとなる手柄を得るため、さらには予算確保を目的とした組織防衛のため、中堅の官僚主義的なエリート軍人が強硬論を主張していた。また、人材にも大きな問題があった。陸軍も海軍もそのエリートの多くが日露戦争以後大規模な戦闘を経験しておらず、それゆえに官僚主義や、セクショナリズム、そして陸軍士官学校や海軍兵学校での成績至上主義がはびこっていた。危機を回避するための見識と勇気、そして視野の広い国際情勢認識を有する軍人がいても、このような官僚組織の中で要職を占めることは少なかった。その結果として、森山が記すには、陸軍や海軍の上層部では「後に残ったのは、能力よりも宮様や上司のご機嫌伺いに長けていたが故に出世した如才ない者や、人格円満だが決断力に欠ける者たちだった」という。確かにこれでは、「国家非常時のトップとしては力量不足の感は否めない」だろう[76]。

すでに述べたように、日本政府は近衛首相の下で、慎重な考慮や適切な情勢判断を伴うことなく、機会主義的な動機から南部仏印進駐を決定していた。それに対抗したアメリカ政府は、潤滑油や航空用ガソリンなどの対日禁輸措置をとったために、アメリカからの石油に依存していた日本は「自存自衛」が脅かされたと考えた。幣原が近衛に忠告したように、八月の時点で日本政府が南部仏印に向かう軍艦を呼び戻せば、禁輸措置は解除されたであろう。そうすれば、日本の「自存自衛」の問題は解決したはずだ。

石原莞爾

しかしながら、そうはならなかった。戦争が回避されることはなかったのだ。組織間の調整の上で、一度決定してしまった軍事行動を取り消すことは、このときの日本政府のように強力なリーダーシップが不在である場合には、きわめて困難であった。石油のストックが一年余りで枯渇する前に、この問題を解決しなければならなかった。波多野は、石油全面禁輸という措置が、軍部の中で「時間」の要素の重要性の認識に帰結したことを、次のように指摘している。「全面禁輸が近代戦争の前提である石油問題を改めて呼び起こし、『時間』の要素が戦争の『決意』と重大な関連をもち始めたことは重大な意味があった。『決意』が遅れればそれだけ『油』を消耗し、不利な戦争を強いられる。戦争準備と外交交渉とは、時間的な限界が意識され、『時間』を媒介として相互に関連をもち始めるのであった[77]」。

とはいえこの時点では、必ずしも政府は対米開戦で意思を統一していたわけではなく、八月三〇日に決定した「帝国国策遂行要領」では、「国策」として「戦争を辞せざる決意」で対米交渉を行い、外交交渉によってこの問題を解決する必要が述べられていた[78]。そしてそこでは、石油のストックに限りあることを根拠に、「一〇月上旬」までに対米交渉を成功させると時期を区切ってしまったのである。もしも外交交渉での問題解決ができなければ、そこではもはや戦争による解決が残されるのみである。つまりは、日本は自らの意思によって開戦を決断しておきながら、誰もが望まずしてやむを得ず戦争に追い込まれたと信じてしまっていたのだ。

天皇の疑問

九月三日の大本営政府連絡会議では、一〇月上旬を期限とした「対米交渉」と、一〇月下旬を目途とする「戦争準備」の双方を同時に進めるという決定を行った。それは、陸海軍の間のバランスと、強硬派と慎重派の間のバランス、そして開戦派と戦争反対派の間のバランスをとった、「非決定」と「両論併記」の分かりにくい産物でもあった。このような「両論併記」がなされたのは、森山の研究によれば、強力な指導力で政府としての決断ができなかったからであり、また実際に戦争に突入するとはこの時点では必ずしも想定していなかったからであった。[79]

この態度のはっきりしない、責任回避のような「国策」の決定に疑問をぶつけたのが、天皇であった。よく知られているとおり、天皇は開戦には強く反対であって、このような態度の定まらない決定には批判的であった。八月二八日の段階で、「此の際戦争を賭するは甚しき冒険」と考えて、開戦をどうにか避ける方法を模索していた。[80]天皇は、したがってこの「国策」を記した文書を見て、外交交渉に十分に注力することなく、あたかも戦争を行うことが前提であるかのように戦争準備について書かれていることに、不満を示した。

この文書をまとめる中心にいた杉山元陸軍参謀総長に対して、天皇は「絶対に勝てるか」と厳しい口調で詰問した。すると杉山は、天皇の前で、「必ず勝つとは申し上げかねます」と正直に答えてしまった。[81]だとすれば、南部仏印進駐という軽率な軍事行動によって危機が生じたのに、撤兵するという選択肢を選ぶことができずに、自ら負けるための戦争を準備していたことになる。

天皇ならずとも、このような杉山のあまりにも率直な見解には、驚いたであろう。杉山は陸軍の要職を歴任しながらも、「自らリーダーシップを発揮するタイプではなかった」のであり、

「東条とは対極にある調整型の軍人で、『便所の扉』(どっちから押しても開く)というあだ名をつけられていた」と森山は描写している。[82] 杉山としても、なぜ日本がアメリカと戦争をしなければならないのか、十分に理解していなかったのではないか。機会主義的に南部仏印進駐という選択肢に魅了され軍事行動を起こし、それが日米開戦の危機をもたらしながらも、そこから身動きがとれなくなってしまっていた。

セクショナリズムという病理

それではなぜ、そこから日本は戦争に突き進んでしまったのか。森山は次のように論じる。

「要するに、陸軍にとって、対米戦は海軍がやってくれる戦争だった。東条が対米戦を主張できたのも、他所の仕事という認識だったからである。しかし、海軍は対米戦に自信がないと公式に言うことは出来なかった。対米戦を名目に多くの予算と物資を獲得してきた経緯に加え、九月の御前会議では外交交渉が成立しなければ開戦に踏み切ることをも明言していたからである。戦争が不可能と言えば、海軍の存在意義が失われる[83]」。

そもそも、陸軍も海軍も、本気で対米戦で勝利を得られるとは考えていなかった。あくまでも、戦争の推移が日本に有利な方向へと漂流して、アメリカ国内で厭戦的な空気が蔓延することで、和平が得られるという根拠のない楽観論を抱いていたのだ。それを示すかのように、内閣書記官長の富田健治が作成した御前会議用の資料には、次のように戦争のシナリオが書かれていた。

「米国の屈伏を求むるは、先ず不可能と判断せらるるも、我南方作戦の成果大なるか、英国の屈伏等に起因する米国輿論の大転換に依り、戦争終末の到来必ずしも絶無にあらざるべし」[84]。

このようにして日本の戦争計画はあくまでも、ナチス・ドイツが勝利すること、イギリスが敗北すること、そしてアメリカ国内が戦争の回避を求めることなど、他力本願で、驚くほど楽観的に国際情勢の推移に依存したものであった。もしも国際情勢の推移に依存した計画を立案するならば、冷静かつ客観的に世界の動きを理解して、情勢分析をしなければならない。ところが極度な楽観主義や、親独・反英米的な感情に支配されて、冷静に情勢を分析して主体的に事態を打開する方策はほとんど見られなかった。それゆえに、次々とアメリカ政府が日本へと厳しい対応をすることに、驚くばかりであった。楽観的な想定が崩れていき、軍部の期待通りの方向へと情勢が推移しないことに、フラストレーションはたまる一方であった。

このとき陸軍は中国大陸で長く続く戦争にのめり込んでおり、それゆえに陸軍に重点的に予算が与えられていた。海軍が十分な予算と物資を確保するためには、対米戦争の見通しを主張しなければならなかったのだ。もしも対米戦争の可能性がないと述べ、日米協調を基礎にそれを回避するとすれば、予算も石油資源も限りがあるなかで海軍への配分が減らされるおそれが大きい。だとすれば、海軍としてアメリカと戦争をするつもりはない、あるいはアメリカとの戦争には勝てる見通しはないとは、なかなか言い難かったのだろう。この点について外交史家の五百旗頭もまた、「これほど対米戦備のための予算を食いながら、いざ対米戦となると腰が抜けて起てない海軍、という不名誉を担う覚悟を、及川海相はもてなかった」と評している[85]。

結局、陸軍も海軍も自らが主体となって、南部仏印から撤兵し、戦争を回避して平和を確保する方策を論じる勇気を持ち合わせていなかった。またそれを行うための強力な指導力も欠いていた。陸軍はそれが海軍の戦争だと考え、他方で海軍は予算確保のために開戦準備を論じざるを得なかった。責任を他者になすりつけて、国民の安全を最優先に考えることをしなかった。その結果、森山が述べるように、「組織的利害を国家的利害に優先させ、国家的な立場から利害得失を計算することができない体制が、対米戦という危険な選択肢を浮上させたのである」[86]。

このような国家としての意思統一ができず、国益を考慮して戦略を打ち立てることができなかった様子を、外交史家の北岡伸一は次のように批判する。

「中国との戦争が四年を超えて泥沼化し、ソ連との間には軍事的な緊張を中立条約がかろうじてカバーしているだけという状態で、英米を相手に全面戦争を開始することは、いかなる意味でも非合理的な選択であった。軍国主義が軍事的合理性を重視する政治体制であるとするならば、一九四一年の日本は軍国主義ですらなかったというほかはない。統一的な合理的意思決定能力を持つ主体としての日本帝国は、一九四五年を待たずしてすでに崩壊していたと言ってもあながち過言ではないであろう」[87]。

強力な指導力や、長期的な戦略が欠如して、セクショナリズムや組織的利害からそれぞれが行動していた以上、自らが戦争を決断したという責任感が希薄なのであろう。いわば、望まずしてやむを得ずに戦争に突入したというのが、指導者たちの偽らざる心境であったのかもしれない。そのような無自覚さと無責任さは、日本人に戦争責任を感じさせる上での障壁となっている。

なぜもう少し先を見通すことができなかったのか。なぜもう少し国際情勢を正確に認識できなかったのか。森山が論じるように、「日本は最悪のケースに追い込まれることにおびえ、もっと最悪の事態を自ら引き寄せたことになる」のだ[88]。これこそが、われわれが歴史から学ぶべき重要な教訓の一つではないか。

コーデル・ハルとジョセフ・グルー

この時期に、ワシントンＤＣでは野村吉三郎駐米大使が日米交渉を進めて、アメリカ政府と何らかの合意を模索していた。ところがその背後では着々と戦争準備が進められていたのだ。明確な国家的意思が不在であることから、アメリカ政府も日本が平和を求めているのか、戦争を求めているのか、図りかねていた。

コーデル・ハルと野村吉三郎駐米大使（左）

アメリカの国務長官のコーデル・ハルは、この時期に日本に対する不満と怒りを募らせていた。先に触れた通り七月二日に東京からベルリンへと送られた南部仏印進駐決定を伝える電報も、アメリカ政府による通信傍受と暗号解読（マジック）によってハル国務長官は把握していた[89]。この、南部仏印進駐の決定を知って、ハルはサムナー・ウェルズ国務次官に向けて、次のように語っていた。「日本の南部仏印侵略は、南西太平洋に全面的な攻撃を行う前の最後の布告だと思われる。日米交渉の最中にこういうことをしたのだから、交渉も継続する基礎はなくなったと思う」(90)。

日本政府は、アメリカに圧力をかけて、「対英米戦を辞せず」という強固な決意をもって交渉に臨めば、戦争を嫌うアメリカは日本政府の要望を受け入れるだろうと考えていた。しかしながら、この頃、ハル国務長官や、長年国務省で極東部長を務め、このときには国務長官特別顧問を務めていた親中派のスタンリー・ホーンベックは、日本の軍事行動には断固たる姿勢で対峙する必要があると考えていた。ホーンベックは、日本の軍事力は日中戦争で弱体化しており、資源も限られているから、自暴自棄な戦争をするような非合理的な行動にでることはないと考えていた(91)。東京の駐日大使館に勤めるアメリカ人外交官のドゥーマンによれば、ホーンベックには二つの熱情があり、それは中国への愛と同情、それから日本と日本人に対する病的な嫌悪であったという(92)。

これとは対照的な考えを有していたのが、長年駐日大使を務め、日本に数多くの友人を持つジョセフ・グルーであった。グルーはこの頃、次のように書いて日本による攻撃を警告していた。「日本人の精神構造は西洋の基準では推し量ることができない。日本人は異常なほど感受性が強く名誉を傷つけられれば過剰なそして深刻な反応を起こすだろう」(93)。グルー大使は、日本国民の名誉を傷つけることがいかに危険なことか、警鐘を鳴らしていたのである。さらには、ホーンベックの考える高圧的な政策を批判して、次のように語っていた。「日本の論理や理性は西洋のものさしではかることができず、ある方面が主張しているように、米国の経済的圧迫は日本を戦争にかり立てぬという信念に基いて国策をたてることは危険である」[94]。

　ホーンベックの進める、日本を経済的に圧迫する政策に批判的であった駐日大使館のジョン・エマーソンは、一時帰国をして一一月中旬にワシントンを訪問した。そこでホーンベックと面会して、アメリカの極東政策について意見交換をした。エマーソンは、次のように語った。「日本は東アジアを支配したがっているが、戦争をしないでそれを実現したいと思っていると考えます。しかしもしそれが不可能と思われれば、日本は自暴自棄となって戦争を始めるでしょう」。それに対して、ホーンベックの返答は、「歴史上、自暴自棄で戦争を始めた国があるなら、いってみたまえ」というものであった[95]。ホーンベックは、アメリカの圧倒的な軍事力により日本に圧力をかければ、日本人は恐れおののいて退却すると考えていた。また、横暴で残虐な日本人を甘やかすべきではなく、懲罰を与える必要もあるとみなしていた。

ジョセフ・グルー

　とはいえ、この頃にアメリカ政府内では、暗号解読によって日本との交渉決裂が戦争を意味することをすでに知っており、妥協的な協定案を模索していた[96]。アメリカにとっても、開戦は最悪の事態であった。とはいえ、暫定協定案が成立してしまえば、それはそのまま日本との戦争の延期と、中国を犠牲にすることを意味する。それは、中国政府にとっては受け入れることのできないものであった。よって中国政府はアメリカに対して、けっして日本に対して譲歩をするべきではないと要求していた。情報史が専門の小谷賢は、中国は日米間で妥協案が合意されることを恐れ、その暫定協定案の内容を新聞に漏洩することでアメリカ国内世論の反発を生み出し、より強硬なアメリカ政府の態度をもたらしたと分析している(97)。その結果が、一一月二六日のより強硬なハル・ノートであった。

問題は、日本政府がこのハル・ノートの真意を十分に理解していなかったことである。これについて、当時外相として日米交渉にあたっていた東郷茂徳《しげのり》が回顧録の中で、ハル・ノートに接して「自分は眼も暗むばかり失望に撃たれた」と書き、「長年に渉る日本の犠牲を全然無視し、極東に於ける大国たる地位を棄てよと云うのである」と批判する。そして、「これは日本の自殺と等しい」とまで書いている(98)。東郷は、開戦に至らざるを得なかったのは、むしろアメリカの高圧的な政策の責任であると、言いたかったのであろう。

だが、ハル・ノートの研究で知られる須藤眞志は、これが直接的な引き金となって戦争になったのではなく、すでに日本政府が一一月五日の御前会議で甲案と乙案を併記して、開戦準備を進めることを既定路線としていた重大さを指摘する。つまりは、ハル・ノートが作成される前から、日本政府は南部仏印進駐と蘭印の石油確保というアメリカが受け入れ不可能なほどの高いハードルを設定して、それを受け入れない限り戦争は不可避と考えていたのだ。また、一一月二六日早朝には真珠湾に向かう機動部隊がすでに択捉《エトロフ》島の単冠《ヒトカップ》湾を出航していた。それゆえに日本政府内ではむしろ、このハル・ノートを「天佑」と考えて、これにより開戦を回避しようとする和平派の主張を封じ込めて、開戦がやむを得ないという主張の根拠として利用したというのが実際のところであろう[99]。

確かに、アメリカ政府、とりわけハル国務長官の硬直的で、強圧的な対日政策のアプローチが戦争の可能性を増大させた側面も否定できない。ハル国務長官は日本についての理解が乏しく、極東情勢については親中的で、それまで日本の軍事行動にはきわめて批判的であったホーンベックの助言に頼っていた。また日本政治に精通したグルー大使から繰り返される忠告にも、十分に耳を傾けなかった。

とはいえ、ハルがそのような行動に出る最も大きな理由は、それまでの日本の言行不一致に対する不信感であったと考えられる。日本が誠実に和平交渉を進めるか否かについて、ハルは信用することができなかった。「われわれとしては手段をつくして平和的な解決を見出し、戦争をさけたい、あるいは先にのばしたいと考えた」という、ハルの自己弁護的な言葉は、必ずしも故なき話とはいえない[100]。

ハル国務長官は、野村駐米大使に何度も裏切られてきた。満州事変以来、日本の対外政策は外務省と軍部が十分に連携できておらず、外務省が伝える言葉を裏切って軍部は勝手に軍事作戦を立案して、実行することが繰り返されてきたのである。したがって、外務省を経由して外国政府に伝えられる言葉は、もはや完全に信頼を失ってしまっていた。それまでの半年間、ワシントンで交渉をする野村駐米大使の言葉と、通信傍受により明らかとなる軍事行動への準備との、あまりにも乖離した「二重外交」によって、もはやハルは日本政府の誠意を信じることができなくなっていたのであろう。

対英米戦の幕開け

一九四一年一二月八日未明（日本時間・午前一時半）、日本はイギリス領であったマレー半島東海岸コタバルへの奇襲上陸作戦により、アジア太平洋戦争を開幕させた(101)。その二時間後に、日本の連合艦隊がアメリカのハワイにある真珠湾を攻撃してアメリカに対しても戦線を開いた。日本軍による真珠湾攻撃を受けて、アメリカもまた第二次世界大戦に参戦することになった。チャーチル首相が求めていたパズルの最後のピースが、これによって埋まることになった。チャーチルは、日本の真珠湾攻撃に救われたのだ。

イギリス帝国、ソ連、そしてアメリカ合衆国という、世界の三つの巨大な勢力がその軍事力を結集させて戦争協力をすることで、戦争を勝利に導くことが確実となった。歴史を学ぶことを好むチャーチルは、一八世紀初頭のスペイン王位継承戦争で初代モールバラ公爵、すなわち自らの父祖にあたるジョン・チャーチルが、連合軍司令官としてイギリスとオランダとオーストリアの軍隊をまとめ上げたことを、かつて著書で書き記していた。また、ナポレオン戦争のさなかに、対仏大連合をまとめあげた若き首相ウィリアム・ピットを、戦時の首相として自らの模範と考えていた。それらの歴史の教訓からも、チャーチルは戦争において大連合を成立させて、戦争協力を進める重要性を深く認識していた。それゆえに、イギリスはソ連やアメリカへと手を伸ばさなければならない。国際社会での戦争協力を進めるイギリスと、国際社会で孤立を深める日本。この時期の両国は対照的な立場にあった。

日本が真珠湾攻撃を行った一九四一年一二月頃になると、ソ連軍はナチスの怒濤のような攻勢を耐え抜いて、冬が到来したことで自らに有利な態勢を整えることが可能となった。酷寒の環境で防寒具が不十分であったドイツ軍は、想像以上に対ソ戦に手を焼いており、苦境が続いていた。まさにこのようにしてドイツの勝利の展望が潰えつつあり、またイギリスやソ連に勝利の光が注ぎ始めたときに、日本はわざわざ戦局打開に行き詰まっていたドイツの側に立って、英米両国への攻撃を開始したのである。それは、国際情勢の推移を見誤った独りよがりの政治的決断であったといわなければならない。すでに触れたように、合理的な計画や、戦略的な思考の欠如こそが、日本を戦争の惨状に導いたのである。

真珠湾攻撃

先に指摘しているように、石油資源が不足して「自存自衛」が危ぶまれるのであれば、日本は南部仏印から撤退するか、他国から石油を輸入すればよかったのだし、そもそも近い時期に戦争をしないのであれば緊急に大量の石油を備蓄する必要もなかった。また、「アジア解放」を訴えるのであれば大西洋憲章の民族自決の理念を支持すればよかった。そして、反植民地主義のイデオロギーを掲げるアメリカと手を組んで、東南アジアの植民地独立の支援をするべきではなかったか。

アメリカの植民地フィリピンにしても、一九三五年一一月にはすでにアメリカ政府はフィリピン独立法として、大幅な自治を与える独立準備政府の樹立を認めており、一九四六年七月には独立供与が予定されていた[102]。そのような柔軟な思考ができなかったのは、まず何よりも、近衛文麿に見られるように、日本国内で長い間にわたって反米主義的な感情が人々の思考を曇らせていたからだ。いかなる国にも不正義はあるのだから、アメリカの不正義を語ることなど難しいことではない。しかしながら、本当に語らなければならなかったのは、どのようにすれば日本国民の安全を確保して、どのようにすれば日本の国益を増進できるかであった。それを考えた際に、アメリカとの戦争は最悪の選択肢であった。

すでに論じたように、あくまでも日本の戦争目的は、東南アジアにおける石油資源の確保であり、それを正当化するための論理として「アジア解放」を唱えたに過ぎない。外交評論家の清沢洌が論じていたように、日本は「憎き英米」への「復讐」という感情を前面に出してしまっていた[103]。それゆえに、清沢は日本の戦争目的の欺瞞について、次のように嘆いていた。「何故に高い理想のために戦うことができないのか、世界民衆に訴えて、その理性をとらえうるが如き。ああ」[104]。そして、清沢は冷静な国際情勢分析の結果として、日本とヒトラーのドイツが敗北して、アメリカとイギリスが最終的に勝利することを見通していた。

他方でチャーチル首相は、アメリカの参戦によって、自国の勝利を確信した。チャーチルは、「私が、アメリカ合衆国をわれわれの味方につけたことは、私にとって最大の喜びであったと宣言しても、私がまちがっていると考えるアメリカ人はいないだろう」と記している[105]。それに続けて、回顧録では次のように興奮の様子を伝える。

「それゆえわれわれは、結局はすでに戦争に勝っていたのである！　そう、ダンケルクの後に、フランスの陥落の後に、オランの悲惨なエピソードの後に、（中略）Uボート戦の死闘、危ういところで勝利を収めた最初の大西洋戦の後に、十七か月の孤独な戦闘と恐るべき緊張のうちに果たした私の責任十九か月の後に。われわれは戦争に勝ったのだ。イングランドは生き残るだろう、ブリテンは生き残るだろう、イギリス連邦とイギリス帝国は生き残るだろう。戦争がどれくらいつづくか、どんなふうに終結するか、それはだれにもわからなかったが、この機に及んでは私は意に介さなかった。長い島の歴史において、ふたたびわれわれは、いかに打ちのめされ、ずたずたにされようとも、無事に勝者として浮かび上がることだろう」[106]。

日本国民が真珠湾攻撃の戦果に興奮して沸き立っていたときに、地球の裏側でチャーチルは戦争の勝利の見通しに興奮していた。

「ヒトラーの運命は決まったのだ。ムッソリーニの運命も決まったのだ。日本人についていうなら、彼らはこなごなに打ちくだかれるだろう。あとはただ圧倒的な力を然るべく行使することだった。イギリス帝国、ソ連、そしていまや合衆国は全生命と全力を結集させ、私のみるところでは、敵の力の二倍、いや三倍にさえなっているのだ。確かに時間は長くかかるだろう。私は東においては恐ろしい損害を蒙ることを予測していた。しかしこれもすべては束の間の一場面にすぎないだろう。団結することで、われわれは世界じゅうの他のすべてでも屈服させることができるだろう。多くの惨禍、測りしれない代償と苦難が前途に横たわっている。しかしその結末についてはなんら疑う余地はなかった」[107]。

すでに戦争の流れは決まっていた。日本は敗北と荒廃への道を歩み始めた。なぜこうなってしまったのか。日本は一九三〇年代を通じて、国際秩序の破壊者として国際社会から繰り返し批判されるようになってしまった。さらには、勝算の乏しい戦争へと自らを追い詰めて、勝利の見通しが消えつつあるドイツと手を組んでしまい、破滅に至る運命を共有してしまった。国際秩序の破壊者として批判されるだけではなく、ヒトラーやムッソリーニと手を組んだことにより、民主主義に対するイデオロギー的な脅威と見なされてしまった。これらはみな、国際政治の大きな潮流を見通すことができなかった帰結であった。日本は国際社会で孤立してしまった。

過小評価されるアメリカ

日本が対米開戦を決断した理由の一つは、アメリカの本当の実力を過小評価していたことが考えられる。アメリカは軟弱で、厭戦気分が強く、長期の戦争には耐えられないと考えていた。実はこのような考えは、当時世界の多くの人々の間で共有されていたものであった。チャーチルは回顧録で、次のように書いている。

「愚かな人々、しかも敵国にかぎらず大勢の愚かな人々は、合衆国の力をみくびっていた。合衆国は軟弱だという者もいたし、アメリカ人は決して団結しないだろうという者もいた。アメリカ人はただ遠方でのらくらしているだけなのだ。彼らは決して取っ組み合いはしないだろう。

彼らは流血には耐えられないだろう。彼らの民主主義と頻繁な選挙制度は、彼らの戦争努力を麻痺させるだろう。彼らは敵にとっても味方にとっても、地平線上のかすかなかすみにすぎないのだ。いまこそわれわれに、数こそは多いが、凡そ縁遠く、富裕ではあるが、おしゃべりなこの国民の弱さが、わかるだろう[108]」。

実際に、イギリスのエリートの間では、反米主義的な空気がきわめて強かった。ネヴィル・チェンバレン首相も長い間、アメリカは信じられない、頼りにならないパートナーだと考えていた。また、一九三八年から一九四六年までの間、イギリスの外務事務次官を務めたアレクサンダー・カドガンは、次のように日記に記していた。「アメリカ人はとんでもない人々である。彼らがどうやって外交をすることができるのか、私には理解できない。彼らは地球上の他のどの人種よりも、わけの分からない頭をしているのだ[109]」。イギリス政府は一九三〇年代を通じて、アメリカと協力して国際秩序を維持するという選択肢を、排除する傾向が強かったのである。

しかしながら、アメリカの本当の強さを深く理解していたのが、チャーチルであった。そのようなかで、アメリカとの提携を最優先に考えるチャーチルの思考は、イギリスの政治の世界ではあくまでも例外的であった。チャーチルは母親がアメリカ人で、アメリカに数多くの親戚を有していたゆえに、ほかの者よりも深くアメリカ人を理解するという利点を有していた。

それゆえアメリカの強さについて、チャーチルは次のように書いている。

「私は、最後の最後まで死にもの狂いで戦った南北戦争のことを研究していた。私の血管のなかにはアメリカ人の血が流れている。三十年以上も前にエドワード・グレイが私にいった言葉を、私は思い出した。合衆国は『巨大なボイラーのようである。いったんその下に点火すると、生み出す力には際限がない』という言葉だった[110]」。

日本もまた、アメリカを過小評価し、侮蔑するという病に冒されていた。

2　第二次世界大戦の諸相

アジア太平洋での戦争

一九四一年一二月に日本が英米蘭に軍事攻撃を行って始まった戦争は、現在では一般的に「アジア太平洋戦争」と呼ばれることが多い。これまで一般的に用いられてきた「太平洋戦争」という名称は、近年では、日米戦争のみに焦点が当てられてアジアでの戦争行動が留意されていないという理由からも、あまり使われなくなっている。この呼称をめぐり、これまでさまざまな議論がなされてきたこと自体が、この戦争の複合的な性格を示している。

イギリスの歴史家イアン・ニッシュによれば、極東においてイギリスは、「アジア戦争」と「太平洋戦争」の二つを戦っていたという。「太平洋戦争」は、対日戦を意味し、それは日本に対する勝利によって終結する。他方で「アジア戦争」は、「日本の膨張戦争であったとともに民族独立の戦争」でもあった。それゆえに、「アジアの戦場における戦闘が、いつの時点を以て終わったということは、ほとんど不可能なことなのである」と述べている[111]。

このように、日本はこの戦争でさまざまな相手と、様々な戦場で戦っていたことになり、その全体像を描くことは容易ではない。ただし、日本では一般的に、これまでこの戦争が日米戦争として理解されることが多く、中国大陸や東南アジアでの戦闘や占領が看過されることが少なくなかった。それゆえに現在では、日米戦争を軸とした「太平洋」の側面と、アジアでの戦争を軸とした「アジア」の側面の二つを結びつけて、「アジア太平洋戦争」と呼ぶことが多くなっている。[112]

このアジア太平洋戦争は、太平洋からインド洋まで、そして満州からオーストラリアまで、広大な領域に戦禍をもたらした。その戦争の犠牲の数を正確に把握することは不可能だが、日本人としては軍人・軍属の戦病死者が二三〇万人（植民地出身者を含む）、日本の民間人の犠牲者が八〇万人（うち内地五〇万人）で合計三一〇万人、そして交戦国および戦場となった各地域の死者が一九〇〇万人（うち中国が一〇〇〇万人）と推計されている。[113] たとえこの数字が、実際よりもかなり多く見積もった数字であったとしても、日本軍の攻撃により始まったこのアジア太平洋戦争が、この地域一帯に巨大な犠牲をもたらしたことは疑いがない。またこれほどまでに死傷者の数が膨れあがった要因の一つは、すでに触れたように、戦時国際法が十分に教育されず、遵守されずに、軍事作戦上の論理が最優先された

シンガポール市内を行進する日本軍

ためであることも、留意されねばなるまい。
この戦争はこの地域に巨大な衝撃を与え、さらにアジア太平洋地域の戦後秩序の基礎をかたちづくることになる。日米戦争や、日中戦争から続く中国大陸での戦争、東南アジアでのイギリス帝国との戦い、そして終戦間近になってはじまった日ソ間の戦争などと、実に多様な側面を抱えているのが、この戦争の実像である。また、そのことがこの戦争を総体的に捉えることを困難にしている。

アジア太平洋戦争は、すでに述べたように、一九四一年一二月八日の日本軍によるマレー半島上陸作戦をもってはじまった[114]。それは、真珠湾攻撃よりも二時間早く始まったために、この戦争は日英戦争として始まった。一二月二五日には英領香港を占領し、一九四二年一月二日にはマニラを占領した。その後一九四二年二月一五日には英領シンガポールが陥落し、英領マラヤのイギリス軍は日本に対して降伏をした。ここでいったん、東南アジアにおける日英戦争は終幕した。

日本のアジア支配

日本軍の怒濤のような攻撃を受けて、東南アジア一帯が日本軍の支配下に置かれた[115]。フランスの対独協力政府ヴィシー政権は、その植民地である仏印への日本軍の進駐を認めざるを得なかった。同じくポルトガル領のティモール、そして独立国であったタイもまた、日本の軍事進駐を受け入れざるを得なかった。そして、陸軍は米領フィリピンと英領ビルマ、マラヤ、ボルネオ、香港、そして蘭印のジャワ・スマトラを軍事占領し、海軍が米領グアム、蘭印ボルネオ、蘭・豪委任統治領ニューギニア、豪委任統治領ビスマルク諸島を、それぞれ占領統治した。

それまでイギリス帝国は、自らの威信のもとにアジアでの広大な植民地を支配していた。ところが白人であるイギリス人が、有色人種の日本の軍隊にこれほど簡単に降伏して捕虜となる姿は、アジアの人々に強烈な衝撃を与えた。中国の重慶にいた駐中オーストラリア公使は、「極東におけるイギリス帝国のよって立つところは威信だった。しかし、その威信がいまや完全に粉砕されてしまった」と述べていた(116)。これは、アジアの多くの人々に、民族主義運動を加速させる重要なインセンティブを与えることになる。

日本軍は、自らが占領した東南アジアにおける広大な領域において、膨大な数の戦争捕虜を取り扱う必要が生じた。日本軍に捕らえられたイギリス人戦争捕虜は約五万人であり、オーストラリア人は約二万二〇〇〇人にものぼった。一九四二年になると、自国民の捕虜の取り扱いについて不安を感じたイギリスなどの連合国の政府が、日本に対して一九二九年に調印した俘虜待遇条約について、日本は批准を行っていないがどのようにこれを適用するか、明確にするよう求めた。それに対する日本の回答は、「準適用」であった。当初は、陸軍中央も国際法にある程度準ずるかたちで、捕虜の取り扱いを行おうとした。そもそもイギリス人やオーストラリア人、オランダ人の間では、日露戦争や第一次世界大戦の際に、日本がロシア人やドイツ人の捕虜を丁重に扱ったことが広く知られており、それゆえに彼らの多くは同様に自らに対しても日本軍はジュネーブ俘虜条約に基づいて対処するだろうと希望を抱いていた。

ところが、日本政府の態度に変化が生じる。そのきっかけは、一九四二年四月のアメリカのドゥーリトル隊による東京空襲であった。これは日本本土がはじめて受けた空襲である。関東軍による錦州爆撃から一〇年あまり、ついに日本も戦略爆撃の被害を味わうことになった。日本政府は、戦略爆撃により、非戦闘員を殺傷するアメリカ政府の軍事行動に憤りを感じて、その後には捕虜取り扱いにおいて戦時国際法の遵守をおろそかにするようになる。そもそも開戦前の一九四一年一月には、東條英機陸軍大臣が陸訓一号として「生きて虜囚の辱めを受けず、死して罪禍の汚名を残すこと勿《なか》れ」と伝えており、日本では文化的に捕虜は恥ずべき存在として扱うべきだという認識があった。これは、欧米における人道主義的な捕虜取り扱いの伝統とは、大きく異なるものであった。

一九四二年五月に政府は、「俘虜処理要領」をとりまとめた。そこでは「白人俘虜は之を我生産拡充並に軍事上の労務に利用する如く逐次朝鮮、台湾、満洲、支那等に収容し当分の間其の目途立たざるものは現地に於て速に俘虜収容所を開設し之に収容す」と書かれていた(117)。もはや日本政府は、国際法を遵守して捕虜を取り扱うことを放棄して、彼らを労働力として酷使するつもりであった。さらには、白人捕虜を朝鮮や台湾などの日本の支配地域に送り、捕虜の姿を現地住民の目にさらすことによって、日本民族の優越性を印象づけようとした(118)。

この年の六月からは、悪名高き泰緬鉄道建設が開始され、その過程で多くのイギリス人およびオーストラリア人の戦争捕虜が、疫病、感染症、栄養失調、過労などで倒れ、十分な治療を受けられずに死んでいった。生き残ったものは、その多くが、日本軍による非人道的な扱いを罵り、怒りを語った。その怒りは、日本軍の降伏後にBC級戦犯裁判という「復讐」に帰結する。第二次世界大戦中のイギリス軍のなかでも、この日本軍によって収容された戦争捕虜の死亡率の高さは突出している。全戦場でのイギリス兵の死亡率が五・七パーセントであり、またドイツ軍やイタリア軍のもとでのイギリス兵戦争捕虜の死亡率がおよそ五パーセントであったのに対して、日本軍捕虜となったイギリス兵の死亡率はなんと、二五パーセントにものぼった[119]。このことが、その後の日英関係に暗い影をさしていく。個別的には、自らの判断で連合国の戦争捕虜に対して親切に対応した兵士もいたが、全体としては残虐な取り扱いが数多く見られ、それは日本の軍人がジュネーブ俘虜待遇条約などの国際法を十分に学んでいなかった結果でもあった。

泰緬鉄道の建設に従事する戦争捕虜

グローバルな戦争

第二次世界大戦は、グローバルに戦闘が展開されていたが、それぞれの戦域で異なる対立軸が見られていた。そのような異なる対立軸の複合体として、その戦争の全体を理解しなければならない。

西ヨーロッパでは、ドイツ軍と英米両国の連合軍が対峙するかたちとなり、また東ヨーロッパではドイツ軍とソ連軍が対峙していた。地中海から北アフリカにかけては、イギリス軍とドイツ軍が戦闘を行っていた。

他方で、太平洋の島嶼をめぐって米軍と日本軍が激しい戦闘を行っていた。東南アジアでは日本軍とイギリス軍および自治領の軍隊が戦っていたが、後者は一九四二年前半で降伏しており、この地域は日本の支配下に置かれていた。

さらには、中国大陸では中国の国民党および共産党の軍隊と日本軍が長期にわたる戦争を継続させていた。そして、第二次世界大戦の最後の段階で、満州などにおいてソ連軍と日本軍が戦った。それぞれの戦場での戦局が連動しながらも、それぞれの戦局が個別的な戦争として推移していき、終戦へと向かっていく。

ヨーロッパ戦線においては、一九四二年八月から翌年二月まで続いたスターリングラード攻防戦が、終戦へ向かう大きな転機となった。すでにドイツ国防軍は一九四二年三月までに、死者、負傷者、行方不明者、捕虜の総数が東部戦線の兵力のほぼ三五パーセントにあたる約一一〇万人にのぼっていた[120]。定員を満たす師団はごくわずかであった。ドイツ軍における輸送能力の低下は深刻であり、この頃には輸送を馬に頼らざるを得なかった[121]。このような疲弊した軍事力で、スターリングラード攻防戦を戦わなければならなかった。

スターリンもまた、この攻防戦の重要さを十分に認識していた。そして、ソ連軍もそれまでに巨大な損失を蒙っていた。スターリンは、それゆえに、次のように訴えた。「これ以上の後退はわが祖国と我々自身の破滅を意味する。たとえわずかでも新たに領土を失うたびに、敵は大きな力をつけ、我々の防御力と祖国は著しく傷つく[122]」。なんとしても、これ以上の後退を止めなければならなかった。それゆえに、次のように続けた。

「一歩も退くな！　これが我々の最も重要なスローガンである。あらゆる持ち場、ソ連領土の一メートル一メートルを、最後の血の一滴まで守り抜かねばならない。ソヴィエトの大地の一寸たりとも、絶対に奪われてはならない[123]」。

スターリングラード攻防戦

この攻防戦では、ソ連軍とドイツ軍をあわせて二〇〇万人もの戦死者がもたらされたといわれ、第二次世界大戦における最大の激戦になった。最終的にはソ連軍がこの攻防戦で勝利を収め、ドイツ軍の撤退が始まる。伸びきったドイツ帝国の戦線は、それを維持することができなくなっていた。これ以後ソ連軍は、徐々にドイツの勢力圏を西方へと押し戻していき、戦況が大きく変わっていく。

スターリングラード攻防戦が始まった同じ時期の一九四二年夏、北アフリカのエル・アラメインではイギリス軍とドイツ軍の間で激しい戦闘が行われた。ドイツ＝イタリア枢軸軍の司令官のロンメルと、イギリス軍指揮官のモントゴメリーが、膨大な数の戦車を用いて砂漠で衝突した。この戦いでモントゴメリーが勝利を収め、ロンメル率いるドイツ軍は撤退して北アフリカを失うことになった。これによって、イギリス軍は対岸のイタリア半島への侵攻作戦が可能となる。一九四三年七月にはシチリア島を解放し、それからイタリア半島へと向かった。一九三九年九月から孤独な厳しい戦いを続けてきたイギリスにとって、エル・アラメインの勝利ははじめてもたらされた明るいニュースであって、チャーチルはこれによって国民に希望を提供することができた。この戦いをチャーチルは、「運命の岐路」と位置づけた。すなわち、「アラメイン以前に、われわれには勝利はなかった。アラメイン以後、われわれには敗北はなかった[124]」。

テヘランとカイロ

これら一連の勝利によって、一九四三年夏には連合国側の勝利は明らかになりつつあった。それゆえ、この年の一一月にはじめて「三大国」の首脳であるアメリカのローズヴェルト大統領、イギリスのチャーチル首相、そしてソ連のスターリン首相の三人がイランのテヘランに結集して、戦争指導と戦後秩序について意見交換を行った。テヘラン首脳会談である。一二月一日にアメリカ、イギリス、ソ連の「三大国」が発表したテヘラン宣言では、次のように述べられている。

「われわれは、三国の外交顧問とともに、将来の諸問題について検討を行った。われわれは、大国であれ小国であれ、その国民が三国国民と同じく専制、隷属、抑圧、不寛容の除去のため心より献身しているすべての諸国が協力し、積極的に参加するよう求める。われわれは、諸国民の希望に従い、一つの家族である民主的諸国家の世界に迎え入れるものである[125]」。

またテヘラン会談の少し前には、ローズヴェルト大統領とチャーチル首相は、エジプトのカイロで中国の蔣介石将軍を交えて、カイロ首脳会談を行っている。テヘラン会談はヨーロッパ戦域に関する最高レベルでの協議であり、カイロ会談はアジア太平洋戦域における最高レベルでの協議となった。

一一月二三日にカイロ会談の第一回の全体会合が開かれた。その日の夕方、アメリカのローズヴェルト大統領とその側近のハリー・ホプキンス、そして中華民国の蔣介石とその夫人、そして王寵恵国防最高委員会秘書長のみが参加して、夕食会を開いた。この会合の会話の正式な記録は残っていないが、中華民国政府側の記録では、日本の戦後処理について、「蔣総統とローズヴェルト大統領は、日本が武力により中国から奪った中国の東北四省、台湾、澎湖《ほうこ》島を、戦後、中国が回復することにつき同意した」とされている。[126] これは蔣の側からの強い要望で、それに対してローズヴェルトは蔣の要望に配慮を示している。とはいえここで「尖閣諸島」という地名は示されていない。

テヘラン会談

蔣介石日記に基づけば、彼はこのローズヴェルトとの会談に「大いに満足」していたようであり、ローズヴェルトは彼を「古い友人」のようにもてなしたという。[127] ローズヴェルト大統領は、この席では、満州と台湾の中国への返還に強く固執していたようである。[128]

翌日の二四日には、中華民国政府の王寵恵はアメリカのホプキンスへと、中国政府の考える戦後構想に関するメモランダムを渡した。[129] そこでは、「日本は、一九三一年九月一八日以降、中国から奪い取った全ての領土を中国に返還することになる。日本はまた、大連、旅順、台湾および澎湖諸島を中国へ返還する」と記されている。[130] あくまでも、「一九三一年九月一八日以降」と明記されている。だとすれば、一八九五年に日本が合法的に領有した尖閣諸島は、「返還」すべき領土には入らない。また、「台湾」のなかに尖閣諸島が含まれることを明示する文書や資料は存在せず、一般的通念としてそのように当時認識されていたとも考えがたい。この時期の米中会談で、尖閣諸島はいっさい、議題には上がっていない。

一一月二六日のカイロ会談の最終日に、蔣介石夫妻、チャーチル首相、アメリカ駐ソ大使のアヴェレル・ハリマン、イーデン英外相、カドガン英外務事務次官が、二時間にわたって庭園に出てカイロ宣言の文面について意見交換をした。この宣言は、明確な領土確定を規定するような、戦後処理を定める条約ではない。

カイロ宣言の起草については、アメリカと中国の両国で草案をつくり、それをイギリス政府に提示している。この草案は外交の常識から見てかなり粗雑な内容であった。外交史家の五百旗頭真の言葉を借りれば、「ホプキンズ草案のもう一つの欠点は、それが外交文書としては類を見ないほど品位を欠く英語によって綴られていた」点であった。[131] すなわち、「この草案は、『大西洋憲章』やハルが推進したモスクワ四国宣言の格調高さと対極に立ち、壮漢が路上でののしり合う際の用語を採用していた」のだ。[132] それも無理はない。大西洋憲章や一九四三年一〇月に米英ソ中の共同宣言として発表されたモスクワ四国宣言の起草の中心に立ったのが、イギリスの職業外交官たちであったのに対して、カイロ宣言はイギリス外交官を排除して、外交官ではないローズヴェルト大統領の側近のハリー・ホプキンスが起草して、それに蔣介石が関与して作成したものだったからだ。

最終的には、イギリス政府が関与することで、「品位を欠く英語」がある程度あいまいで抑制的な表現に書き換えられた。しかしながら、通常の戦後処理を規定する講和条約とは異なり明確な国境線の画定を想定していない文書ゆえに、このカイロ宣言の字句をもって、日本の国境線を引くことは不可能である。またこれらの起草の過程でいっさい尖閣諸島についての言及がなされていないのは、ローズヴェルト大統領も蔣介石大元帥も、この諸島の存在を認識しておらず、その重要性が連合国間では認知されていなかった結果であろう。

カイロ会談（左が蔣介石）

このカイロ会談では、一一月二七日にアメリカ、イギリス、中国の三カ国が共同声明に合意をしており、その合意には日本の戦後処理についての次のような文言が含まれている。

三大連合国は日本の侵略を制止し罰するためこの戦争を戦っている。三大連合国は自国のためいかなる利益も求めず、いかなる領土的拡大の考えも持たない。三大連合国の目的は、一九一四年の第一次世界大戦の開始以来、日本が奪取ないし占領した太平洋におけるすべての島嶼を日本より剝奪すること、ならびに日本が中国から奪取した満洲、台湾、澎湖諸島などすべての地域を中華民国に返還することである。日本は暴力ないし強欲により奪った他のすべての領域から追放されるべきである。前述三大連合国は、朝鮮人民の隷属状態を考慮し、適切な方法により朝鮮に自由と独立がもたらされるべきであると決意する。[133]

戦争終結まではもう少しの時間が必要であったが、それでも連合国は戦争の勝利を確信して、戦後構想に関する具体的な合意を模索していく。

戦局の転換点

日本軍による真珠湾攻撃は、第二次世界大戦の大きな転換点となった。皮肉なことに、日米開戦が戦争終結へ向けた道を切り開いたのである。しかしながらそこに至る過程は複雑で苦痛に満ちたものであった。また、大西洋、地中海、ヨーロッパ大陸、北アフリカ、極東と、それぞれの戦局によって終戦に至る道のりも異なっていた。

たとえばイタリアにおいては、連合国の軍隊がシチリア島に上陸したのは、一九四三年七月一〇日のことであった。島民たちに歓迎されて、ほとんど抵抗に遭うこともなく連合国軍はシチリアを解放した。そして、その半月後の七月二四日には、ファシスト党の独裁者であるベニート・ムッソリーニから権限を剝奪して、国王に権力を委譲する動議が、最高意思決定機関であったファシズム大評議会でなされた。これによりムッソリーニは権力を失い、翌日に逮捕され、ファシズム体制が終わりを告げた[134]。

しかしながらこれで戦争が終わったわけではなかった。その後、ドイツ軍はイタリア半島の北部を支配して、南部は連合国軍によって占領された。一九四四年六月に、ローマが連合国軍によって解放されたが、イタリアのドイツ軍が降伏するまでには更に一年近くを要した。

ローマ解放の翌月には、後にイタリア大統領になるルイジ・エイナウディが次のように述べている。「専制的政府のすべての制度を廃止しなければならない。イタリアの統一は、政府直轄の県知事制度の中からは生まれない。イタリア国民自身が、苦労を厭わず、試行錯誤しながら、イタリア統一を行わなければならない[135]」。このようにして、イタリア半島での戦争は終わり、戦後世界が始まる。一九四七年二月に調印されたパリ講和条約で国際法上も、戦争は終結することになる。

パリ解放

フランスもまた、一九四四年八月二五日にシャルル・ドゴール将軍がパリに入り、パリを解放することで人々は戦争の終わりを感じた。ドゴールは、パリ市庁舎で次のように語った。「パリよ！　辱められ、破壊され、殉教したパリよ！　しかし、今やパリは解放された。パリはみずからの力によって、パリ市民によって解放されたのである。また、戦うフランス、永遠のフランスの理念に基づき、すべてのフランス国民とフランス軍のもとにパリは解放されたのである」[136]。翌日、八月二六日のドゴール将軍のシャンゼリゼにおける凱旋行進は、パリで戦闘が終わったことを印象づけた。

このときに、パリで解放を喜ぶ人々にとっては、地球の裏側の東南アジアでイギリス人やオーストラリア人の戦争捕虜が依然として日本軍の収容所に収監され、過酷な強制労働を課されて、多くの人が命を落としていることを想像するのは難しかった。また、この少し前にサイパン島をめぐり日本とアメリカの軍人が熾烈な戦いを行い、民間人も含む多くの人命が失われたこともまた、知るよしもなかった。アジアとヨーロッパでは、時計の針は異なる速度で進んでいた。ローマやパリで戦後社会が創られ始めようとしている一方で、東アジアにおける戦争はむしろ熾烈さを増していた。

日本の戦争目的

日本は自らの戦争目的として、「自存自衛」と「大東亜共栄圏建設」という二つの目標を掲げていた。そして日本国民の多くに、さらには日本が占領したアジアの諸地域で、それが日本の戦争目的であると信じられていた。

開戦から五日目の一九四一年一二月一二日には、閣議で対米英蘭戦争について、支那事変を含めて「大東亜戦争」と呼称することが決定された。また内閣に設けられていた情報局は、「大東亜戦争と称するのは、大東亜新秩序建設を目的とする戦争なることを意味する」と伝えていた[137]。それでは、それはどのような意図で掲げられた戦争目的であったのだろうか。

日本は戦争終結の構想として、「対米英蘭戦争指導要綱」において、「蔣政権の屈服を促進し独伊と提携して英国を屈服せしめ米国の継戦意志を喪失せしむること」と記されていた[138]。日中戦争の勝利が最優先されて、その蔣介石を支援するイギリスを降伏させることで有利に戦争を進められると考えていた。そして、「大東亜共栄圏建設」あるいは「アジア解放」については、あくまでもそれは実際に占領下の諸民族の独立を優先するものではなく、効果的な資源の活用と占領統治の継続を重要な目的とするものであった。波多野澄雄は、次のように述べている。

「日本政府は、民族解放や植民地支配の是非を争点に戦争に突入したのではなかったが、国防資源の獲得や経済的『搾取』という実質的な目的をカムフラージュする必要性、さらに戦争終結の直接的な契機が対英戦争に求められたことによって、マレー半島からビルマ、さらにインドをうかがう軍事攻勢の大義名分を求めるとすれば、それは『自存自衛』の枠組には収まらず、英帝国下に呻吟する民族の『解放』のほかにはなかった[139]」。

すなわち、戦争指導として政府の本意は必ずしも「アジア民族の解放」ではなかったが、それを看板に国民やアジアの諸民族を動員することが効果的であると考えられて、そして多くの日本人はそれを疑うことなく過酷な戦場に向かったのである。そして、実際にアジアの諸民族が日本軍に対して、その言葉を信じて独立の要求を突きつけるようになると、今度は逆にそれを抑圧することが重要な政策になっていった。あくまでも、効果的にそれらの諸民族の人々を日本の戦争に協力させることが、重要な目標であったのだ。それに添わぬ独立運動は、したがって、統制と抑圧の対象となっていく。独立は、「家父長」である日本政府の判断によって、上から与えられるものであったのだ。

東條英機の家族的秩序観

一九四二年一月一日に東條英機首相はラジオでの年頭挨拶として、次のように全国の「少国民」に向けて語っていた。

「皆さんは……有りがたい世界無比の皇国日本に生れた光栄を、心から深く深く感謝しなければなりません。この大戦は、われらと同じく大東亜に住んでゐる人たちが、日本と相共に力をあはせて助けあひ、今まで自分たちをおさへつけてゐたアメリカとイギリスの悪い力を払ひのけて、輝かしい幸福な平和な国々を新しく建てていくための義戦でありますから、『大東亜戦争』と呼び、この光栄ある大きな責任を、どうか皆さんが、今から心の底に深く覚悟して貰ひたいのであります[140]」。

これはかなりの程度、東條の本心の言葉であったのだろう。後藤乾一がその研究で指摘するように、東條は東南アジアの地を踏んだ最初の現役首相であり、インドネシア、タイなどにとっては最初に自国を訪問した外国の首相であった[141]。東條は首相として、日本と東南アジアの緊密な連携を確かに求めていたのだ。

とはいえ、必ずしも首相であった東條、さらには当時の日本政府が、東南アジア諸国との対等な関係に基づいて、これらの諸民族との水平的な協力関係を想定していたのではない。あくまでも、皇国日本を中心とした、君臣帰一的な家族としての関係を考えており、天皇に対する絶対的な忠誠と崇敬を求めていた。それは、「家父長」としての日本の指導に基づいた新秩序であり、東南アジアの諸民族に対しての日本人の人種的優越意識に基づいた秩序観でもあった[142]。

それを示す事実として、一九四二年五月に作成された文書、「大東亜建設に関する基礎要件」においては、経済的には日本が「指導国」として大東亜全般の「計画交易」や「産業統制」を行う必要が指摘されている。また政治的にも域内諸国の対外行動の自由や完全な独立はあり得ず、あくまでも日本の統制の下に置かれることが示されている[143]。同様にして、一九四二年九月一日付で海軍省調査課がまとめた「大東亜共栄圏論」と題する文書において、「欧米的観念における様な機械的な悪平等や原始的な自由を認めない」と書かれており、「帝国の指導下」において、各構成要素が「それぞれの能力、価値、民度にふさわしい地位を与えられつつ、しかも全体として有機的な統一」を保持することが大東亜新秩序の本質であるとみなされていた[144]。これは、日本の支配下に入っていた諸民族の運動家がそれまで求めてきたこととは異なっていた。

東條英機

このような日本の「大東亜共栄圏建設」について、波多野は次のように位置づけている。すなわちこれは、「日本人の伝統的な家族観や階層観念の基礎をなす特有の秩序概念を、アジアの国際秩序にも適用したものであり、家長である日本の指導にしたがって大東亜各国は政治・経済・文化の秩序を受け入れるというものであり、相手国のナショナリズムに配慮することはない」のであった。(145)

重光葵と「大東亜宣言」

「大東亜共栄圏建設」において、理論的に大きな役割を担ったのが、一九四一年一二月に駐華大使となり、また一九四三年四月からは外務大臣に就き、一九四四年七月からは大東亜大臣を兼任する重光葵であった。重光は若き外交官として、パリ講和会議に参加して民族自決という新しい国際政治の潮流に大きな刺激を受けていた。また、人種差別撤廃条項の挿入が英米両国政府によって拒絶されるという屈辱を経験した。それ以降、東アジアに新秩序を建設することを大きな目標として掲げ、諸民族間の水平的な協力関係こそが、この地域の将来のあるべき秩序像であると考えていた。

重光は、一九四一年八月にイギリスのチャーチル首相とアメリカのローズヴェルト大統領が発表した大西洋憲章に対抗する文書を、大日本帝国として示す必要があると考えていた。重光はこのときに、自らの手記で次のように書いていた。

「東洋の解放、建設、発展が日本の戦争目的である。亜細亜は数千年の古き歴史を有する優秀民族の居住地域である。亜細亜が欧米に侵略せられた上に其植民地たる地位に甘んずる時機は已《すで》に過ぎ去つた」(146)。

そして、そのような「亜細亜解放」の理念を示すものとして、一九四三年に重光は、外務大臣として「世界戦争と太平洋〈大東亜〉憲章」と題する文章を作成していた。そこでは、「日華同盟条約」を基軸として、「共栄圏内各国（日・満・華・泰・ビルマおよび比国）」の結合を図るために、「大東亜憲章」を作成する必要を説いていた(147)。

重光の考える「大東亜新政策」は、あくまでも平等な民族間の協力として想定されていた。しかしながら、東條首相兼陸相は、より効率的な資源の活用のためには、日本の指導的な地位、および日本を頂点とする階層的な秩序こそが望ましいと考えていた。重光の考えは政府として受け入れられることはなく、重光は次第に孤立していった。

一九四三年一一月五日、東京の帝国議会議事堂で開幕した大東亜会議には、満州国国務総理張景恵、南京政府行政院院長汪兆銘、ビルマ国行政府長官バーモウ、フィリピン国大統領ホセ・ラウレル、タイ国首相代理ワン・ワイタヤコーン親王、そして自由印度仮政府主席チャンドラー・ボースが陪席者として参加した(148)。

重光葵

しかし、波多野澄雄が記すように、この大東亜会議は重光の発案によるものではなかった。あくまでも戦局の悪化を背景に、アジア占領地住民の結束と戦争協力を促す手段として、東條首相により構想されたものであった(149)。波多野はこれについて、次のように三つの重要な点を記している。

「第一は、圏内諸国の独立尊重と平等互恵という政治経済原則と、日本の覇権的地位を前提とする共栄圏構想との矛盾であった。戦後構想といえども大東亜各国に対する日本の指導権の否定には、国内的に強い反対論があった」。そして、「第二は、大東亜会議を各国共同の協議機関（「大東亜機構」）として制度化を図るという重光の構想について、改めてその可能性が検討されるが、結局、『各国平等の表決を以て決定する等の所謂国際連盟的構成及運用』は避けるという判断に落ち着く」のである。そして、「第三は、『資源の開放』をめぐって、共栄圏内の経済体制を『計画経済』とするか、『自由経済』として想定するか、という問題であった」。これについては、各省間の協議で、特に海軍が最後まで「資源の開放」に反対した[150]。

結局は、東條が主張するかたちで、軍事的な目的からも資源の効率的な活用を最優先した方策がとられ、各民族の平等や対等性を実現するという重光の構想は拒絶されることになる。これについて、後藤乾一は東條の意図について、次のように的確に論じている。

「まさに東条にとって東南アジアは、それ自体が固有の価値と意義をもつ尊厳な対象であったことは一度もなく、『大東亜共栄圏』構築、そして『大東亜戦争』遂行を物的、人的に下支えする『資源圏』でしかなかった[151]」。

こうして大東亜会議は、世界に向けて、アジア諸国の協力を示すプロパガンダとして利用されようとしていた。なお、インドネシアもまた、タイやフィリピンと同様の地位でこの会議に参加することを望んでいたが、その要望は拒絶された。石油資源が豊富なインドネシアは、一九四三年五月の「大東亜政略指導大綱」において「帝国領土」とされており、軍が直接統治することになっていた。軍事的必要性から考慮しても、インドネシアを「帝国領土」から離脱させて、独立を認めることはできなかった。[152] そのことが、「大東亜共栄圏建設」という目標の空虚さを象徴的に示している。

翌日の一一月六日には、世界へ向けて「大東亜宣言」が公表された。[153] この頃までに、すでにガダルカナルから撤退し、日本の敗色は濃厚となっており、動揺する中でアジアの諸民族の戦争協力を引き出すことが重要であった。すでに触れた「大東亜政略指導大綱」では、占領各地域住民の日本からの離反を防いで、戦争協力の継続を促すことが記されており、その一環として大東亜宣言が作成されていた。

大東亜会議に参加したアジア各国の指導者

重光は自らの回想録の中で、この大東亜宣言について次のように記している。

「この会議において、一つの共同宣言が採択せられた。この宣言は、大東亜各民族が、独立平等の立場において相互に主権を尊重し、共存共栄の精神に則って東亜の発展向上のために、相互に協力することを決定し、通商の自由、文化の交流を行うことを宣言し、アジアの解放及び復興のために戦い抜くことを誓ったものである。その内容においては、一九四一年に発表された大西洋憲章に相対するものであるとともに、その精神において、これと共通する多くの思想を含んでいるが、大西洋憲章の如き単なる主義の声明ではなく、会合各国の政策実行の宣言であった。これが大東亜宣言と称せられるものである」[154]。

重光はいったい何を意図したのであろうか。波多野によれば、「重光は、大東亜宣言や『大東亜新政策』は、英米に対する『和平の基礎工作』であったと考えていた」という[155]。すなわち、この「大東亜宣言」は大西洋憲章を参考に作成されて、その形式や内容も多くの共通点があるというだけではなく、むしろ戦争目的の共通性を誇示することで連合国に和平の可能性を示唆するという効果も期待されていたのだ。しかしながら、重光が求めるような、そのような意図が連合国側に伝わることはなかった。

最大の問題は、先に述べた通り、このような民族平等と民族自決を基礎とした重光のアジア主義的な秩序構想が、軍部の受け入れるところとならなかったことであろう。あくまでも軍部は、効率的な資源の活用と戦争の遂行を最優先し、民族主義的な感情への配慮はどうしても後回しとなった。そこに、日本への期待が後退していく大きな理由があったのだ。日本の支配下にあるアジアの諸民族の人心が、大東亜共栄圏建設という事業から離れていくのに時間がかからなかったのも当然であろう。

脱植民地化へ向かうアジア

アジアの民族主義者たちが求めていたのは、自らの独立であって、植民地支配からの解放であった。それゆえに、その上で有用である限りにおいて彼らは日本に協力し、その上で役に立たなくなれば日本から離れていく。東南アジアの脱植民地化について、後藤乾一が次のように適切に評価している。

「きわめて明白なことは、いずれの地域においても二度とふたたび外国による植民地支配は拒否するとの高揚したナショナリズムが脱植民地化をつき動かす駆動力となり、またそうした反植民地・反帝国主義感情を媒介としたゆるやかな共通の地域感情が醸成されるようになったことである[156]」。

第二次世界大戦の衝撃によって、東南アジアにおけるヨーロッパの植民地支配に動揺が生まれる。そこで自らの影響力を浸透させようとした日本、イギリス、アメリカすべてが、民族主義という巨大な壁を前にして、押し返されることになった。フィリピン近現代史が専門の歴史家の中野聡の研究によれば、日本の占領と戦争によって、フィリピンでは一〇〇万人余りが犠牲となり、ベトナムで約二〇〇万人、インドでは約一五〇万人、インドネシアでは約三〇〇万人から四〇〇万人、あわせて六五〇万人から九五〇万人ほどが死んでいった[157]。日本が掲げた「アジア民族の解放」と「大東亜共栄圏建設」の夢は、あまりにも高すぎるコストを払って挫折したのである。

たとえその夢が、どれだけ一部の人々に熱烈かつ誠実に求められていたものであったとしても、すでに述べたように東條首相を中心に陸軍と海軍の指導部はあくまでも軍事目的による資源活用の最大化を目的として、垂直的な支配に強く拘っていたのだ。水平的な民族間の協力と、それら諸国への独立の付与を優先して考えていた重光外相の希望は、挫折したのである。これらの歴史的経緯を踏まえ、また東南アジアに日本がもたらした犠牲の膨大さを考えると、「ア

独立を宣言するスカルノ

ジア民族の解放」をプロパガンダとして活用した日本の戦争を、それを理由に正当化することは難しい。

戦局が終盤に近づき、日本軍の後退と、兵力規模の縮小、そして連合国軍の攻勢に直面した日本帝国は、占領地から立ち上がったナショナリズムの圧力を強く感じるようになる。そして、終戦間際になって、それら諸民族の独立を支援せざるを得ない立場に追い込まれていく。[158] たとえば、一九四二年一月の段階でいったんは大本営の反対で拒絶されたインドネシアの独立について、敗戦の見通しが濃厚となった一九四四年八月の段階になると、「将来東印度を独立せしむることを成る可く速かに宣明す」として、ようやく独立軌道に乗せることが受け入れられた。[159] とはいえそこでは独立の時期が示されておらず、日本政府はインドネシアの石油資源を手放すつもりはなかった。最後まで日本政府は、インドネシアの人々の民族独立の希望に寄り添うことはなかったのだ。これが、「大東亜共栄圏建設」における「アジア解放」の真実であった。

翌年の、一九四五年八月一六日午後一〇時過ぎに、スカルノ一行が第一六軍政監部総務部長西村乙嗣少将の宿舎を訪れて、「いまや終戦の事実を知った」ので、「独立準備委員会の開催を認めていただきたい」と迫った。それに対して、西村は「降伏した以上日本としては独立を支援することはできなくなりました」と返答し、「行動の自由を失ってしまったのです」と言わざるを得なかった。これを受けて、八月一七日午前一〇時、ジャカルタのスカルノ邸において、インドネシア共和国の独立が宣言されて、スカルノが初代大統領に就任した[160]。

このようにして、インドネシアにおいて「解放」が訪れたのは、日本が無条件降伏を受け入れて、スカルノがインドネシア共和国独立を宣言したときであった。しかしながら、日本とインドネシアは異なる道を辿ることになる。インドネシアでは、オランダが戦後になって植民地を回復するために軍隊を派遣して、一九四九年までの間激しい独立のための戦争が行われたからだ。インドネシアの「戦後」は、一九四九年八月に始まるハーグ円卓会議において、インドネシア共和国の独立が認められ、これらの一連の民族独立のための戦いを終えたときであった。

3　戦争の終幕

欧州戦線の終幕

サイパン、グアムを制圧したアメリカ軍がついに沖縄に上陸し、激しい地上戦が展開されている頃、地球の裏側のヨーロッパの各都市では、戦争の終結やナチスによる支配体制からの解放を喜ぶ声があふれていた。一九四五年四月三〇日未明にヒトラーは、エヴァ・ブラウンとの結婚式を終えてから、総統官邸の地下壕で拳銃自殺をした。すでに二日前には、ムッソリーニがパルチザンに射殺され、遺体がミラノの広場に逆さ吊りにされていた。ヒトラーとムッソリーニという二人の独裁者が、姿を消した。西部戦線のドイツ軍は五月七日に無条件降伏をして、東部戦線でも五月八日に降伏文書に調印がなされた。ここに、一九三九年九月以降六年弱続いたヨーロッパでの戦争が、幕を閉じた[161]。

五月八日、ロンドンのダウニング街一〇番地の周りには、戦勝を喜ぶ群衆が集まっており、長くつらい戦いの終幕を喜んだ。そして、偉大な戦争の英雄であるチャーチル首相を讃えた。齢七〇を超えたチャーチルは、祝賀の空気と群衆の歓喜に応えた。長年の緊張がほどけたことで、疲労が吹き出してきたのか、翌五月九日は午前中ゆっくりと睡眠をとり、それから目覚めた。起きると東南アジア地域連合軍（ＳＥＡＣ）総司令官のマウントバッテン卿からの嬉しい電報が届いており、ラングーンでの対日戦争で勝利を収めて、ビルマ作戦が終了したことを伝えていた[162]。

しかし、その翌日には、早くも暗雲を予期させる知らせが届いた。将来のポーランド政府の一員にとイギリス政府が想定していたポーランドの一五人の政治指導者たちが、ソ連政府により逮捕されモスクワに連行されたのである[163]。三カ月前に黒海沿岸のクリミア半島のヤルタで行われた英米ソ首脳会談では、最大の争点の一つがポーランド政府代表問題であった。ソ連政府は、自らの傀儡政権である共産党員で構成されるルブリン政権を、正統なポーランド政府としたかった。他方で、このことは自らの政府を自らで決定するという民族自決の理念に明らかに反するものであり、イギリス政府とアメリカ政府は執拗に、ポーランドで選挙を行って自らの政権を選ばせるべきだと主張した。結局、ヤルタ会談ではこの問題についての結論が得られず、

「解放ヨーロッパ宣言」という一般的な原則を示した宣言に合意するのがやっとであった。ソ連政府は、対独戦勝の祝賀というどさくさに紛れて、実力を行使してルブリン政権を擁立するつもりであった。

アメリカでは四月一二日に、長期にわたって戦争指導を続けてきたフランクリン・デラノ・ローズヴェルト大統領が脳卒中により逝去した。ローズヴェルトはポリオを発症して、下半身がほぼ麻痺しており、車いすでの移動が常であった。それにも拘わらず、一九三三年三月以降一〇年以上にわたって大統領職を務めており、とりわけ一九四一年一二月の対日宣戦布告以降は激務と極度の緊張が続いていた。一九四三年一一月には戦火をくぐり抜けてカイロとテヘランまで飛行機で移動して、一九四五年二月にはヤルタで再び三大国間の首脳会議に参加した。すでにこの頃には、目に見えて疲労困憊《こんぱい》して、顔色も極度に悪くなっていた。チャーチルは頼りになる盟友のローズヴェルトがいなくなり、大きな衝撃を受けた。その重責を継いだのは、副大統領であったハリー・トルーマンである。トルーマンもまた、強い信念や確かな指導力によって、アメリカ国民の支持を集めることになる。そのトルーマンが、ローズヴェルトと異なるのは、ソ連政府との友好の継続に対して疑義を抱いていたことであり、スターリンの領土拡張の欲求に明らかに苛立っていたことであった。

ハリー・トルーマン

チャーチル首相は、五月一二日になると、アメリカのトルーマン大統領に宛てた電報の中で、次のように論じていた。「私はヨーロッパの状況について深刻な不安を抱いています」。というのも、ソ連政府は東ヨーロッパを軍事的に占領した後に、現地で親ソ的な共産党政権を樹立させようとしており、自らの勢力圏を確立しているからだ。チャーチルは次のように続ける。「彼らの前線の上には鉄のカーテンが引き下ろされています」。翌年三月の演説でチャーチルが用いて、世界中に知られることになる「鉄のカーテン」という言葉が、すでにこのトルーマン宛の書簡では使われていた。さらに、次のように記している。「背後で何が進行しているのか、われわれには分からない。リューベック―トリエステ―コルフの線から東の地域全体が、間もなく完全に彼らの手に落ちるでしょう[164]」。

首相官邸の外が、人々の戦勝を祝う歓喜であふれているなかでも、チャーチルは冷静であった。今後起こるであろう事態に備えて、アメリカの大統領に警告を与え、対処が必要と感じていたのである。チャーチルは、暗く厳しい最悪の事態のときには最善の希望を考え、最良の歓喜のときには最悪の将来に備えようとしていた。チャーチルはこのとき、軍幹部に対して「考えられない作戦（Operation Unthinkable）」と題する極秘の作戦を検討させていた。すなわち、解放したドイツ軍と手を組んで、近い将来にポーランドを解放するためにソ連に対して先制攻撃を仕掛けるというシナリオである。軍幹部はそのようなチャーチルの構想に対して、その軍事的な非現実性を指摘して、シナリオの作成を拒絶した[165]。とはいえこのような思考は、これから起こるであろう冷戦の幕開けを象徴するものであった。

国連創設への動き

チャーチルがロンドンで戦勝の歓喜に包まれている同じときに、英外相のアンソニー・イーデンは大西洋を越えて、アメリカ西海岸のサンフランシスコに滞在していた。四月二五日にこの地で始まった国際機構に関する連合国会議（UNCIO）にイギリス政府代表として参加するためであった。東京では米軍による激しい戦略爆撃が続けられており、また沖縄では過酷な地上戦が展開している一方で、温暖なカリフォルニアのサンフランシスコでは、戦後の国際機構、すなわち国際連合を創設するために、世界中から五〇カ国の政府代表が集まり、国連憲章を起草する作業を行っていた。ただし、ポーランド政府代表に関しては、英米とソ連との間でどの政府を正式に招聘《しょうへい》するかで結論が得られず、招聘しないこととなった。このようにして、すでに国際社会の目は、戦争から離れて戦後へと向かっていたのだ。

このサンフランシスコ会議は、一九四四年八月二一日に始まったダンバートン・オークス会議による提案を受けて、具体的な条文を作成するためのものであった。すでにその骨格は、アメリカ、イギリス、ソ連の三大国の政府代表で議論されたダンバートン・オークス会議で定められていた。この会議が開かれたダンバートン・オークス邸は、ワシントンDC郊外のジョージタウン地区にあり、閑静な住宅街の中に位置する、豪華な庭園を有する邸宅であった。この会議による合意事項は、「全般的国際機構の樹立に関する提案」、いわゆるダンバートン・オークス提案として発表され、これにより戦後国際機構の大きな枠組みが明らかとなった。(166)

国際連盟が日本の満州事変や、イタリアのエチオピア侵略、そして日中戦争やヒトラーによるポーランド侵略などの軍事行動を止められなかった反省から、より強力な制裁措置を組み込むこととして、経済制裁のみならず軍事力を用いた制裁も含めることとなる[167]。またその際に、責任ある大国がより大きな役割を担うべきとして、ローズヴェルト大統領が提唱した「四人の警察官」、すなわちアメリカ、イギリス、ソ連、中国の「四大国」が中心となって、軍事的な制裁を行うことを規定した。ソ連政府代表は、その際に、この「四大国」が拒否権を有するべきだと強硬に主張し、この提案が後に受け入れられることになる。

このダンバートン・オークス会議が開かれている同じ頃に、ヨーロッパ大陸ではパリが解放されて、シャルル・ドゴール率いる暫定政権が誕生していた。イギリス政府は、ヨーロッパ大陸がソ連に支配されることを懸念して、大陸を代表する大国としてフランスがこの「四人の警察官」に加わって、「五大国」の一角を占めることを要望した。当初は、ドゴールを危険な国家主義者と見なしていたローズヴェルト大統領や、実質的な権力を「三大国」のみにとどめたいソ連のスターリン首相が反対していたが、最終的にはフランスが拒否権を有する安全保障理事会の常任理事国となり、国連憲章が誕生するまでに「五大国」により世界の平和と安全を確保する体制が整った。

ダンバートン・オークスでは、第一回会議を八月二一日から一カ月にわたって英米ソの「三大国」により開催した後に、今度は中国を加えた英米中の三カ国で九月二九日から第二回会議を開催した。スターリンは、中国が「大国」として待遇されることを嫌い、一年前のテヘラン会談の際と同じように、「三大国」のみで協議することを強く求めた。結果として、会議を二度に分けて、重要な議論はこの第一回会議で済ませることとなる。

一年後に開かれたサンフランシスコ会議では、参加国をこのように大国のみに限定するのではなく、すべての参加を希望する「連合国（ユナイテッド・ネーションズ）」に広げて、結局五〇カ国から二八二名の政府代表と、一五〇〇名を超える専門家、さらには二六三六名もの登録された新聞記者がやってきた。この壮観な様子を、「サンフランシスコ・クロニクル」紙は、次のように報じた。

ダンバートン・オークス邸

「九つの特別列車が一八五〇人以上の客を乗せて、二七、〇〇〇マイルの旅をし、ある代表は太平洋を横断した。航空機できた者も一二五〇人を超え、また会議が始まってからも、会議の仕事で間断なく航空機が大陸を往復した。…亡命政権の代表もいるかと思えば、一方戦争の遂行に貢献したとはいえ、何らの侵略や攻撃も受けなかったラテン・アメリカからの代表もいた。中には数か月も灯火管制の下で過ごしていたのが、突然明るい夜間を何のおそれもなく歩く自分を見出した者もいた[168]」。

四月二五日に、サンフランシスコのオペラ・ハウスで会議が開会された。国際連合創設に強い意欲を持ちながらもその半月前に亡くなったローズヴェルトに代わりトルーマン大統領は、ラジオを通じてメッセージを送り、「諸君はより良い世界の建築技師であり、われわれの将来は諸君の手中にある」と、その歴史的意義を語った[169]。国務長官となったエドワード・ステティニアスが運営委員会などの議長となり、全体をとりまとめることとなった。ステティニアスは、前年のダンバートン・オークス会議においても、コーデル・ハル国務長官の下で国務次官として議論に携わっており、議論の詳細にも精通していた。

このサンフランシスコ会議は、ダンバートン・オークス会議とは異なって、連合国側のすべての小国も参加しており、「五大国」が持つことになる拒否権が大きな議論の争点となった。小国の政府代表は、大国と小国でこのような不平等が生じることに強い不満を示し、より平等な国際機構となることを求めた。また、安全保障理事会と総会の関係も難しい問題であり、「五大国」が常任理事国として、安全保障理事会で特別な責任を負うことに対しても、不満が示された。国際連盟と比較して、明らかにこの国際連合は、大国中心主義的な国際機構となっていたのだ。

しかし、このように、大国が主導する国際機構とすることについては、権力政治の本質を深く理解していたスターリン首相、チャーチル首相、そしてローズヴェルト大統領の三人とも意見を同じくしていた[170]。また、自国にそのような特権がなければ、この「三巨頭」は国内を説得して、この新しい国際機構に参加することは困難であった。

アメリカは、国際連盟に関しては、そもそも最初の段階から上院による批准拒否により参画できないという挫折を味わっていた。また、ソ連の場合は第二次世界大戦勃発から間もなく、独ソ不可侵条約における秘密合意に基づいてフィンランドを侵略しており、一九三九年一二月に国際連盟から除名されていた。ソ連は、国際連盟から除名された唯一の国家であり、大国である自らの意向を無視してこのような屈辱を負わせた連盟の方式に強い怒りを感じていた。他方で、イギリスは国際連盟創設から一九四六年四月一八日の解散に至るまで常任理事国であった唯一の大国であったが、アメリカが不参加となり、日本とイタリア、ドイツが脱退をして、ソ連が除名されるなかで、大国を抜きにして平和と安全保障を確保する困難を痛感していた。また、フランスは、この年の二月のヤルタ会談で自国を除いて「三大国」のみで戦後構想を議論したことに、強い怒りを感じていた。

それぞれ異なる理由から、大国を抜きにして平和を確保する限界を痛感しており、したがってあくまでも大国の利益を最優先した新しい国際機構の創設が必要だと感じていたのだ。

サンフランシスコ会議

国際連合の発足

六月二五日に、トルーマン大統領が政府専用機でサンフランシスコに到着した。それまで会議をとりまとめたステティニアスがアメリカ政府代表として国連憲章に署名して、参加した五〇カ国代表全員の署名が終わるまで、八時間以上の時間を必要とした。トルーマン大統領は、最後の本会議に出席すると、この会議の成果を讃えて、次のように述べた。

「皆さんが先ほど署名した国連憲章は、私たちがより良い世界を築くことのできる一つのつよい骨組みであります。…いままでのすべての戦争のうち、最も破壊の激しかった今次大戦において、ヨーロッパの勝利と対日最後の勝利の間に、皆さんは戦争そのものに対し勝利を得られました。…多くの者からこれは平和維持の第一歩であるといわれています。それは確かです。重視すべきことは、すべての考え方とすべての行為は、第一歩を基礎とするものであることを認識することであります。今日からそれに心を置き、よい始まりをもって最後の目的を達成するよう前進しようではありませんか」[171]。

戦争と動乱の時代を経験して、平和主義は瀕死の状態であるかのように思われた。しかしながら、戦争による破壊が大きければ大きいほど、人々はより確かな平和を得たいと願う。第二次世界大戦による破壊と、殺戮と、恐怖を経験した世界は、それまで以上に強力で、実効的な平和を確立する制度を求めていた。数多くの利害対立や、激しい議論の応酬をへながらも、ここに国連憲章というかたちで、それを手に入れたのである。それを起草した外交官や政治家たちは、必ずしも非現実的な理想主義者ではなかった。現実主義的な思考に基づきながらも、戦争が起こりにくい世界を創るための合意と規範を確立したのである。

イーデンは、イギリス外相としてイギリス政府代表の立場でこのサンフランシスコ会議に参加していた。一九三〇年代に国際連盟の舞台で華々しく活躍したイーデンは、実効的な国際機構として戦後世界で国連が機能するように、これまで多大な労力を費やしてきた。その成果として、サンフランシスコ会議を通じて国際連盟よりもはるかに強力な国際機構の創設にたどり着いたのだ。国際連盟では、世界最大の大国となっていたアメリカが加盟しておらず、設立当初は共産主義革命を起こしたソ連や、敗戦国のドイツも含まれていなかった。また一九三〇年代には、常任理事国であった日本、イタリア、ドイツが脱退し、すでに述べたようにソ連も一九三九年には除名されていた。主要な大国が加盟していない中で、イギリスとフランスだけでできることには限りがあった。それが今回は、国際連盟では実現できなかったアメリカの加盟も確保した上で、創設の見通しが立った。それは、大きな外交的な成功であった。

国連憲章の前文では、「われら連合国の人民は、われらの一生のうちに二度まで言語に絶する悲哀を人類に与えた戦争の惨害から将来の世代を救い」、さらには「国際の平和及び安全を維持するためにわれらの力を合わせ」ることを目的として、国連を創設することになったことを宣言している。さらには、一九二八年のパリ不戦条約で掲げた戦争違法化の理念にここで再び光を当てて、憲章の第二条第四項では、「すべての加盟国は、その国際関係において、武力による威嚇又は武力の行使を、いかなる国の領土保全又は政治的独立に対するものも、また、国際連合の目的と両立しない他のいかなる方法によるものも慎まなければならない」と記されている。

アンソニー・イーデン

国際組織による平和

さらには、国際連盟規約やパリ不戦条約には含まれていなかったが、平和の破壊や侵略行為に対する軍事的な制裁が、国連憲章において規定されている。

国連憲章第七章では、第三九条において、安全保障理事会が「平和に対する脅威、平和の破壊又は侵略行為の存在を決定し、並びに、国際の平和及び安全を維持し又は回復するために、勧告をし、又は第四一条及び第四二条に従っていかなる措置をとるかを決定する」と規定されている。そして、第四二条では、「国際の平和及び安全の維持又は回復に必要な空軍、海軍または陸軍の行動をとることができる」と書かれており、「この行動は、国際連合加盟国の空軍、海軍又は陸軍による示威、封鎖その他の行動を含むことができる」と規定されている。

これは、国際社会がこれまで到達できなかった、新しいステージにたどり着いたことを意味する。かつての国際連盟では、国際世論や経済制裁だけで平和の回復が可能と考え、日本が満州事変を起こして中国大陸を侵略した際にも、イタリアがエチオピアを侵略した際にも、国際連盟加盟国はこれらの大国に対して毅然たる制裁を加える意志を持っていなかった。自国の利益を最優先して、それらの大国と敵対関係となることを嫌ったのだ。それゆえに、侵略国は国際連盟規約やパリ不戦条約の規定を無視して、自由に軍事行動を起こすようになってしまった。国際連盟の無力を感じたセシル卿は、「私は、非難や訴え、あるいは国際世論の力だけで平和を維持するという希望はすべて捨てた」と論じていた。[172]

それに対し、軍事的制裁を明記した国連憲章は、世界平和を確立するための画期的な前進を示すものであった。もっとも国際連合においても、大国の侵略的行動を止めることは容易ではない。五大国が拒否権を有している以上、大国が平和を破壊したときに、それを食い止めることはそもそも想定されていなかった。その意味で、国連もまた設立当初から大きな限界を持っているのは明らかであった。

そのような限界に対処するためにも、まず国連憲章第五一条で自衛権の措置を規定していた。加盟各国は、国連による平和と安全の維持が機能しない場合に、個別的および集団的自衛権を行使することで、自国の安全を確保することが可能であった。戦後世界で、米ソ間での冷戦対立が深刻化する気配が濃厚ななか、国連憲章第七章の集団安全保障措置による安全の確保だけではなく、この第五一条による個別的および集団的自衛権に頼って自国の安全を確保しなければならなかった。とりわけ、北大西洋条約機構（NATO）に加盟したベルギーのような小国や、あるいは米韓同盟を締結した韓国、さらには日米安保条約を締結した日本のように、巨大な隣国を前に自国のみの力で安全を確保することが困難な国家は、集団的自衛権に基づいた措置に依存せざるを得ない。このようにして、そもそも国連憲章は、一九二八年のパリ不戦条約と同様の自衛権の行使による自助努力に加えて、新たに集団安全保障に基づく集団的措置を規定し、この二つを相互補完的に組み合わせて加盟国が自国の安全を確保することを想定していた。

さらには、国連憲章第五二条で地域的取極《とりきめ》についての規定が記されており、国連安保理としての集団安全保障措置の発動が難しい場合に、地域的機構により安全を確保することを想定していた。そもそも、現実主義的な外交官たちが起草した国連憲章において、安保理による集団安全保障措置がつねに機能することは想定されてはいなかった。むしろ、そうでない場合が多くなるであろうことを想定していたがゆえに、戦後の世界でＮＡＴＯや日米同盟が重要な役割を担うことになるのである。これらもまた、国連憲章第五一条や第五二条の規定に基づいた、国連が想定した安全保障措置であった。

孤立する日本

この国連憲章の前文が、「われら連合国の人民は（We the peoples of the United Nations）」という言葉からはじまっていることに留意する必要がある。このときに「連合国」が戦っていた敵国は、一つしかなかった。日本である。国連憲章に各国が署名した際には、すでにヒトラーのドイツも、ムッソリーニのイタリアも、敗戦国として戦闘を終えていた。ヒトラーはすでに、サンフランシスコ会議開会とほぼときを同じくして、ベルリンの地下壕で自殺していたし、ムッソリーニもまた射殺され吊るされていた。世界中で、日本のみが連合国の敵として、いまだに戦闘を続けていたのである。サンフランシスコ会議参加国の政府代表は、すでに戦後の空気を吸っていたかもしれないが、太平洋を越えた反対側では依然として日本との激しい戦闘が続けられていたのである。

日本は、関東軍の暴走と自作自演による一九三一年九月の満州事変の勃発や、その翌月の錦州爆撃、さらにはその後の中国大陸での軍事行動によって、国際連盟の中で孤立を深め、一九三三年には最初の国際連盟脱退国となった。また、一九三〇年代の日本は、国際法を遵守して国際的な規範を尊重する姿勢を次第に忘れ、国際社会から繰り返し厳しい批判を浴びるようになっていた。その日本が、国際連合憲章を起草する会議が行われ、戦後秩序を形成する重要な交渉が行われていたときに、ただ一国、地球の裏側で悲惨な戦闘を続けていたことは象徴的であった。日本は、この「ユナイテッド・ネーションズ」の「敵国」として、不名誉な地位が与えられていた。日本がその不名誉を払拭して、この国際連合に加盟するためには、その後一一年もの歳月が必要であった。「一一年間」という歳月は、一九二〇年に国際連盟が設立されて、一九三一年に日本が満州事変を引き起こすまでの期間と、同じ時間であった。

なお、この敵国条項が削除されていないことをもって、日本はいまだに国連の中で差別されているという被害妄想的な議論があるが、日本の国連加盟をもって敵国条項は死文化されているというのが世界的なコンセンサスである。

鈴木貫太郎の指導力

一九四五年四月に、小磯国昭陸軍大将を首相とする内閣が総辞職して、鈴木貫太郎海軍大将が組閣することになった。すでに七七歳の高齢であったが、この危機に向き合うのには彼以外には指導者が見当たらなかった。それは、天皇の強い意向でもあった。長い期間にわたって侍従長として天皇をそばで支え、優れた見識で助言を行ってきた鈴木に対して、天皇は全幅の信頼を置いていた。鈴木夫人は、天皇裕仁の幼少期の保母でもあった[173]。天皇は鈴木を呼び、次のように語った。「この国家危急の時に、もう他に人はいない。頼むから、どうか、まげて承知してもらいたい」[174]。鈴木は大命降下を拝受する決意をした。

比較文化論の専門家である平川祐弘《すけひろ》はその著書『平和の海と戦いの海』で、この鈴木貫太郎について興味深い点に注目している。首相就任間もない鈴木は、四月中旬のアメリカ大統領死去に際して、「ルーズヴェルト大統領の死去がアメリカ国民にとって大いなる損失であることを思い、深甚なる弔意」を表したのである[175]。このメッセージは、四月一五日の「ニューヨーク・タイムズ」の三面に掲載されることになった。鈴木は、その五日後の同盟国ドイツの総統アドルフ・ヒトラーの五六歳の誕生日には、お祝いの挨拶を送っていない。鈴木は広い視野から、日本が進むべき針路を明確に理解していたのだろう。

平川は、戦争中の三人の首相、すなわち東條英機と小磯国昭と鈴木貫太郎を並べて、次のように評する。

「太平洋戦争中の三人の日本の首相の中では、なんといっても海軍出身の鈴木貫太郎が、世界の中の日本について一番よく見聞きし、一番よく考えていた」[176]。

それを示す一つのエピソードとして平川は、鈴木が一九一八年に、練習艦隊司令官として遠洋航海でアメリカを訪問したことに触れている。サンフランシスコでたまたま鈴木は、テーブルスピーチをしなければならなくなった。この頃のアメリカでは、将来アメリカが日本と戦争をするのではないかという憶測が語られていた。それについて、鈴木は次のように語る。

「この日米戦争はアメリカでも日本でもしばしば耳にする、しかしこれはやってはならぬ」。

なぜか。鈴木は次のように続ける。

「いくら戦つても日本の艦隊は敗れたとしても日本人は降伏しない。なほ陸上であくまで闘ふ。もしこれを占領するとしたらアメリカで六千万の人を持つて行つて日本の六千万と戦争するよりほかにない。アメリカは六千万人を失つて日本一国をとつたとしても、それがカリフォルニア一州のインテレストがあるかどうか。日本の艦隊が勝つたとしても、アメリカにはアメリカ魂があるから降伏はしないだろう。ロッキー山までは占領できるかしれんが、これを越えてワシントン、ニューヨークまで行けるかといふに日本の微力では考へられない。さうすると日米戦は考へられないことで、兵力の消耗で日米両国はなんの益もなく、ただ第三国を益するばかりで、こんな馬鹿げたことはない。太平洋は太平の海で神がトレードのために置かれたもので、これを軍隊輸送に使つたなら両国ともに天罰を受けるだらう(17)」。

鈴木貫太郎

このような鈴木の合理的な言葉に、サンフランシスコの人々は喝采を送った。

鈴木は、戦争中でもこのように、日米戦争が愚かなものであると考えていた。

六月九日、鈴木は首相として帝国議会で演説を行い、次のように語った。

今次世界大戦の様相を見まするに、交戦諸国は夫々その戦争理由を巧に強調致して居りますけれども、畢竟《ひっきょう》するに人間の弱点として洵《まこと》に劣等な感情である嫉妬と憎悪とに出づるものに他ならないと思ふのであります。私は嘗て大正七年練習艦隊司令官として、米国西岸に航海致しました折、桑港における歓迎会の席上、日米戦争観につき一場の演説を致したことがあります。その要旨は、日本人は決して好戦国民にあらず、世界中最も平和を愛する国民なることを、歴史の事実を挙げて説明し、日米戦争の理由なきこと、若し戦へば必ず終局なき長期戦に陥り、洵に愚なる結果を招来すべきことを説き、太平洋は名の如く平和の海にして、日米交易の為に天の与へたる恩恵なり。若し之を軍隊輸送の為に用ふるが如きことあらば、必ずや両国共に天罰を受くべしと警告したのであります。然るに其後二十余年にして、米国はこの真意を諒得せず、不幸にも両国相戦はざるを得ざるに至りましたことは、誠に遺憾とする所であります(178)。

日米間で熾烈な戦闘を繰り広げているさなかに、このように日米開戦への否定的な評価をするのは、きわめて例外的なことであった。明らかに鈴木は、この愚かな戦争を終わらせる決意であった。しかしながらそのような方向へ進むことを、陸海軍が認めないであろうことをよく理解していた。とりわけ最強硬の、本土決戦を決意する陸軍の同意を得なければならない。明治憲法の下では、国家の意思決定の際に陸軍大臣が反対をすれば決定を行うことはできず、また軍部大臣現役武官制によって鈴木内閣を倒閣することも可能であった。そもそも陸軍の東條英機大将は、本土決戦を考える場合に陸軍主体の内閣が望ましいと考えて、鈴木貫太郎の組閣には反対であった[179]。終戦へ向けて、慎重にものごとを進めなければならなかった。

ポツダム首脳会談

一九四五年七月一七日、アメリカ、ソ連、イギリスの「三大国」の首脳が集まる会議が、ベルリン郊外のポツダムで開催された。テヘラン、ヤルタに続いて、三度目の三大国首脳会議で、戦時中の最後の首脳会議となる。すでに欧州戦線では戦争が終わっていた。そのことを世界に知らせるかのように、ドイツ帝国の首都であるベルリンで会議が開催されることになった。しかしながらベルリンの中心部は爆撃と侵攻で建物が破壊され、瓦礫の山となっており、三国の首脳や代表団が宿泊できる施設もほとんど残されていなかった。それゆえに、ホーエンツォレルン家がかつて所有し、ヴィルヘルム二世の皇太子であったヴィルヘルム・フォン・プロイセンのために建設したツェツィリエンホーフ宮殿が、ベルリン郊外に残された数少ない豪華な建造物であったため、会場として利用されることになった。このポツダム首脳会談は、暗号で「ターミナル」と呼ばれていた。

ローズヴェルト大統領が四月に死去していたために、アメリカからはトルーマン大統領が参加した。また、イギリスからはチャーチル首相が参加することになったが、七月五日の総選挙の結果が七月二五日に判明して、保守党が敗北して労働党が勝利を収めたことで、会議が途中で中断されて後半は労働党政権のクレメント・アトリー首相が出席することになった。アトリーは戦時内閣で副首相を務めていたために、おおよそ国際情勢の動きを把握していた。唯一、テヘラン、ヤルタ、ポツダムの三つの会議全てに参加して、会議で圧倒的な存在感を示したのが、ソ連のスターリンであった。

チャーチルとトルーマンは、少し早めにベルリンに到着した。会議が開かれる前日には、この廃墟となったベルリンの街を見学する予定であった。午前一一時にベルリンのカイザー通りにある建物ではじめての会合を行ったチャーチルとトルーマンは、両者ともに相手には良い印象を持った。トルーマンはその日の日記で、チャーチルのことを「彼はとても魅力的で非常に賢い人物だ」と記していた[180]。その日の午後は、両者は市内見学に時間を使った。チャーチルがイーデンと、ヒトラーが自殺したとされる帝国宰相官邸に行くと、依然として残骸が散らかっていた。チャーチルは、ヒトラーが自殺して荼毘《だび》にふされたとされる場所で、Ｖサインをして写真に写った。そして、次のように感じた。「もし彼らが戦争に勝っていたら、これはわれわれの身に起こっていたことだ。われわれがこの地下壕になっていた[181]」。

翌日の一七日の正午に、スターリンがモスクワから電車で到着して、厳重な警備とともに会場に現れた。いよいよ、三人の主役が集まって、会議が開催となった。夕方五時からの会議の開始の前に、トルーマン大統領は自らの執務室でスターリンと顔を合わせることになった。トルーマンの関心事は、この会議の最中にも依然として対日戦を戦っていることからも、ヤルタ会談での合意の通りに欧州戦勝から九〇日で、ソ連が対日宣戦布告をすることであった。その日の日記では、「八月十五日にジャップとの戦争に入る」とスターリンが語ったと記録している。「それが実現すればジャップはおしまいだ[182]」。もちろん、その見返りとして、スターリンは樺太南部や千島列島に関する領土的な要求を受け入れさせていた。

会議の議題は多岐にわたっていた。もっとも大きな問題は、賠償問題とドイツ占領統治についてである。それ以外にも、イタリア、ブルガリア、ハンガリー、ルーマニア、フィンランドというドイツの同盟国の地位や、戦後処理の問題などについて、外相会談と首脳会談を繰り返して、三国間の合意を見出そうと努力した。ポーランド政府代表問題や、オーデル＝ナイセ川によるドイツとポーランドの国境線問題など、英米とソ連との認識の違いは限りなく大きかった。すでに相互不信は芽生えており、合意を見出すのは容易ではなかった。戦後処理の詳細については、外相理事会を開催して、そこで詰めていくことがこの場で決められた。

ポツダム首脳会談（前列左がアトリー首相）

七月二四日、本国から原爆実験成功の知らせを受けたトルーマン大統領は、首脳会議終了後に席を立ってスターリンのところにおもむき、アメリカが異常な破壊力を持った新兵器を手にしたことを知らせた[183]。スターリンは情報提供に感謝をしながら、冷静な表情を保っていた。スターリンは、アメリカの原爆投下により終戦が近いことを悟り、対日戦の準備を早めるよう命じた[184]。トルーマン大統領は、原爆を保有したことでアメリカが優位に立ったことを誇っていた。
このことについて、部屋を出た後にジューコフとモロトフ、そしてスターリンが意見を交わした。モロトフが、アメリカは「自分を偉そうに見せている」と不満を述べると、スターリンは落ち着いて「そうさせておけばよい、こちらはこちらの準備を急げば良い」と応えた。ロシア史家の横手慎二は、これについて次のように述べている。「この会話から見て、スターリンたちはトルーマンの態度に強者の立場から戦後処理を行おうとする嫌な姿勢を感じ取ったのである。そもそもトルーマンには、ドイツ軍主力部隊と戦い続けてきたソ連に対する敬意がなかった」[185]。このことは、米ソ間の相互不信を増幅させる効果をもたらした。

ポツダム宣言

一九四五年七月二六日、ポツダム会談のさなかに、日本の降伏を要求するポツダム宣言が発表された。これは、対日戦を続けているアメリカ、イギリス、中国の三国の連名により、発表された。そこでは、次のように書かれている。

一、われわれ、アメリカ合衆国大統領、中華民国総統ならびに英国首相は、数億人の国民を代表して協議し、日本に戦争を終結する機会を与えることに同意した。（中略）

三、奮起した世界の自由な諸国民の力に対するドイツの無益で無意味な抵抗の結果は、日本国民にあまりにも明らかな一つの先例として際立っている。今や日本に対して集中している力は、抵抗するナチスに活用されて全ドイツ国民の領土、産業、それに生活様式を必然的に荒廃させた場合より強大である。われわれの決意の下に全面的に軍事力を行使すれば、日本の軍事力は壊滅させられることは避けられず、同様に日本本土は完膚なきまでに廃墟にされることも避けられないだろう。

四、その無分別な打算によって、日本帝国を滅亡の淵に追いやった頑迷な軍国主義的助言者によって日本が引き続き支配されるのか、あるいは理性の道を歩むのか、日本にとって決断の時が来た。

五、われわれの条件は以下の通りである。われわれはそこから逸脱することはない。いかなる代案もありえない。われわれは決して遅滞を許さない。

六、日本国民を世界征服に着手するよう欺き、誤り導いた人々の権力と影響力は永遠に排除されなければならない。無責任な軍国主義が世界から放逐されるまで平和、安全、正義をもたらす新しい秩序の樹立は不可能であるとわれわれは主張するからである。

七、このような新秩序が確立され、日本の戦争遂行能力が破壊されたという確証が提示されるまで、連合国が指定する日本領土内の諸地域が、われわれがここに記す基本的な目的を達成するため占領下に置かれるものとする。

八、カイロ宣言の諸条項が履行に移されることもない、日本の主権は、本州、北海道、九州、四国およびわれわれが定めた諸島嶼に限定されることになる。（中略）

一三、われわれは日本政府に対して、ただちに全日本軍の無条件降伏を宣言し、そうした行為を誠実に遂行する、適切かつ十全に保証された措置をとることを要求する。日本にとってそれ以外の選択肢は迅速かつ完膚なき破壊のみである[186]。

日本政府はこのポツダム宣言をどのように受けとめたのか。東郷茂徳外相は、ドイツとはずいぶん条件が違うことを読み取り、「無条件降伏を求めたものに非ざることは明瞭」であると、国体護持を条件にこれを受け入れることを要求した[187]。他方で陸海軍はこのような要求は断固として拒否すべしとして、はねつけた。これについては慎重な対応が必要として、鈴木首相は二日後の二八日に、次のように述べた。

「何等重大な価値あるものとは思わない。ただ黙殺するだけである。われわれは断固戦争完遂に邁進するだけである[188]」。

このとき、アメリカ政府は、原爆投下の準備を進めていた。

原爆投下の決断

八月六日午前八時過ぎ、晴天の広島にアメリカの爆撃機B29のエノラ・ゲイが「新型爆弾」を投下した。

呉の鎮守府から海軍大臣宛に発した至急電報では、広島の被害状況が報告され、「現時点での被害状況――全市の約八割が全壊、破壊もしくは焼失。……死傷者は一〇万人と推定」と報告された[189]。一方、参謀本部の作戦部長宮崎周一は、日誌に「六日八時三十分広島に特殊爆撃あり。……いわゆる原子爆弾ならんも発表に考慮を要す」と記録していた。この巨大な破壊力を持つ兵器が果たしてなんなのか、わかりかねていた。

その後、アメリカ政府はワシントンで、この「新型兵器」が原子爆弾であることを発表した。そこでは次のように述べられていた。

> 一六時間前、アメリカの戦闘機が日本の重要な陸軍基地の一つ広島に爆弾を投下した。その爆弾はＴＮＴ二万トン以上の破壊力を持っていた。戦争史上かつて使用された最大級の爆弾である英国製「グランド・スラム」の二千倍を超える破壊力を持っていた。
>
> 日本人はパールハーバーへの空からの攻撃で戦争を開始した。彼らは何倍もの仕返しを受けたことになる。
>
> それは原子爆弾である。[190]

広島への原爆投下

アメリカ政府内でも、このように大量の民間人を殺戮する兵器の使用に消極的であったり、反対の立場であったりする者もいた。とりわけ、非戦闘員への原爆使用に反対であったのが、陸軍参謀総長のジョージ・マーシャル将軍であった。[191] 彼は、伝統的な軍人の価値観から、非戦闘員を大量に殺戮することには反対であった。マーシャルは、「このような兵器が誤った使い方をされた場合」

において、アメリカが国際社会から非難されることを懸念していた。しかしながら、原爆は当初より使用することを想定して開発されており、トルーマン大統領も原爆の使用が必要だと考えていた(192)。

八月九日になると、ソ連の対日参戦の報告がなされた。ソ連に終戦の調停を求めていた日本政府としては、このソ連参戦の知らせはあまりにも衝撃が大きかった。この日の午前一〇時半から始まった最高戦争指導会議では、阿南惟幾《あなみこれちか》陸相と梅津美治郎《うめづよしじろう》陸軍参謀総長が、戦争犯罪人、武装解除、占領の範囲についても連合国に条件をつけることを求めていた。国体護持のみを条件としてポツダム宣言受諾を求める東郷茂徳外相は、孤立していた。ところが、この会議中に長崎に二つ目の原爆が落とされたとの報告が入った。

ポツダム宣言受諾については、賛成が東郷外相と米内光政《よないみつまさ》海相、そして鈴木首相であり、四条件をつけて反対していたのが阿南陸相、梅津参謀総長、そして豊田副武《とよだそえむ》海軍軍令部総長であった。三対三となって、議論が行き詰まった。天皇臨席のもとでの最高戦争指導会議で鈴木首相は、次のように語った。「すでに長時間にわたり審議せられ、意見の一致を見ざるは甚だ遺憾である。事態は重大にして一刻の猶予も許さない。このうえは恐懼《きょうく》に堪えぬが御聖断を仰ぐの外なし(193)」。もはや、天皇による事態の収拾を図る以外の方策はない。

天皇は、次のように述べた。「外務大臣の意見に賛成である」。

その理由は次のようなものであった。

「従来、軍は勝利獲得の自信があるといってきたが、今まで計画と実行とが一致していない。

九十九里浜の築城が八月中旬に出来上がるということであったが、まだ出来ていない。新設師団を作っても、渡すべき武器も整っていないということだ。これではあの機械力を誇る米英軍に対し勝算はない。

このまま戦争を続ければ、無辜《むこ》の国民に苦悩を増し、ついには民族絶滅となるだけでなく、世界人類をいっそう不幸に陥れることになる。股肱《ここう》たる軍人から武器を取り上げ、また戦争責任者として引き渡すことは忍びがたい。しかし大局上、明治天皇の三国干渉の際にならい、耐えがたきを耐え、忍びがたきを忍んで、人民を破局より救い、世界人類の幸福のために、こう決心したのである[194]」。

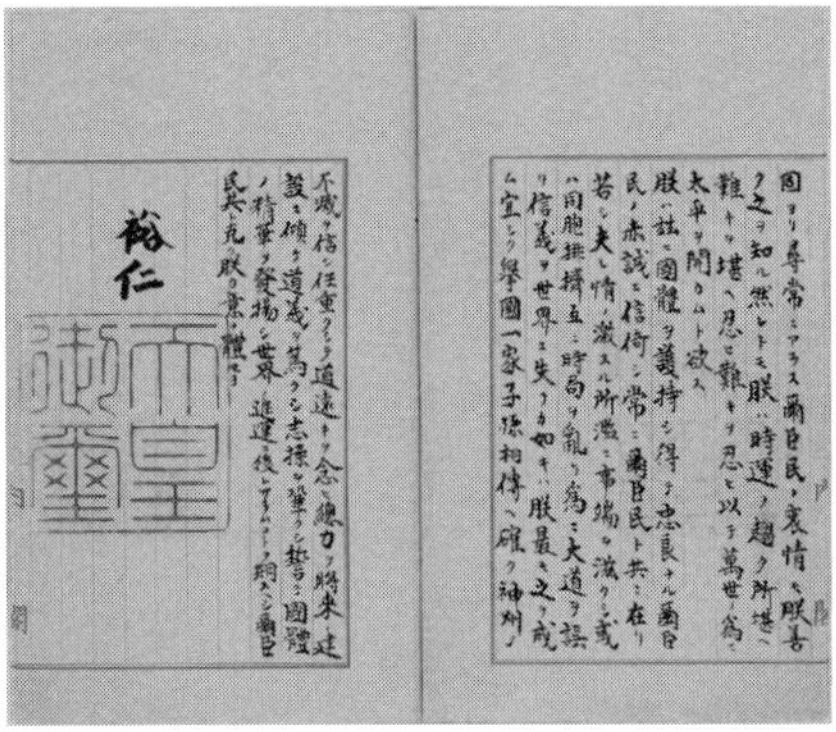
固ヨリ尋常ニアラス爾臣民ノ衷情モ朕善ク
之ヲ知ル然レトモ朕ハ時運ノ趨ク所堪ヘ
難キヲ堪ヘ忍ヒ難キヲ忍ヒ以テ萬世ノ爲ニ
太平ヲ開カムト欲ス
朕ハ茲ニ國體ヲ護持シ得テ忠良ナル爾臣
民ノ赤誠ニ信倚シ常ニ爾臣民ト共ニ在リ
若シ夫レ情ノ激スル所濫ニ事端ヲ滋クシ或
ハ同胞排擠互ニ時局ヲ亂リ爲ニ大道ヲ誤
リ信義ヲ世界ニ失フカ如キハ朕最モ之ヲ戒
ム宜シク擧國一家子孫相傳ヘ確ク神州ノ
不滅ヲ信シ任重クシテ道遠キヲ念ヒ總力ヲ將來ノ建
設ニ傾ケ道義ヲ篤クシ志操ヲ鞏クシ誓テ國體
ノ精華ヲ發揚シ世界ノ進運ニ後レサラムコトヲ期スヘシ爾臣
民其レ克ク朕カ意ヲ體セヨ
裕仁
天皇御璽

大東亜戦争終結ノ詔書

翌一〇日の午前九時、中立国のスイスとスウェーデンに向けて、国体護持を条件としたポツダム宣言受諾が伝えられた。日本の降伏が決まった。そして最終的に、八月一四日の午後一一時に、「天皇陛下は日本のポツダム宣言受諾に関する詔書を発した」という電報が、スイスに向けて打電された[195]。この日に、終戦が決まったのである。スイス時間の午後八時五分にスイス外務省で加瀬俊一公使が受諾文を手交して、アメリカ東部時間で一四日の午後四時五分にアメリカのホワイトハウスのトルーマン大統領執務室にこの知らせが届いた[196]。

一九四五年八月一五日正午、天皇の肉声が録音されたレコードがラジオを通じて全国に流された。玉音放送である。日本国民は、日本が敗北し、戦争が終結したことを知った。

アジア太平洋戦争の終結

この天皇の玉音放送は、必ずしも日本全国で国民が均質な体験をしたわけではなかった。佐藤卓己らの共同研究が明らかにしているように、沖縄や北海道、あるいは大日本帝国の一部であった台湾や朝鮮半島では、それぞれ異なる「終戦」が見られたのだ。

たとえば沖縄では、内地とは異なる時間が流れていた。沖縄唯一の放送施設であった日本放送協会沖縄放送局は爆破されており、八月一五日に玉音放送が流れることはなかった。[197]「玉音体験」が、戦争の終わりを象徴するのだとすれば、沖縄の人々は戦争の終わりを経験できなかったことになる。そもそも、すでに沖縄の大部分が、このときまでに米軍に軍事占領されていた。

一九四五年三月二六日に、米軍は慶良間諸島に上陸して、その六日後の四月一日には沖縄本島にも上陸した。これにより、本格的な沖縄戦が開始された。沖縄本島は、米軍による空からの爆撃と、海からの艦砲射撃の餌食となり、建物の大半は灰燼と化した。また、本格的な地上戦が展開されて、多数の民間人が戦闘に巻き込まれて命を失った。県民の四分の一にあたる十数万人が死亡し、軍民合わせて二一万人ほどが沖縄戦で命を落とした。[198]六月二三日早朝に、陸軍第三二軍司令官を務めていた牛島満中将が自決して、沖縄守備軍は壊滅した。その後も散発的な戦闘が続き、米軍は掃討作戦を継続した。最終的に、残存兵が米軍と正式に降伏文書に調印したのは、九月七日であった[199]。沖縄にとっては、牛島中将が自決して組織的な抵抗を終わらせた「六・二三」と、最終的に沖縄が降伏した「九・七」の二つの日付が、戦争の終わりを象徴するものであった。

しかも、戦争が終わっても、沖縄は本土とは異なる時間が流れていく。というのも沖縄はアメリカによる軍事占領がその後も継続して、サンフランシスコ平和条約が発効する一九五二年四月以降もアメリカ領であったからだ。最終的に沖縄が本土復帰するのは、一九七二年である。

沖縄本島に上陸したアメリカ軍

その意味では、もっとも遅くまで「戦争」の時代を経験し、戦後の到来を待っていたのが沖縄であったのかもしれない。

また、千島列島ではソ連軍の上陸が八月一八日に始まり、激しい戦闘により多くの犠牲者が出た。また南樺太でも、八月二〇日の早朝に、ソ連艦隊が真岡港に入港した。その後、市街地で激しい戦闘が行われ、死者や自決者は一〇〇〇人にのぼっていた[200]。そこに住む人々にとっては、「八月一五日」は必ずしも終戦を意味していなかった。

朝鮮半島では八月一五日の正午に、京城放送局（ＪＯＤＫ）を通じて、天皇の玉音放送が流された。長年の植民地支配からの解放である。しかしながら、解放を迎えた多くの朝鮮の人々は、指

厚木飛行場に降り立つマッカーサー

導者がいないなかでどのように対応すれば良いのかわからなかった。その後朝鮮半島では、左派と右派のイデオロギー対立が始まり、激しい闘争が浮上してくる。これが後の南北分断へとつながっていく。

さらに大日本帝国はアジア太平洋における巨大な支配地域を有していたが、朝鮮半島、台湾、香港、シンガポール、マラヤ、インドネシア、フィリピンなど、日本軍が撤退することによりそこに「力の真空」が生まれて、それが戦後の政治変動に結びついていく。その意味でも、日本は戦争により植民地に多くの傷痕を残すことになる。

八月三〇日には、米軍の飛行機バターン号がフィリピンのマニラを飛び立ち、厚木飛行場に着陸した。中から降りてきたのが、ダグラス・マッカーサー連合国軍最高司令官である。コーンパイプを手にして、黒いサングラスをかけたマッカーサーは、歴史の主人公であるかのようにゆっくりとタラップを降りてきた。人々はその姿を写真で目にして、時代の変化を実感することになる。

九月二日の降伏文書調印式には、政府を代表して、重光葵外相と梅津美治郎参謀総長の二人が署名することとなった。東京湾に停泊するミズーリ号には、この歴史的瞬間を目にしようと多くのアメリカ軍人や記者たちが溢れていた。マッカーサーは、この式典にあたって演説を始めた。そこでは、「自由と寛容と正義のより良き世界が生まれ出ることこそ、私の、そして全人類の熱望するところである」と語られていた。[201] この降伏文書の署名とともに、新しい戦後の世界が幕を開けようとしていた。

このようにして長い戦争は終わった。平和は破壊された。よって、戦争が終わった後には、平和を回復しなければならない。国際社会でどのようにして平和を確立するかが、戦後世界における大きな課題となっていくのだった。

終章　国際主義の回復は可能か

破壊と破滅

日本が引き起こした巨大で複合的な戦争は、アジア太平洋地域一帯に巨大な破壊と殺戮をもたらした。はたしてそれがどれだけの規模であったのか。

厚生省が統計をとった数字では、日中戦争から敗戦までの日本人の戦没者数は、軍人・軍属などが約二三〇万人、外地の一般邦人が約三〇万人、空襲などによる国内の戦災死没者が約五〇万人で、これらを合計すると三一〇万人ほどとなる[1]。そこには朝鮮人と台湾人の軍人・軍属の戦没者数である約五万人が含まれている。これはあくまでも、日本帝国の内側の戦没者ということになる。一橋大学教授の歴史家の吉田裕《ゆたか》は、これが過小に見積もった数字であり、実際にはより多くの者が亡くなったと論じている[2]。

他方で、日本の支配下にあったアジアの各地域の場合は、正確な統計資料が残されていないために、数字を出すことが難しい。おおまかな見積もりとして、中国軍と中国民衆の死者が一〇〇〇万人以上、朝鮮の死者が約二〇万人、フィリピンが約一一一万人、台湾が約三万人、マレーシアとシンガポールが約一〇万人、その他の諸国を含めて合計で一九〇〇万人以上ではないかという計算がある(3)。

これらの戦没者を慰霊するために、日本国内では靖国神社や千鳥ヶ淵戦没者墓苑、そして東京大空襲で死亡した者を慰霊する東京都慰霊堂、東京都戦没者霊苑、沖縄決戦での死者を慰霊するひめゆりの塔、広島の原爆死没者慰霊碑、長崎の平和祈念像など、多くの施設がある。中国には北京の天安門広場に人民英雄記念碑があり、また韓国のソウルには国立ソウル顕忠院がある。最後の、韓国の国立墓地であるソウル顕忠院には、二〇〇六年一〇月九日には安倍晋三首相が、二〇一一年一〇月一九日には野田佳彦首相が公式に参拝して、献花している。

人命の損失にとどまるものではなかった。たとえ戦争を生き残った者でも、戦争による破壊により家を失い、愛する家族を失い、また人間としての尊厳を傷つけられた者もいる。アジア太平洋戦争は複合的な戦争であったが、それによる破壊はあまりにも巨大であって、それゆえに事実を明らかにするための歴史研究も、歴史和解も、歴史認識の共有も、きわめて困難となっている。それらが今後よりいっそう進んでいくことを願って、本書では二〇世紀の前半に日本が国際社会のなかでどのような軌跡を辿ったのかを論じてきた。

国際社会との齟齬

その上で本書ではいくつかの点に光を当ててきた。とりわけ注目すべきは、日本と国際社会の間で認識の齟齬が大きくなっていったことである。

第一次世界大戦後の日本にとって大きな問題であったのは、何よりも国際情勢の急速な変化や、国際体制の構造的変化に十分についていけなかったことである。それがどのような変化であるのか、そして国際社会がどのように変わっていくのかについて、あまりにも無関心であるか、無理解であるか、そのいずれかであった。そしてそのような無理解が、国際社会に対して疑心暗鬼となり、不信感を募らせる大きな要因となった。

たとえば、パリ講和会議に参加する上で、それがどのような国際社会の変化をもたらそうとしているのか、日本政府にはよく分からなかった。全権代表としてパリに向かおうとしていた牧野伸顕は、対華二一カ条の要求によって国際社会から日本への批判が高まり、日本が「表裏の多い不信の国」と見られるようになっていたことを懸念していた。すなわち、日本が中国に対して「強圧的、利己的、また陰謀的政策ないし手段」を用いていると見られており、そのような印象を改めて「帝国の国際的信義の回復増進をはかること」を目的に掲げた(4)。しかしながら、そのような牧野の認識を共有する者は、政府の中では多くはなかった。また世論やジャーナリズムも、国際社会を敵視して、自らの正義を独善的に語る快楽におぼれる傾向があった。この時代において、冷静に日本が国際社会で置かれた地位を理解する者は、きわめて例外的であったのである。

国際社会は、もちろんのこと一枚岩ではない。そこには色々な国の利益が渦巻き、衝突し、調整される。そしてそこでは偽善が横行して、自らの権益を声高に主張して受け入れさせようと、各国は争う。国際社会の新参者である日本は、ナイーブにそのような現実に衝撃を受けてしまった。それがパリ講和会議での、多くの若手外交官の経験であった。

そのような、イギリスやアメリカが掲げる偽善に怒りを感じて、アジアにおいて純粋な正義を実現したいと彼らは考えた。しかしながらそのために理想主義的な行動をするのではなく、むしろ自らの軍事力に頼って、強圧的な政策を展開していった。したがって、日本人がどれだけアジア主義の美しい言葉を語っても、それに共感して手を差し伸べるアジア諸国の民族主義者は少なかったのである。あるいは、彼らが日本に協力するのは、あくまでも自らの独立を達成するための手段でしかなかった。

すでに見てきたように、国際政治学者の高坂正堯は、「国際政治に対する日本人の想定と国際政治の現実とのずれ」が原因で、戦前の日本外交は失敗したと述べている[5]。問題なのは、そのような「ずれ」に、多くの日本人が気づいていなかったことである。無意識のうちに、そのような国際社会との「ずれ」の存在に不満を鬱積させ、敵意をむき出しにして、国際社会に背中を向けてしまった。

たとえどれだけそのような「ずれ」があったとしても、日本は国際社会のなかで生きていかなければいけない。そして、そのような厳しい国際社会のなかで、自らの利益を確保して、国民の安全を守っていかなければならないのだ。だとすれば、まず必要な作業は、なぜそのような「ずれ」が生じてしまうのかを理解することであり、その「ずれ」がどのようなものであるかを認識することではないだろうか。

軍国主義批判の陥穽

戦前の日本が陥った問題とは、平和主義に背いて軍国主義の道を歩んだことだけではない。より致命的だったのは、国際主義的な精神が欠落して、国際情勢を適切に認識できなくなっていったことであった。

日清戦争や日露戦争、そして第一次世界大戦において、日本政府はかなりの程度、国際法を遵守して、国際協調に基づいて政策を決定して、国際社会の大きな潮流と整合した行動をとっていた。また、その間に、陸軍軍人の山縣有朋《やまがたありとも》や桂太郎が首相を務め、海軍軍人の山本権兵衛や加藤友三郎が首相を務めて政治を指導した。彼らは国際協調主義に基づいて、日本の利益と安全を確保することに努めていた。それゆえ、この時代の日本は深刻な問題に直面することはなかった。戦争という危機のなかでも、日本は国際主義の精神を見失うことはなかったのである。

軍人が政治指導を行ったとしても、それが憲法に則ったものであれば常に悪であるとは限らない。イギリス政治で陸軍軍人のウェリントン公爵が首相になったり、アメリカ政治で陸軍軍人のドワイト・アイゼンハワーが大統領になったりしても、かならずしもそれを軍国主義と呼ぶ必要はないだろう。政治が軍事を理解することは不可欠であり、軍事を否定することがつねに平和につながるとは限らない。

それでは、何が問題であったのか。本書では、戦前の日本が陥った本質的な問題が、イデオロギー、時間、空間という三つの束縛からくる国際主義の欠如と、孤立主義への誘惑であったと論じてきた。すなわち、国際社会の動向を理解せずに、自らの権益拡張や正義の主張を絶対的なものとみなしたことが、日本を破滅の道へと導いていった。日露戦争の際には、日本はイギリスの同盟国であり、アメリカの仲裁によって講和会議で有利な条件を確保することができた。ところがアジア太平洋戦争の際には、日本は中国との泥沼の戦争を続けながら、ノモンハン戦争ではソ連軍と戦闘を行って、東南アジアのイギリス領に侵略する計画を立て、オランダ領インドネシアの石油を奪取しようと考え、アメリカと全面的な戦争へと突入していった。日露戦争終結からアジア太平洋戦争終結までの四〇年間で、日本がどれだけ国際社会で孤立していったかが分かるだろう。

国際主義の回復

だとすれば、国際主義を回復することが戦後の日本の大きな目的でなければならない。国際主義を失い、国際秩序を破壊して、国際社会の挑戦者となることはあまりにも日本の国益を損ねる結果となるだろう。

それゆえに、戦後の日本が独立を回復するまでの首相が、フランスに長期留学した国際派の東久邇宮稔彦王《ひがしくにのみやなるひこおう》であり、元外交官であった幣原喜重郎、吉田茂、キリスト教徒の片山哲、そして元外交官で外交史の著作もある芦田均であったのは、いかにも象徴的である。無意識のうちに、戦後の日本は国際主義を回復することが大きな使命であることを理解していたのである。

そのような国際主義の精神は、一九四六年一一月三日に公布された日本国憲法にも息づいている。その憲法前文では、「われらは、平和を維持し、専制と隷従、圧迫と偏狭を地上から永遠に除去しようと努めてゐる国際社会において、名誉ある地位を占めたいと思ふ」と高らかに宣言している。また、それに続いて、「われらは、いづれの国家も、自国のことのみに専念して他国を無視してはならないのであつて、政治道徳の法則は、普遍的なものであり、この法則に従ふことは、自国の主権を維持し、他国と対等関係に立たうとする各国の責務であると信ずる」と謳っている。国際主義の精神は、憲法にしっかりと埋め込まれたのである。それは、戦前の日本外交が国際社会と敵対して、孤立主義に陥った誤りを適切に認識した結果でもあるのだろう。

しかし、いかなる諸国にとっても、広い視野から国際主義の精神の重要性を理解するのは容易ではない。自国の正義や自国の利益を絶対視する傾向は、どの国においても色濃く見られるからである。そこで気になるのが、今の日本である。戦前の日本が、軍国主義という名前の孤立主義に陥ったとすれば、戦後の日本はむしろ平和主義という名前の孤立主義に陥っているというべきではないか。たとえば、平和主義と戦争放棄の理念を、一九二八年の不戦条約や、一九四五年の国連憲章二条四項を参照することなく、あたかも憲法九条のみに存在する尊い日本固有の精神であるかのように錯覚し、ノーベル平和賞を要求することは、本書で見てきたような日本の歴史に少しでも思いをいたすならば、美しいふるまいとは言えないだろう。また、自国以外の安全保障にまったく関心を示さない利己的な姿勢は、下手をすれば国際主義の精神の否定と見られる怖れもある。

戦前の多くの日本国民も、戦後の多くの日本国民も、国際法や国際情勢に十分に留意することなく、正義や利益を語る傾向が強い。日本の正義や利益が、いかにして国際社会のそれと整合可能であるかを調整することが、外交に求められる大きな課題である。戦前の日本が「人種平等」を唱え、戦後の日本が「戦争放棄」を唱えて、それがどれだけ国際的な正義であったとしても、それを国際主義的な精神の中で実現していくことが何よりも重要なのだ。

世界の中の日本

それゆえ本書では、通常の学校教育で「世界史」と「日本史」に分裂している歴史観を、現代史として一つに統合した上で、二〇世紀前半に国際社会の中で日本が辿った道を描写してきた。それは、非欧米の非白人、非キリスト教国家として、多くの苦しみや悩みを伴う旅であった。そのなかで、どうにか日本の安全や利益を国際主義の中で実現していこうと奔走し、模索した政治指導者や外交官、そして知識人も少なからずいた。だからこそ、日本が戦後世界で国際主義を回復することが可能であったのだ。

他方で、現代に至っても日本を取り巻く国際環境は厳しく、また孤立主義の誘惑は強力である。他国を批判して、国際社会の不正義を罵り、また圧倒的な世界大国であるアメリカを軽蔑して日米協調の精神を拒絶することは、つねに多くの日本人を魅了してきた。しかしながら、そのような安易で破滅的な選択肢をわれわれは拒絶しなければならない。自らの正義を絶対視して他国の価値を嗤《わら》い、国際社会における正義や規範を無力であると突き放し、自らの価値を絶対的で自明な正義として語ることは、戦前の日本が国際社会から孤立して破滅したときに歩んだ道程と同じものではないか。

どれだけ苦しくても、どれだけ困難であっても、他者に語りかけ、他者の理解を求めて、他者の抱く価値を尊重することから、日本が進むべき国際主義の道は始まるのだろう。そしてそれは、敗戦を乗り越えて多くの優れた日本の指導者たちが、これまで苦悩しながらも実践してきたことである。その美しい伝統を引き継いでいく上で、「世界の中の日本」という視野から現代史を語ることこそが、一つの重要な出発点であると考えている。

あとがき

二〇一五年三月一二日午後。私は慶應義塾大学三田キャンパスにある萬來舎《ばんらいしゃ》という教員用ラウンジで、新潮社の選書担当の編集者である三辺直太氏と懇談していた。すでに約束していた別の書籍企画について、なぜ思うように執筆が進んでいないのかを、説得的に説明していた。いつものことである。最近は、出版社の編集者の方と会うと、とりあえず頭を下げて執筆が進んでいないことを謝るのが習慣になってしまった。困ったものである。

そこで、自らがうまく執筆が進んでいないことを棚に上げて、私は歴史認識問題について話を始めた。というのも、ちょうど安倍晋三政権のもとで、二一世紀構想懇、すなわち、「20世紀を振り返り21世紀の世界秩序と日本の役割を構想するための有識者懇談会」（長い！）が設置されて、八月に予定されている歴史認識をめぐる「安倍談話」の行方が新聞を賑わせていたからである。戦後七〇年ということで、あの戦争をどのように認識するか、そして戦後の歩みをどのように位置づけるかが、政治上の大きな争点となっていた。私はこの有識者懇談会の構成員ではないが、大学で外交史を教える立場からも、二〇世紀の歴史には深い関心を有していた。そして、「侵略」や「謝罪」という言葉が入るか入らないか、という用語の問題のみで談話が判断されつつあることに、強い違和感を抱いていた。重要なのは、その全体像ではないだろうか。

とはいっても、そもそも歴史認識をめぐって日本国内ではあまりにも激しいイデオロギー的な対立が見られ、妥協するのが不可能なほど激しく相手を罵り合う論争が繰り広げられていた。そして、そのような状況となってしまう原因として私が気になったのは、書店に行って歴史のコーナーの書架を眺めると、イデオロギー的に偏向した書物が数多く並んでいることであった。歴史ものでベストセラーになるのは、たいていの場合が職業的に歴史学のトレーニングを受けた歴史の専門家によって書かれたものではなかった。もちろんその中には優れた内容のものもある。他方で、歴史学の世界では、よりいっそう微細なテーマに拘泥することが求められて、大きな全体像を描くのではなく、きわめて限定された時期の、きわめて限定されたテーマについて徹底的に史料に基づいて仔細に描くことが求められていた。この二つの世界の乖離こそが、現在繰り広げられている激しい歴史認識をめぐる対立の大きな原因であると感じた。

また歴史ものの出版物を眺めると、あたかも戦前の日本が悪いことばかりしていたと描く本と、あたかも戦前の日本が何も悪いことをしていないかのように描く本と、二極化している現状にも違和感があった。人間も国家も、悪いこともすれば、良いこともする。それは当然である。多様な要素を総合して、バランスよく全体を描くことが重要だ。ところがそのような複雑で、バランスのとれた歴史書よりも、単色で、シンプルに善悪を断定する本の方が読者にとって読みやすいことは間違いない。だからそのような本が市場に求められて、多く読まれるのだろう。

そのような現状を憂えて、それらとは異なる本が必要だと、萬來舎のラウンジでコーヒーを飲みながら私は三辺氏に力説した。それに対して三辺氏は、「それなら細谷先生がそのような本を書いたらどうでしょうか」と冷静に述べた。興奮気味な私は、「そうなんです、そういった本を私自身で書いてみたいと思っていたんです」と、つい口が滑って答えてしまった。

そこで「どうせ出すのであれば、歴史認識問題が大きな政治的争点となる八月以前に出したいと考えているのですが」と伝えた。となると、新潮選書の刊行の時期を考えると、七月末頃に刊行しなければならない。ぎりぎり間に合う。三辺氏は、「それでしたら、集中して執筆できるように、弊社の〝缶詰〟施設が空いているか調べてみます」と応えてくれた。私は連休中に一切仕事を入れずに、この新潮社が保有する執筆専用の宿泊施設に缶詰になって泊まり込み、朝から晩まで執筆に専念した。二〇世紀を回顧する優れた数多くの歴史書に埋もれて、何ともいえない心地よさのなかで執筆を続けた。結局五月末には原稿をまとめることができた。新潮社内で正式に企画が通ってから、わずか一カ月ほどであった。

もちろん、通常は少なくとも一〇年ぐらいはかかる歴史学の研究を、一カ月でまとめることができるはずがない。今回の著書は、政治外交史分野の優れた先行研究に大きく依拠しており、私自身が何か新しい学問的貢献をするものではない。ほぼすべて先行研究に書かれていることである。本書が扱った時代に関しては、細谷千博、秦郁彦、五百旗頭真、波多野澄雄、戸部良一、北岡伸一、伊藤之雄、佐藤卓己、森山優、服部龍二、小谷賢、奈良岡聰智などの卓越した政治外交史家の諸氏が、これまで蓄積した重厚な研究に大幅に依拠している。近年の歴史認識をめぐる論争が、これらの諸氏が長い時間をかけて蓄積したすばらしい数々の研究を無視して議論されていることを見るにつけて、とても大きな不満を感じていた。本書を通じて、読者諸賢が巻末の註に記しているこれらの諸氏の優れた著作を手にとって読まれることを、切に願っている。とはいえ、短期間で執筆したことからも、私がこれまで長い期間にわたって影響を受けて学んできたすべての先行研究を註で網羅しているわけではないことを、お許し頂きたい。

本書は、戦後史を二〇世紀の全体像の中に位置づけし直して、再構築することを目的として執筆された。すなわち、序章でも論じたように、これまでの戦後史の歴史認識が、「イデオロギー的な束縛」「空間的な束縛」、そして「時間的な束縛」によってきわめて視野の狭いものとなってしまい、それによって国際的な認識と日本人の歴史認識との間に大きな齟齬が生じていることが、問題の源泉であると位置づけた。それらの束縛から解放して、国際的にも通用するような戦後史を描きたいと考えていた。そのためには、われわれが通常は切り分けて考えている「世界史」と「日本史」を統合させる必要があると考えた。

ところが、執筆を始めてみると書きたいことが泉のように溢れてきてしまい、アジア太平洋戦争が終わる時代を論じたところで、すでに一冊分の原稿の分量に達してしまった。そこで、担当の三辺さんと相談をして、「戦後史の解放」という大きなタイトルのもとで、複数巻で刊行する運びとなった。これまた予期しないことであった。したがって本書は「戦後史の解放Ⅰ」として、この続きをこれから書くことになる。私は、二〇世紀の前半において日本は国際秩序の破壊者であり、戦争の反省の上に二〇世紀の後半には国際秩序の擁護者となったと考えている。それゆえ、二〇世紀前半の日本の軌跡を描いた本書では、日本に対する厳しい評価が多い結果となった。それは時に著者として大きな苦悩を伴う作業であったが、次巻以降は日本の積極的な側面を描ける場面が増えるであろう。

また、本書のタイトルが「歴史認識とは何か」となっているのは、本書の主たる目的がすでにいくつもある近現代の通史に新しい一冊を加えることではなく、あくまでも日本人が抱える歴史認識をめぐる問題の泉源を探ることだからである。日本が戦前に、対米戦争へ向けた道のりを歩み始める大きな原因が、国際情勢認識の錯誤にあったと本書では指摘している。そして現在の日本でも、歴史認識をめぐり、国際社会の一般的な理解とは大きく異なる、自己中心的な歴史理解が数多く見られる。安全保障政策をめぐる現在の議論の混沌も、そのような奇怪な国際情勢認識に基づいたものと考えている。すなわち、国際政治や国際法をほとんど学ばずして、日本国内の正義と論理のみでそれを語ることで、国際社会からは理解しがたい奇妙な議論が数多く横行しているのだ。

そのように考えるようになったのは、ほかでもない。私が他の多くの歴史家とは異なる歩みをしてきたからである。私は大学学部の時代には、立教大学で北岡伸一教授の指導のもとで日本外交史を勉強していた。大学院進学後も、立教大学大学院や東京大学大学院で北岡教授の授業に出席させて頂き、ご指導を頂いた。また、慶應義塾大学大学院進学後は、田中俊郎教授のもとでヨーロッパ国際政治史を専門に研究を蓄積してきた。田中教授のもとでは、EUやヨーロッパ国際政治について多くを学ぶことができた。いわば、私は、日本外交史とヨーロッパ国際政治史と、異なる二つのレンズから二〇世紀の歴史を眺めるという独特な習慣が身についてしまったのである。

また、私はこれまでオランダ、イギリス、アメリカ、フランスと四つの国の大学で、国際政治学や外交史を学んできた。これまた、国際政治学者の世界でも、歴史学者の世界でも、稀なことであろう。それぞれの国で、歴史の見方に大きな違いがあることに驚いた。他方で、それらの諸国である程度共通した歴史認識が存在することにも気がついた。このように、複眼的に歴史を眺めると同時に、国際社会での一般的な二〇世紀史に関する理解についても意識することになった。このような独特な学問的な遍歴を辿ってきた私が描く戦後史は、おそらく多くの方が理解するそれとは異なるのではないだろうか。そのように考えたことが、私が本書を刊行したいと感じた大きな理由だった。

すでに述べたように、本書は私自身の努力によって刊行できたのではなく、これまで画期的な研究成果を刊行してきた、優れた多くのプロフェッショナルな歴史家の方々の研究業績のおかげで刊行できたというべきである。それゆえに、すでに一部の歴史家の名前を挙げさせて頂いたが、優れた研究業績を通じて私を教育してくれたそれらの方々に敬意を表するとともに、感謝したい。また、日本の内外でこれまで私を指導して頂いた多くの先生方にも深く感謝したい。その中でもとりわけ、日本政治史に関して幅広い知識と理解を有する小宮一夫氏には、本書の草稿段階の原稿に目を通して頂き、数多くの貴重なご教示と示唆を頂いた。深く感謝したい。しかしながら、本書に含まれているであろう全ての誤りや、理解の不足は、いうまでもなく著者である私の責任である。

すでに触れたように、本書が刊行できたのは、何よりも新潮社選書編集部の三辺直太氏のご尽力と、それを支えて頂いた新潮社の方々のご理解があったからである。三月に三辺さんから執筆の励ましを頂いたときには、七月刊行が間に合うかどうか半信半疑であった。それが可能となったのは、三辺さんが毎週末、家族との時間を犠牲にしてこの本の編集のためにご尽力くださったからであった。

また、二〇一五年のゴールデンウィークと、五月と六月のほぼすべての週末を、私が一人で新潮社の宿舎にこもることを許してくれた妻と娘にも感謝したい。家族の支えがあってはじめて、このようなわがままが可能となった。このような家族に恵まれた幸福を感じる。

本書が契機となり、これまで「世界史」と「日本史」に分断されてきた日本の歴史教育や歴史認識の問題点がより深く意識されるようになり、「世界の中の日本」という視点から歴史を理解するための努力がよりいっそうなされるようになることを願ってやまない。

二〇一五年七月三日　細谷雄一

註

本書が対象とする時期の研究に関しては、まさに膨大な数の優れた先行研究があり、私もこれまで多くを参考にさせて頂いてきた。だが紙幅の都合上、ここで参照する文献はあくまでも直接引用したものに留めている。また比較的読者の方々が手にとって参考にして頂きやすいように基本的に日本語文献に限定して、英語文献などは一部を除いて含めていないことをご了解頂きたい。また、ここで参照する文献は優れたものばかりであり、本書で十分に論じられなかった部分をより深く理解するためにも、ぜひお読み頂きたい。

はじめに

（1）株式会社アミューズ・桑田佳祐「サザンオールスターズ年越しライブ２０１４に関するお詫び」http://www.amuse.co.jp/saslive2014/

（2）『朝日新聞』二〇一五年五月二一日付。

（3）高坂正堯『国際政治　恐怖と希望』（中公新書、一九六六年）七頁。

(4) 同、一〇頁。
(5) 高坂正堯著作集刊行委員会編『高坂正堯著作集 第三巻 日本存亡のとき』(都市出版、一九九九年)一〇頁。

序章
(1) E・H・カー『歴史とは何か』清水幾太郎訳(岩波新書、一九六二年)四〇頁。
(2) 薬師寺克行編『村山富市回顧録』(岩波書店、二〇一二年)二一〇頁。
(3) この詳しい経緯は、服部龍二『外交ドキュメント歴史認識』(岩波新書、二〇一五年)第四章および、薬師寺編『村山富市回顧録』第五章を参照。
(4) 薬師寺編『村山富市回顧録』二二二―三頁。
(5) 同、二二〇―一頁。
(6) 同、二一三頁。
(7) 服部『外交ドキュメント歴史認識』一四一頁。
(8) 木村幹『日韓歴史認識問題とは何か 歴史教科書・「慰安婦」・ポピュリズム』(ミネルヴァ書房、二〇一四年)一九七頁。
(9) 同。
(10) A・J・P・テイラー『近代ドイツの辿った道 ルターからヒトラーまで』井口省吾訳(名古屋大学出版会、一九九二年)二〇四頁。
(11) カー『歴史とは何か』二七頁。
(12) リチャード・J・エヴァンズ『歴史学の擁護 ポストモダニズムとの対話』今関恒夫/林以知郎監訳(晃洋書房、一九九九年)一六頁。

(13) 同、一七頁。
(14) 同、一九頁。
(15) 同。
(16) カー『歴史とは何か』三九―四〇頁。
(17) ゲオルク・G・イッガース『20世紀の歴史学』早島瑛訳(晃洋書房、一九九六年)一一〇―一一一頁。
(18) エドワード・サイード『オリエンタリズム』今沢紀子訳(平凡社、一九八六年)。
(19) たとえば、アリス・ケスラー゠ハリス「いまジェンダー史とは何か」デイヴィッド・キャナダイン編『いま歴史とは何か』平田雅博/岩井淳/菅原秀二/細川道久訳(ミネルヴァ書房、二〇〇五年)一五三―一八〇頁。
(20) エヴァンズ『歴史学の擁護』六頁。
(21) 木村『日韓歴史認識問題とは何か』五八頁。
(22) 同、五九頁。
(23) 黒沢文貴「戦後の日本近代史研究の軌跡」黒沢文貴/イアン・ニッシュ編『歴史と和解』(東京大学出版会、二〇一一年)四一頁。
(24) 黒沢「戦後の日本近代史研究の軌跡」五四頁。
(25) たとえば、大嶽秀夫『戦後日本のイデオロギー対立』(三一書房、一九九六年)。
(26) 孫崎享『戦後史の正体1945―2012』(創元社、二〇一二年)一四頁。
(27) 孫崎『戦後史の正体』一五頁。
(28) たとえば中西輝政/小谷賢編著『インテリジェンスの20世紀　情報史から見た国際政治』(千倉書房、二〇〇七年)を参照。
(29) 秦郁彦『陰謀史観』(新潮新書、二〇一二年)八頁。
(30) 先駆的な研究として、たとえばイギリス史の分野では、Richard J. Aldrich and Michael F. Hopkins

(eds.), *Intelligence, Defence and Diplomacy: British Policy in the Postwar World* (London: Frank Cass, 1994); Richard J. Aldrich (ed.), *British Intelligence, Strategy and the Cold War, 1945-51* (London: Routledge, 1992); Richard J. Aldrich, Gary D. Rawnsley and Ming-Yeh T. Rawnsley (eds.), *The Clandestine Cold War in Asia, 1945-65: Western Intelligence, Propaganda and Special Operations* (London: Frank Cass, 2000) を参照。

（31）これ以外にも、反米史観に基づいた戦後史は、日本ではきわめて広く読まれている。このような反米史観は、戦後一貫して多くのかたちで論じられてきたが、近年の代表的なものとして、白井聡『永続敗戦論　戦後日本の核心』（太田出版、二〇一三年）、内田樹／白井聡『日本戦後史論』（徳間書店、二〇一五年）。

（32）アルフレート・グロセール『欧米同盟の歴史（上）』土倉完爾／氏家伸一／富岡宣之訳（法律文化社、一九八七年）一九頁。

（33）そのような視点から憲法9条が論じられた研究として、山室信一『憲法9条の思想水脈』（朝日選書、二〇〇七年）がある。しかしながら、この著書は必ずしも、最近の外交史研究を参照してケロッグ・ブリアン条約との連関を検討しているわけではなく、日本における平和思想の系譜を紹介することに力点を置いている。

（34）Lawrence Freedman, *The Evolution of Nuclear Strategy*, 2nd edition (Basingstoke: Macmillan, 1989) pp.4-6. その背景についてのより詳細な検討として、永末聡「戦略爆撃思想の系譜」石津朋之／立川京一／道下徳成／塚本勝也編著『エア・パワー　その理論と実践』（芙蓉書房出版、二〇〇五年）七〇―九八頁が参考になる。

（35）Zara Steiner, *The Lights That Failed: European International History 1919-1933* (Oxford: Oxford University Press, 2005) p.750. 及び、クリストファー・ソーン『満州事変とは何だったのか　国際連盟と外交政策の限界』市川洋一訳（草思社、一九九四年）二二三―二三九頁、臼井勝美『満洲国と国際連

盟』（吉川弘文館、一九九五年）一三―一四頁。

(36) 他方で、このような問題意識からすでに歴史学の世界では、日本史と世界史を融合した新しい歴史教育の必要が検討されてきた。すなわち、日本学術会議の史学委員会では、「世界史」と「日本史」の二者択一ではない、グローバル化時代にふさわしい歴史教育のあり方が提言されている。日本学術会議史学委員会・高校歴史教育に関する分科会「再び高校歴史教育のあり方について」（二〇一四年六月一三日）http://www.scj.go.jp/ja/info/kohyo/pdf/kohyo-22-t193-4.pdf 及び、三谷博「高校教育の科目『歴史基礎』を考える① 『歴史基礎』検討の発端と学術会議分科会での議論」日本歴史学会編集『日本歴史』二〇一四年六月号、三八―四〇頁、同「高校教育の科目『歴史基礎』を考える② 『歴史基礎』の目的と概要」日本歴史学会編集『日本歴史』二〇一四年八月号、三三―三六頁、同「高校教育の科目『歴史基礎』を考える③ 歴史教育の方法と大学入試改革」日本歴史学会編集『日本歴史』二〇一四年九月号、四八―五〇頁を参照。これは重要な問題提起であり、このような試みが浸透することで日本における歴史認識に大きな進歩が見られるであろう。

(37) 佐藤卓己『増補・八月十五日の神話　終戦記念日のメディア学』（ちくま学芸文庫、二〇一四年）二九三頁。

(38) 同、二九五頁。

(39) 同、三四三頁。

(40) 佐藤次高／木村靖二／岸本美緒ほか『改訂版・詳説世界史B』（山川出版社、二〇一四年）。

(41) 羽田正『新しい世界史へ』（岩波新書、二〇一一年）一三三頁。

(42) 同、三一―二頁。

(43) 同、二〇頁。

第1章

（1）Tony Judt, *Postwar: A History of Europe since 1945* (London: William Heinemann, 2005). 邦訳は、トニー・ジャット『ヨーロッパ戦後史（上・下）』森本醇／浅沼澄共訳（みすず書房、二〇〇八年）。

（2）同（上）、六―七頁。

（3）同（上）、二四―五頁。

（4）同（上）、二五頁。

（5）ニーアル・ファーガソン『憎悪の世紀　なぜ二〇世紀は世界的殺戮の場となったのか（上）』仙名紀訳（早川書房、二〇〇七年）三五頁。

（6）同、四一―四二頁。

（7）同、七八―九頁。

（8）同、四六頁。

（9）Michael Howard, *The Invention of Peace* (New Haven: Yale University Press, 2000) p.1.

（10）マイケル・ハワード『改訂版・ヨーロッパ史における戦争』奥村房夫／奥村大作共訳（中公文庫、二〇一〇年）一七四―九頁、および木畑洋一「近・現代世界と戦争」木畑洋一編『20世紀の戦争とは何であったか』（大月書店、二〇〇四年）一七頁。

（11）ポール・ジョンソン『ナポレオン』富山芳子訳（岩波書店、二〇〇三年）二頁。

（12）同、二頁。

（13）同、三頁。

（14）ハリー・ヒンズリー『権力と平和の模索　国際関係史の理論と現実』佐藤恭三訳（勁草書房、二〇一五年）一七一頁。

（15）藤田久一『新版・国際人道法・再増補』（有信堂高文社、二〇〇三年）一三頁。

（16）同、一五頁。

(17) 藤田久一「国際法からみた捕虜の地位」木畑洋一／小菅信子／フィリップ・トウル編『戦争の記憶と捕虜問題』(東京大学出版会、二〇〇三年) 三一頁。
(18) 喜多義人「日露戦争の捕虜問題と国際法」軍事史学会編『日露戦争(一) 国際的文脈』(錦正社、二〇〇四年) 二二三頁。
(19) 喜多「日露戦争の捕虜問題と国際法」二二三頁。
(20) シュテファン・ツヴァイク『昨日の世界I』原田義人訳 (みすず書房、一九九九年) 二九一―二頁。
(21) 同、二九三頁。
(22) Viscount Grey, *Twenty Five Years, volume II* (London: Hodder & Stoughton, 1925) p.20.
(23) これらの数字は、木村靖二『第一次世界大戦』(ちくま新書、二〇一四年) 二一三頁を参照した。一〇〇〇人以下は省略されている。
(24) 奈良岡聰智「第一次世界大戦初期の日本外交　参戦から二十一カ条要求まで」山室信一／岡田暁生／小関隆／藤原辰史編『第一次世界大戦1　世界戦争』(岩波書店、二〇一四年) 一二九頁。
(25) 奈良岡「第一次世界大戦初期の日本外交」一三三頁。
(26) 細谷雄一『外交　多文明時代の対話と交渉』(有斐閣、二〇〇七年) 一〇九頁。
(27) Michael Howard, *War and the Liberal Conscience* (New York: Columbia University Press, 2008) p.65.
(28) 詳しくは、北岡伸一「吉野作造の国際政治思想」『吉野作造選集5　大戦期の国際政治』(岩波書店、一九九五年) 三八一―四〇五頁を参照。
(29) 松本三之介『吉野作造』(東京大学出版会、二〇〇八年) 二三〇頁。
(30) 同。
(31) 同、二五五頁。
(32) 同、二六四頁。
(33) 奈良岡聰智「第一次世界大戦と原敬の外交指導　一九一四～二一年」伊藤之雄編著『原敬と政党政治の

確立』（千倉書房、二〇一四年）二七四頁。
(34) 同、二七六頁。
(35) 同、二九二―二九四頁。
(36) 同、三〇〇頁。
(37) これについては、篠原初枝『国際連盟　世界平和への夢と挫折』（中公新書、二〇一〇年）五八―六一頁を参照。
(38) 牧野伸顕『回顧録（下）』（中公文庫、一九七八年）一七三―四頁。
(39) 外務省百年史編纂委員会編『外務省の百年（上）』（原書房、一九六九年）七〇八頁。
(40) 同、七〇九頁。
(41) 同。
(42) 同、七一〇頁。表記を一部改めた。
(43) 細谷千博『日本外交の座標』（中央公論社、一九七九年）一〇頁。
(44) 外務省百年史編纂委員会編『外務省の百年（上）』七一一頁。表記を一部改めた。
(45) 同、七一五頁。
(46) 同。
(47) マーガレット・マクミラン『ピースメイカーズ　1919年パリ講和会議の群像（下）』稲村美貴子訳（芙蓉書房出版、二〇〇七年）五三頁。
(48) 篠原『国際連盟』六二頁。
(49) 戸部良一『外務省革新派　世界新秩序の幻影』（中公新書、二〇一〇年）一〇頁。
(50) 重光葵『外交回想録』（中公文庫、二〇一一年）六八頁。
(51) 簑原俊洋『カリフォルニア州の排日運動と日米関係　移民問題をめぐる日米摩擦、1906～1921年』（有斐閣、二〇〇六年）一一頁。

(52) 外務省百年史編纂委員会編『外務省の百年（上）』七一七頁。表記を一部改めた。
(53) 細谷『日本外交の座標』七頁。
(54) マクミラン『ピースメイカーズ（下）』五二頁。
(55) 同、五二—三頁。
(56) 外務省百年史編纂委員会編『外務省の百年（上）』七一七—八頁。
(57) 高原秀介『ウィルソン外交と日本　理想と現実の間　1913—1921』（創文社、二〇〇六年）二六九頁。
(58) 牧野『回顧録（下）』二〇八頁。
(59) 外務省百年史編纂委員会編『外務省の百年（上）』七一八頁。
(60) 同、七一八—九頁。表記を一部改めた。
(61) 高原秀介「第一次世界大戦の終結　シベリア出兵とパリ講和会議」簑原俊洋編『「戦争」で読む日米関係100年　日露戦争から対テロ戦争まで』（朝日新聞出版、二〇一二年）六二頁。
(62) 牧野『回顧録（下）』二一〇頁。
(63) 高原「第一次世界大戦の終結　シベリア出兵とパリ講和会議」
(64) 近衛文麿「英米本位の平和主義を排す」北岡伸一編集・解説『戦後日本外交論集　講和論争から湾岸戦争まで』（中央公論社、一九九五年）五〇頁。
(65) 波多野澄雄『幕僚たちの真珠湾』（朝日選書、一九九一年）二二頁。
(66) 伊藤隆／渡辺行男編『重光葵手記』（中央公論社、一九八六年）七六頁、及び、後藤乾一『東南アジアから見た近現代日本　「南進」・占領・脱植民地化をめぐる歴史認識』（岩波書店、二〇一二年）一一頁。
(67) 石橋湛山「日本は大日本主義を放棄す可し」『亜細亜公論』一九二二年五月号、後藤『東南アジアから見た近現代日本』三四頁。
(68) 奈良岡「第一次世界大戦初期の日本外交」一四四頁。

(69) Arthur S. Link, *Wilson the Diplomatist: A Look at his Major Foreign Policies* (New York: New Viewpoints, 1957) p.5.
(70) 斉藤孝編『ヨーロッパ外交史教材　英文資料選』（東京大学出版会、一九七一年）三六頁。
(71) ヘンリー・A・キッシンジャー『外交（上）』岡崎久彦監訳（日本経済新聞社、一九九六年）三三〇頁。
(72) ヒンズリー『権力と平和の模索』二一九頁。
(73) 喜多「日露戦争の捕虜問題と国際法」二二四頁。
(74) 海軍次官発外務次官宛「官房機密第一九八四号の三『俘虜の待遇に関する一九二九年七月二七日の条約』御批准方奏請に関する件回答」一九三四年一一月一五日、アジア歴史資料センター、レファレンスコード、B04122508600。表記を一部改めた。
(75) 小菅信子『戦後和解　日本は〈過去〉から解き放たれるのか』（中公新書、二〇〇五年）一〇八頁。
(76) 喜多義人「日本軍の国際法認識と捕虜の取り扱い」平間洋一／イアン・ガウ／波多野澄雄編『日英交流史 1600-2000・3軍事』（東京大学出版会、二〇〇一年）二八二頁。
(77) 喜多「日露戦争の捕虜問題と国際法」二二四—五頁。
(78) 入江昭『増補版・二十世紀の戦争と平和』（東京大学出版会、二〇〇〇年）一〇九頁。
(79) 同、一一〇頁。
(80) Melvyn P. Leffler, *The Elusive Quest: America's Pursuit of European Stability and French Security, 1919-1933* (Chapel Hill: The University of North Carolina Press, 1979) pp.162-4.
(81) Zara Steiner, *The Lights That Failed: European International History 1919-1933* (Oxford: Oxford University Press, 2005) pp.572-3.
(82) 「パリ不戦条約」歴史学研究会編『世界史史料10　二〇世紀の世界I　ふたつの世界大戦』（岩波書店、二〇〇六年）一五四頁。
(83) 山室信一『憲法9条の思想水脈』（朝日選書、二〇〇七年）一八六頁。

(84) 北岡伸一『日本の近代5　政党から軍部へ　1924~1941』(中公文庫、二〇一三年）八九―九〇頁。
(85) 伊藤之雄『昭和天皇伝』(文春文庫、二〇一四年）一六一頁。
(86) 寺崎英成／マリコ・テラサキ・ミラー編著『昭和天皇独白録　寺崎英成・御用掛日記』(文藝春秋、一九九一年）二二頁。
(87) 伊藤『昭和天皇伝』一七一頁。
(88) 同、一七二頁。
(89) 同、一九八―九頁。
(90) 同、一九九頁。
(91) Martyn Housden, *The League of Nations and the Organisation of Peace* (London: Longman, 2012) p.98.
(92) キッシンジャー『外交（上）』四〇二頁。
(93) 外務省百年史編纂委員会編『外務省の百年（上）』九八〇―一頁。
(94) 同、九八一頁。
(95) 伊藤『昭和天皇伝』二〇〇―二〇一頁。
(96) 同、二〇一頁。
(97) 北岡『政党から軍部へ』一七三頁。
(98) 芳沢謙吉『外交六十年』(中公文庫、一九九〇年）一〇六―七頁。
(99) 同、一〇七頁。
(100) 臼井勝美『満州事変　戦争と外交と』(中公新書、一九七四年）八六―七頁。
(101) 外務省百年史編纂委員会編『外務省の百年（上）』九八一頁。表記を一部改めた。
(102) 臼井勝美『満州事変』八三頁。
(103) 伊香俊哉『満州事変から日中全面戦争へ』(吉川弘文館、二〇〇七年）一一四―五頁。

(104)北岡『政党から軍部へ』一七九頁。
(105)Housden, *The League of Nations and the Organisation of Peace*, p.100.
(106)E・H・カー『両大戦間における国際関係史』衛藤瀋吉/斎藤孝訳(清水弘文堂書房、一九六八年)一七六―八頁。
(107)Steiner, *The Lights That Failed*, p.750.
(108)F.P. Walters, *A History of the League of Nations* (Oxford: Oxford University Press, 1952) p.465.
(109)クリストファー・ソーン『満州事変とは何だったのか　国際連盟と外交政策の限界(下)』市川洋一訳(草思社、一九九四年)二四四頁。

第2章

(1)シュテファン・ツヴァイク『昨日の世界I』原田義人訳(みすず書房、一九九九年)二九二―三頁。
(2)ボリス・スラヴィンスキー『日ソ戦争への道　ノモンハンから千島占領まで』加藤幸廣訳(共同通信社、一九九九年)一六九頁。
(3)秦郁彦『明と暗のノモンハン戦史』(PHP研究所、二〇一四年)八―九頁。なお、戦後の東京裁判でソ連の検察官が示した数は同じ年で三八七件にのぼる。
(4)島田俊彦『関東軍　在満陸軍の独走』(講談社学術文庫、二〇〇五年)一七三頁、秦『明と暗のノモンハン戦史』四六―八頁。
(5)ジェフリー・ロバーツ『スターリンの将軍　ジューコフ』(白水社、二〇一三年)六四頁。
(6)同、六五頁。
(7)同、七二頁。
(8)スラヴィンスキー『日ソ戦争への道』一七五頁。

(9)同、及び、秦『明と暗のノモンハン戦史』一〇—一一頁、横手慎二『スターリン 「非道の独裁者」の実像』(中公新書、二〇一四年)二一四—五頁。
(10)イアン・ニッシュ『戦間期の日本外交 パリ講和会議から大東亜会議まで』関静雄訳(ミネルヴァ書房、二〇〇四年)一九六頁。
(11)スラヴィンスキー『日ソ戦争への道』一七六—七頁。
(12)ヘンリー・A・キッシンジャー『外交(上)』岡崎久彦監訳(日本経済新聞社、一九九六年)四五四頁。
(13)横手『スターリン』二一一頁。
(14)ヨースト・デュルファー「ドイツと三国軍事同盟」三宅正樹/庄司潤一郎/石津朋之/山本文史編著『戦争と外交・同盟戦略 検証太平洋戦争とその戦略2』(中央公論新社、二〇一三年)九一頁。
(15)ドナルド・キャメロン・ワット『第二次世界大戦はこうして始まった(下)』鈴木主税訳(河出書房新社、一九九五年)二一一頁。
(16)ニッシュ『戦間期の日本外交』一九七頁。
(17)キャメロン・ワット『第二次世界大戦はこうして始まった(下)』二三八頁。
(18)三宅正樹『スターリン、ヒトラーと日ソ独伊連合構想』(朝日選書、二〇〇七年)七五頁。
(19)同、七五—六頁。
(20)同。
(21)キャメロン・ワット『第二次世界大戦はこうして始まった(下)』三〇九頁。
(22)同、三一七頁。
(23)清沢洌『第二次欧洲大戦の研究』(東洋経済出版部、一九四〇年)一一頁。
(24)同。
(25)ウィンストン・S・チャーチル『第二次世界大戦1』佐藤亮一訳(河出文庫、二〇〇一年)三六二頁。
(26)同、三六六頁。

(27)同、三六八頁。
(28)ウィンストン・S・チャーチル『第二次世界大戦2』佐藤亮一訳(河出文庫、二〇〇一年)三〇頁。
(29)同。
(30)北岡伸一『日本の近代5　政党から軍部へ　1924～1941』(中公文庫、二〇一三年)三七八―九頁。
(31)波多野澄雄『幕僚たちの真珠湾』(朝日選書、一九九一年)三七頁。
(32)黒野耐『大日本帝国の生存戦略　同盟外交の欲望と打算』(講談社選書メチエ、二〇〇四年)二一三頁。
(33)波多野『幕僚たちの真珠湾』三八頁。
(34)同、三九頁。
(35)黒野『大日本帝国の生存戦略』二一六―七頁。
(36)同、二二二頁。
(37)北岡『政党から軍部へ』三八四頁。
(38)黒野『大日本帝国の生存戦略』二一七頁。
(39)五百旗頭真『日本の近代6　戦争・占領・講和　1941～1955』(中公文庫、二〇一三年)九―一〇頁。
(40)清沢『第二次欧洲大戦の研究』一六四頁。
(41)清沢洌『外交史』(東洋経済新報社出版部、一九四一年)一頁。
(42)小谷賢『日本軍のインテリジェンス　なぜ情報が活かされないのか』(講談社選書メチエ、二〇〇七年)一七三―四頁。
(43)同。
(44)同、一七四―五頁。
(45)伊藤之雄『元老西園寺公望　古希からの挑戦』(文春新書、二〇〇七年)三四〇―二頁。

(46) 戸部良一「独ソ戦の発生と日本陸軍」軍事史学会編『第二次世界大戦　発生と拡大』(錦正社、一九九〇年)二七三頁。表記を一部改めた。
(47) 小谷『日本軍のインテリジェンス』一七九頁。
(48) 同。
(49) 戸部「独ソ戦の発生と日本陸軍」二七三頁。
(50) 小谷賢『イギリスの情報外交　インテリジェンスとは何か』(PHP新書、二〇〇四年)九二―一一〇頁。
(51) 小谷『日本軍のインテリジェンス』一七六―七頁。
(52) チャーチル『第二次世界大戦2』三七一―二頁。
(53) 戸部「独ソ戦の発生と日本陸軍」二七五頁。
(54) 波多野『幕僚たちの真珠湾』八六―七頁。
(55) 北岡『政党から軍部へ』四一六頁。
(56) 波多野『幕僚たちの真珠湾』一〇二頁。
(57) 同、一一二頁。
(58) 同、七二頁。
(59) 幣原喜重郎『外交五十年』(中公文庫、二〇〇七年)二〇九―二一一頁。
(60) 同。
(61) 北岡『政党から軍部へ』四一九頁。
(62) 小谷『日本軍のインテリジェンス』一九〇頁。
(63) 同、一九一頁。
(64) 同、一九一―二頁。
(65) Colville Diaries, June 21, 1941, John Colville, *The Fringes of Power: 10 Downing Street Diaries 1939-1955* (London: Hodder & Stoughton, 1985) p.404.

(66)ウィンストン・S・チャーチル『第二次世界大戦3』佐藤亮一訳(河出文庫、二〇〇一年)三〇頁。
(67)Cadogan Diaries, July 21 1941, David Dilks (ed.), *The Diaries of Sir Alexander Cadogan 1938-1945* (London: Cassell, 1971) p.393.
(68)チャーチル『第二次世界大戦3』三三頁。
(69)The National Archives (TNA), CAB66/18, WP(41)202, Memorandum by Churchill, August 20, 1941, ANNEX IV.
(70)「大西洋憲章(一九四一年八月)」歴史学研究会編『世界史史料10 二〇世紀の世界I ふたつの世界大戦』(岩波書店、二〇〇六年)三五二―四頁。
(71)細谷雄一「『国際連合』の起源 戦後構想をめぐる英米関係、一九四一年」「法学研究」第七八巻、第八号(二〇〇五年)。
(72)波多野『幕僚たちの真珠湾』一二五頁。
(73)波多野澄雄「重光葵の外交思想 『地域主義』と『東亜の解放』」長谷川雄一編著『アジア主義思想と現代』(慶應義塾大学出版会、二〇一四年)二一〇頁。
(74)後藤乾一『東南アジアから見た近現代日本 「南進」・占領・脱植民地化をめぐる歴史認識』(岩波書店、二〇一二年)二五―六頁。
(75)森山優『日本はなぜ開戦に踏み切ったか 「両論併記」と「非決定」』(新潮選書、二〇一二年)三一頁。
(76)同、三四頁。
(77)波多野『幕僚たちの真珠湾』一三九頁。
(78)森山『日本はなぜ開戦に踏み切ったか』六二頁。
(79)同、六二―五頁。
(80)伊藤之雄『昭和天皇伝』(文春文庫、二〇一四年)三〇〇頁。
(81)森山『日本はなぜ開戦に踏み切ったか』六六頁。

(82)同、三二―三頁。
(83)同、九六頁。
(84)五百旗頭『戦争・占領・講和』八七頁。
(85)同、九七頁。
(86)森山『日本はなぜ開戦に踏み切ったか』九六頁。
(87)北岡伸一『日本政治史　外交と権力』(有斐閣、二〇一一年)二〇二頁。
(88)森山『日本はなぜ開戦に踏み切ったか』一六〇頁。
(89)コーデル・ハル『ハル回顧録』(中公文庫、二〇〇一年)一七六―七頁。
(90)同。
(91)廣部泉『グルー　真の日本の友』(ミネルヴァ書房、二〇一一年)一六四頁。
(92)同、一七二頁。
(93)同、一六四頁。
(94)同、一八四頁。
(95)同、一八六―七頁。
(96)小谷『日本軍のインテリジェンス』一八四頁。
(97)同、一八五―六頁。
(98)東郷茂徳『時代の一面』(中公文庫、一九八九年)三五九―三六二頁、及び、須藤眞志『真珠湾〈奇襲〉論争　陰謀論・通告遅延・開戦外交』(講談社選書メチエ、二〇〇四年)一四八―九頁。
(99)須藤『真珠湾〈奇襲〉論争』一五四―六頁。
(100)ハル『ハル回顧録』一八四頁。
(101)中野聡『東南アジア占領と日本人　帝国・日本の解体』(岩波書店、二〇一二年)一七頁。
(102)後藤乾一『東南アジアから見た近現代日本　「南進」・占領・脱植民地化をめぐる歴史認識』(岩波書店、

二〇一二年）六九頁。
(103) 武田知己「第二次世界大戦期における国際情勢認識と対外構想　戦争のなかの戦後」井上寿一編『日本の外交　第一巻　外交史戦前編』（岩波書店、二〇一三年）二六八頁。
(104) 同。
(105) チャーチル『第二次世界大戦３』五六頁。
(106) 同。
(107) 同、五六―七頁。
(108) 同、五七頁。
(109) Cited in Erik Goldstein, "British Official Mind and the United States, 1919-1942," in T.G. Otte and Constantine A.G. Pagedas (eds.), *Personalities, War and Diplomacy: Essays in International History* (London, Frank Cass Publishers, 1997) p.73.
(110) チャーチル『第二次世界大戦３』五七頁。
(111) イアン・ニッシュ「イギリス帝国圏と地域秩序　一九四三―四六年」細谷千博／入江昭／後藤乾一／波多野澄雄編『太平洋戦争の終結　アジア・太平洋の戦後形成』（柏書房、一九九七年）二八四頁。
(112) その全体像については、たとえば、吉田裕『アジア・太平洋戦争』（岩波新書、二〇〇七年）や、倉沢愛子／杉原達／成田龍一／テッサ・モーリス・スズキ／油井大三郎／吉田裕編『岩波講座・アジア・太平洋戦争（全八巻）』（岩波書店、二〇〇五―六年）、吉田裕／森茂樹『アジア・太平洋戦争』（吉川弘文館、二〇〇七年）は、そのような視点から戦争を論じている。
(113) 古川隆久『ポツダム宣言と軍国日本』（吉川弘文館、二〇一二年）。なおこの数字は、吉田裕『アジア・太平洋戦争』の研究に基づいた数字とされている。
(114) 中野『東南アジア占領と日本人』一七―一九頁。
(115) 同、一八―一九頁。

(116) クリストファー・ソーン『太平洋戦争とは何だったのか　1941〜45年の国家、社会、そして極東戦争』市川洋一訳（草思社、一九八九年）一八六頁、木畑洋一「ヨーロッパから見たアジア太平洋戦争」中村政則／天川晃／尹健次／五十嵐武士編『世界史のなかの一九四五年』（岩波書店、一九九五年）六六頁。
(117) 立川京一「日本の捕虜取扱いの背景と方針」防衛研究所編『平成一九年度戦争史研究国際フォーラム報告書』（防衛研究所、二〇〇八年）八三―四頁。表記を一部改めた。
(118) 同、八四頁。
(119) 小菅信子『戦後和解　日本は〈過去〉から解き放たれるのか』（中公新書、二〇〇五年）一一二―三頁。
(120) ロバーツ『ジューコフ』一七三頁。
(121) 同。
(122) 同、一八〇頁。
(123) 同。
(124) チャーチル『第二次世界大戦3』二七一頁。
(125) 「テヘラン宣言（一九四三年一二月一日）」歴史学研究会編『世界史史料10』三九四頁。
(126) "Generalissimo Chiang and President Roosevelt agreed that the four Northeastern provinces of China, Taiwan and the Penghu Islands [Pescadores] which Japan had taken from China by force must be restored to China after the war, it being understood that the Liaotung Peninsula and its two ports, Lushun (Port of Arthur) and Dairen, must be included", Roosevelt-Chiang Dinner Meeting, November 23, 1943, 8 P.M., Roosevelt's Villa, *Foreign Relations of the United States, The Conferences at Cairo and Teheran 1943* (Washington, D.C.: United States Government Printing Office, 1961) pp.322-5.
(127) Jay Taylor, *The Generalissimo: Chiang Kai-Shek and the Struggle for Modern China* (Cambridge: Harvard University Press, 2011) p.247.

(128) Ibid.
(129) Memoranda by the Chinese Government, "Establishment of a Four-Power Council or a Council of the United Nations," Cairo, November 24, 1943, *FRUS Cairo and Teheran 1943*, pp.387-9.
(130) Ibid., p.389. "Japan shall restore to China all the territories she has taken from China since September 18, 1931. Japan shall also return Dairen and Port Arthur, and Formosa and the Pescadores Islands to China."
(131) 五百旗頭真『米国の日本占領政策　上』（中央公論社、一九八五年）一六八頁。
(132) 同。
(133) 「カイロ宣言（一九四三年一一月二七日）」歴史学研究会編『世界史史料10』三九三―四頁。
(134) クリストファー・ダガン『イタリアの歴史』河野肇訳（創土社、二〇〇五年）三三五頁。
(135) 同、三四一頁。
(136) ロジャー・プライス『フランスの歴史』河野肇訳（創土社、二〇〇八年）三七一頁。
(137) 波多野澄雄『太平洋戦争とアジア外交』（東京大学出版会、一九九六年）九頁。
(138) 同、一〇頁。
(139) 同、二三―四頁。
(140) 後藤『東南アジアから見た近現代日本』三九頁。
(141) 同、四〇頁。
(142) 同、五八頁。
(143) 波多野澄雄「戦時外交と戦後構想」細谷・入江・後藤・波多野編『太平洋戦争の終結』四頁。
(144) 後藤『東南アジアから見た近現代日本』二一一―二頁。
(145) 波多野「戦時外交と戦後構想」四頁。
(146) 渡邊行男『重光葵　上海事変から国連加盟まで』（中公新書、一九九六年）一三二頁。

(147) 波多野「重光葵の外交思想」二〇一頁。
(148) 波多野『太平洋戦争とアジア外交』一七三頁。
(149) 波多野「重光葵の外交思想」二〇二頁。
(150) 同、二〇三—五頁。
(151) 後藤『東南アジアから見た近現代日本』八三頁。
(152) 波多野『太平洋戦争とアジア外交』一七八頁。
(153) この「大東亜宣言」本文およびその解説については、「大東亜会議　日本による『独立付与』政策（一九四三年一一月）」歴史学研究会編『世界史史料10』三八三—五頁。
(154) 重光葵『昭和の動乱（下）』（中公文庫、二〇〇一年）二〇一頁。
(155) 波多野「戦時外交と戦後構想」一二頁。
(156) 後藤『東南アジアから見た近現代日本』八九頁。
(157) 中野『東南アジア占領と日本人』二一一—二頁。
(158) 同、二六八—九頁。
(159) 同、二八七—九頁。
(160) 同、三〇六頁。
(161) 油井大三郎／古田元夫『第二次世界大戦から米ソ対立へ』（中央公論社、一九九八年）一一四—五頁。
(162) Martin Gilbert, *Never Despair: Winston S. Churchill 1945-1965, volume VIII* (London: Heinemann, 1988) p.1.
(163) Ibid.
(164) マイケル・ドブズ『ヤルタからヒロシマへ　終戦と冷戦の覇権争い』三浦元博訳（白水社、二〇一三年）二七四—六頁。
(165) 同、二七八—九頁。

(166) 加藤俊作『国際連合成立史　国連はどのようにしてつくられたか』（有信堂高文社、二〇〇〇年）三一—四頁。
(167) 同、三四—六頁。
(168) 同、七九—八〇頁。
(169) 同、八二頁。
(170) この間の経緯については、細谷雄一「国連構想とイギリス外交　普遍主義と地域主義の交錯　一九四一～四三年」細谷雄一編『グローバル・ガバナンスと日本』（中央公論新社、二〇一三年）九二—一二八頁を参照。
(171) 加藤『国際連合成立史』一二二—三頁。
(172) クリストファー・ソーン『満州事変とは何だったのか　国際連盟と外交政策の限界（下）』市川洋一訳（草思社、一九九四年）二四四頁。
(173) 五百旗頭真『日米戦争と戦後日本』（講談社学術文庫、二〇〇五年）一一五頁。
(174) 同、一一四頁。
(175) 平川祐弘『平和の海と戦いの海　二・二六事件から「人間宣言」まで』（講談社学術文庫、一九九三年）六四頁。
(176) 同、八六頁。
(177) 鈴木貫太郎／小堀桂一郎校訂『鈴木貫太郎自伝』（中公クラシックス、二〇一三年）二四〇頁、平川『平和の海と戦いの海』九一—二頁。
(178) 平川『平和の海と戦いの海』一〇一—二頁。
(179) 伊藤『昭和天皇伝』三六二頁。
(180) ドブズ『ヤルタからヒロシマへ』三七五—六頁。
(181) 同、三八一頁。

(182) 同、三八七頁。
(183) アーノルド・オフナー「原爆外交の起源　ポツダムにおけるトルーマン」細谷千博／入江昭／後藤乾一／波多野澄雄編『太平洋戦争の終結　アジア・太平洋の戦後形成』（柏書房、一九九七年）一六〇頁。
(184) 同、一六〇—一頁。
(185) 横手慎二『スターリン「非道の独裁者」の実像』（中公新書、二〇一四年）二四二—三頁。
(186)「ポツダム宣言（一九四五年七月）」歴史学研究会編『世界史史料10』四〇四—五頁。
(187) 五百旗頭『戦争・占領・講和』二二六—七頁。
(188) 同。
(189) 麻田貞雄「原爆投下の衝撃と降伏の決定」細谷他編『太平洋戦争の終結』一九七頁。
(190)「アメリカの原子爆弾投下（一九四五年八月）」『世界史史料10』四〇五—六頁。
(191) 石井修「原爆投下の『決定』」細谷他編『太平洋戦争の終結』一八六頁。
(192) 同、一九二頁。
(193) 五百旗頭『戦争・占領・講和』二三一頁。
(194) 同、二三二頁。
(195) 同、二三五頁。
(196) 佐藤卓己「『八月一五日』の神話化を超えて」佐藤卓己／孫安石編『東アジアの終戦記念日　敗北と勝利のあいだ』（ちくま新書、二〇〇七年）一五頁。
(197) 福間良明「沖縄における『終戦』のゆらぎ」佐藤／孫編『東アジアの終戦記念日』八八頁。
(198) 同、八六—七頁。
(199) 同、八八頁。
(200) 白木沢旭児「『八・一五』でも終わらなかった北海道の戦争」佐藤／孫編『東アジアの終戦記念日』七一頁。

(201) 五百旗頭『戦争・占領・講和』二五八頁。

終章

(1) 吉田裕『アジア・太平洋戦争』(岩波新書、二〇〇七年)二一九―二二〇頁。
(2) 同。
(3) 同、二二一頁。
(4) 外務省百年史編纂委員会『外務省の百年(上)』(原書房、一九六九年)七〇八―九頁。
(5) 高坂正堯『国際政治　恐怖と希望』(中公新書、一九六六年)七頁。

◆関連年表（編集部作成）

西暦	年号	月日	出来事
1899	明治32	5月18日	第一回万国平和会議開催
1902	明治35	1月30日	日英同盟締結
1904	明治37	2月8日	日露戦争開戦
1905	明治38	9月5日	ポーツマス条約（日露講和条約）締結
1910	明治43	8月29日	韓国併合
1912	明治45	1月1日	中華民国成立
1913	大正2	5月19日	カリフォルニア州外国人土地法制定（日系人差別）
1914	大正3	7月28日	第一次世界大戦開戦（オーストリア、セルビアに宣戦布告）
		8月4日	イギリスが参戦
		8月23日	日本が参戦
1915	大正4	1月18日	対華二一カ条の要求
1917	大正6	4月6日	アメリカが参戦
1918	大正7	3月3日	ブレスト・リトフスク条約締結（独ソ単独講和）
		9月29日	原敬内閣成立
		11月9日	ヴィルヘルム二世、オランダ亡命
		11月11日	休戦協定
1919	大正8	1月18日	パリ講和会議開始
		6月28日	ヴェルサイユ条約・国際連盟規約調印
1920	大正9	1月10日	国際連盟発足

←第一次世界大戦→（1914年7月28日〜1918年11月11日）

1921	大正10	12月13日	四カ国条約締結（日英同盟解消決定）
1922	大正11	2月6日	ワシントン海軍軍縮条約締結
1923	大正12	8月17日	日英同盟失効
		9月1日	関東大震災
1925	大正14	10月16日	ロカルノ条約最終議定書合意
1926	大正15	9月8日	ドイツ、国際連盟加盟
1928	昭和3	6月4日	張作霖爆殺事件
		8月27日	パリ不戦条約（ケロッグ・ブリアン条約）締結
1929	昭和4	7月2日	田中義一内閣総辞職
		7月27日	俘虜の待遇に関する条約（日本は調印するも批准できず）
		10月24日	世界恐慌始まる（暗黒の木曜日）
1931	昭和6	3月	三月事件（陸軍クーデター未遂事件）
		9月18日	満州事変勃発（柳条湖事件）
		10月8日	錦州爆撃
1932	昭和7	3月1日	満州国建国
		5月15日	五・一五事件
		10月2日	リットン報告書
1933	昭和8	3月27日	日本、国際連盟脱退
		10月19日	ドイツ、国際連盟脱退
1936	昭和11	2月26日	二・二六事件
		3月29日	イタリア軍、ハラール爆撃

西暦	和暦	月日	出来事
		11月25日	日独防共協定締結(翌年、イタリアも参加)
1937	昭和12	4月26日	ドイツ軍、ゲルニカ爆撃
		7月7日	日中戦争勃発(盧溝橋事件)
		12月11日	イタリア、国際連盟脱退
1939	昭和14	5月3〜4日	日本軍、重慶を猛爆撃
		5月11日	ノモンハン戦争勃発
		8月23日	独ソ不可侵条約締結
		8月28日	平沼騏一郎内閣総辞職
		9月1日	第二次世界大戦開戦(ドイツ軍、ポーランド侵攻)
		9月3日	イギリス・フランス、ドイツに宣戦布告
		11月27日	ソ連軍、フィンランド侵攻
		12月14日	国際連盟、ソ連を除名処分
1940	昭和15	5月10日	ドイツ軍、オランダ・ベルギー侵攻
		同日	チャーチル首相就任
		6月22日	フランス、ドイツに降伏
		7月19日	荻外荘会談
		7月22日	第二次近衛文麿内閣成立
		9月27日	日独伊三国同盟締結
1941	昭和16	4月13日	日ソ中立条約締結
		6月22日	独ソ戦開始
		7月2日	「情勢の推移に伴ふ帝国国策要綱」決定(対英米戦を辞せず)

第二次世界大戦 →(1939年9月1日以降)

		7月28日	日本軍、南部仏印進駐開始
		8月1日	アメリカ、対日石油全面禁輸措置決定
		8月14日	大西洋憲章発表
		8月27〜28日	総力戦研究所の図上演習（対英米戦の敗北シナリオ提示）
		9月6日	「帝国国策遂行要領」決定（一〇月上旬を目途に対米開戦を決意）
		10月16日	第三次近衛文麿内閣総辞職
		10月18日	東條英機内閣成立
		11月26日	ハル・ノート提示
		12月1日	対英米蘭開戦を決定
		12月8日	マレー半島上陸作戦
		同日	真珠湾攻撃
1942	昭和17	1月1日	東條英機、ラジオ年頭挨拶
		同日	連合国宣言
		2月15日	英領シンガポール占領
		4月18日	ドゥーリトル隊、東京を空襲
		6月	泰緬鉄道建設開始
		8月22日	スターリングラード攻防戦開始
		11月4日	エル・アラメインの戦いで英軍が独軍を破る
1943	昭和18	2月2日	スターリングラード攻防戦でソ連が勝利宣言
		7月10日	連合国軍、シチリア島上陸開始
		7月24日	ムッソリーニ失脚

第二次世界大戦

		11月6日	大東亜宣言	アジア太平洋戦争
		12月1日	カイロ宣言・テヘラン宣言	
1944	昭和19	6月4日	ローマ解放	
		6月6日	ノルマンディ上陸作戦	
		7月22日	小磯国昭内閣成立	
		8月21日	ダンバートン・オークス会議開始	
		8月25日	パリ解放(ドゴール将軍パリ入り)	
1945	昭和20	2月4～11日	ヤルタ会談	
		3月10日	東京大空襲	
		4月1日	アメリカ軍、沖縄本島上陸	
		4月7日	鈴木貫太郎内閣成立	
		4月12日	ローズヴェルト死去、トルーマン大統領就任	
		4月25日	サンフランシスコ会議	
		4月28日	ムッソリーニ射殺	
		4月30日	ヒトラー自殺	
		5月7・8日	ドイツ降伏	
		5月12日	チャーチル、「鉄のカーテン」に初言及	
		6月23日	沖縄守備隊壊滅(牛島満中将自決)	
		6月26日	国連憲章調印	
		7月25日	イギリス総選挙で保守党敗北が判明	
		7月26日	ポツダム宣言	

		8月6日	広島に原爆投下
		8月9日	ソ連対日参戦
		同日	長崎に原爆投下
		8月14日	ポツダム宣言受諾
		8月15日	玉音放送
		8月16日	大本営、陸海軍に停戦命令
		8月17日	スカルノ、インドネシア共和国の独立を宣言
		8月18日	ソ連軍、千島列島上陸
		8月20日	ソ連軍、南樺太上陸
		8月30日	マッカーサー連合国軍最高司令官、厚木飛行場到着
		9月2日	ミズーリ号上での降伏文書調印式
		9月7日	沖縄残存兵降伏
1946	昭和21	11月3日	日本国憲法公布
1950	昭和25	6月25日	朝鮮戦争開戦
1952	昭和27	4月28日	サンフランシスコ平和条約発効
1953	昭和28	7月27日	朝鮮戦争休戦
1972	昭和47	5月15日	沖縄本土復帰

新潮選書

戦後史《せんごし》の解放《かいほう》Ⅰ
歴史認識《れきしにんしき》とは何《なに》か――日露戦争《にちろせんそう》からアジア太平洋戦争《たいへいようせんそう》まで

著　者……………………細谷雄一《ほそやゆういち》

発　行……………………2015年7月25日
13　刷……………………2023年12月15日

発行者……………………佐藤隆信
発行所……………………株式会社新潮社
〒162-8711　東京都新宿区矢来町71
電話　編集部 03-3266-5611
読者係 03-3266-5111
https://www.shinchosha.co.jp
印刷所……………………株式会社光邦
製本所……………………株式会社大進堂

ISBN978-4-10-603774-0 C0331

文明が衰亡するとき　高坂正堯

巨大帝国ローマ、通商国家ヴェネツィア、そして現代の超大国アメリカ。衰亡の歴史に隠された、驚くべき共通項とは……今こそ日本人必読の史的文明論。

《新潮選書》

現代史の中で考える　高坂正堯

天安門事件、ソ連の崩壊と続いた20世紀末の激動に際し、日本のとるべき道を同時進行形で指し示した貴重な記録。「高坂節」に乗せて語る知的興奮の書。

《新潮選書》

世界史の中から考える　高坂正堯

答えは歴史の中にあり――バブル崩壊も民族問題も宗教紛争も、人類はすでに体験済み。世界史を旅しつつ現代の難問解決の糸口を探る、著者独自の語り口。
《新潮選書》

貨幣進化論
「成長なき時代」の通貨システム
岩村充

バブル、デフレ、通貨危機、格差拡大……なぜ「お金」は正しく機能しないのか。「成長を前提としたシステム」の限界を、四千年の経済史から洞察する。

《新潮選書》

炭素文明論
「元素の王者」が歴史を動かす
佐藤健太郎

農耕開始から世界大戦まで、人類の歴史は「炭素争奪」一色だった。そしてエネルギー危機の今、また新たな争奪戦が……炭素史観で描かれる文明の興亡。

《新潮選書》

世界史を変えた新素材　佐藤健太郎

コラーゲンがモンゴル帝国を強くした？　ポリエチレンが世界大戦の勝敗を決した？　「材料科学」の視点から、人類史を描き直すポピュラー・サイエンス。

《新潮選書》